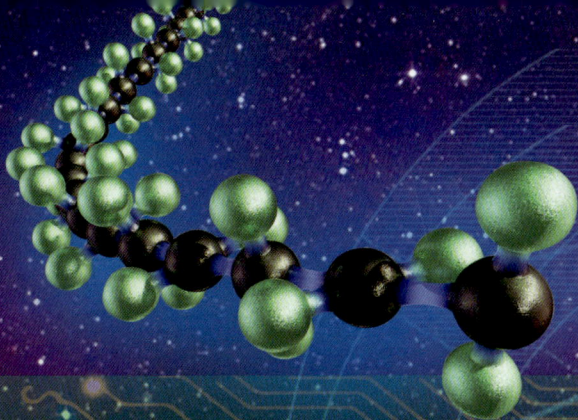

青少年奇趣小百科

Encyclopedia of **SCIENCE AND TECHNOLOGY**

[印度] 梦境出版社（Dreamland Publications）编著　星系动力翻译组 译

人民邮电出版社
北京

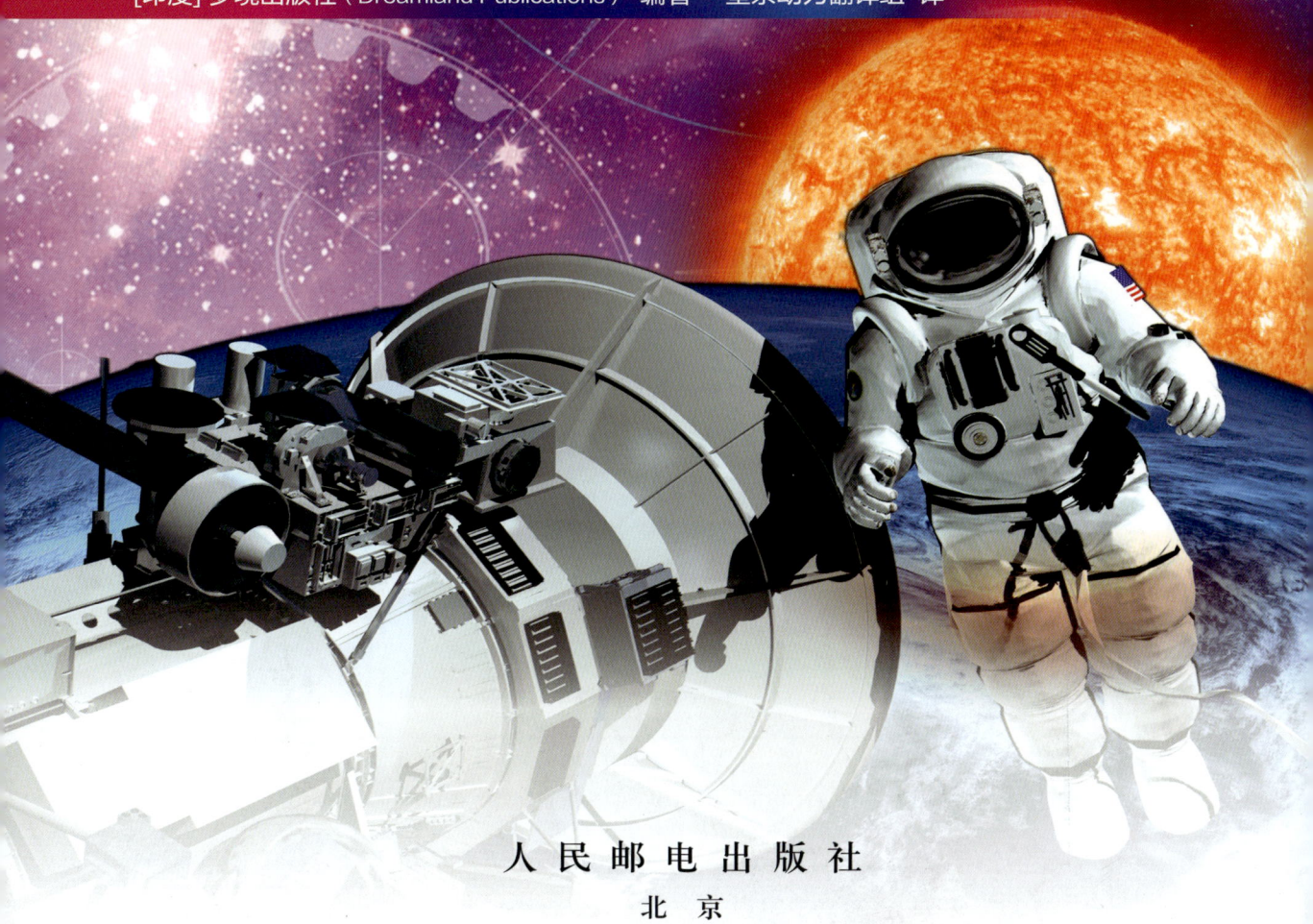

图书在版编目（CIP）数据

青少年奇趣小百科 / 印度梦境出版社编著；星系动
力翻译组译. -- 北京 ：人民邮电出版社，2020.8
ISBN 978-7-115-53687-7

Ⅰ. ①青… Ⅱ. ①印… ②星… Ⅲ. ①科学知识－青
少年读物 Ⅳ. ①Z228.2

中国版本图书馆CIP数据核字(2020)第047985号

版 权 声 明

Copyright © Dreamland Publications,India

All rights reserved.

The simplified Chinese translation rights arranged through Rightol Media（本书中文简体版权归锐拓传媒旗下小锐
所有，E-mail:copyright@rightol.com）

◆ 编　　著　　[印度]梦境出版社（Dreamland Publications）
　　译　　　　星系动力翻译组
　　责任编辑　李　宁
　　责任印制　陈　犇
◆ 人民邮电出版社出版发行　　北京市丰台区成寿寺路 11 号
　　邮编　100164　电子邮件　315@ptpress.com.cn
　　网址　https://www.ptpress.com.cn
　　雅迪云印（天津）科技有限公司印刷
◆ 开本：787×1092　1/16
　　印张：13.75　　　　　　　　2020 年 8 月第 1 版
　　字数：320 千字　　　　　　2020 年 8 月天津第 1 次印刷
　　著作权合同登记号　图字：01-2018-8511 号

定价：79.00 元
读者服务热线：(010)81055410　印装质量热线：(010)81055316
反盗版热线：(010)81055315
广告经营许可证：京东市监广登字 20170147 号

内 容 提 要

宇宙出现之前有什么？太阳是如何发光的？生命是如何开始的？世界上最长的河流在哪里？植物如何利用阳光制造养分？Wi-Fi 是如何工作的？本书包含 2000 多个与人类生产和生活息息相关的词条和 1300 多张令人眼前一亮的图片，涉及天文学、物理学、化学、动植物、人体、建筑、机械、创新和发明等众多方面的知识。

这是一本可以激发读者创造力的书。目前，诸多科学领域已经取得了令人称奇的成就，就让我们一起去探索这个充满奥秘的科学世界吧！

目 录

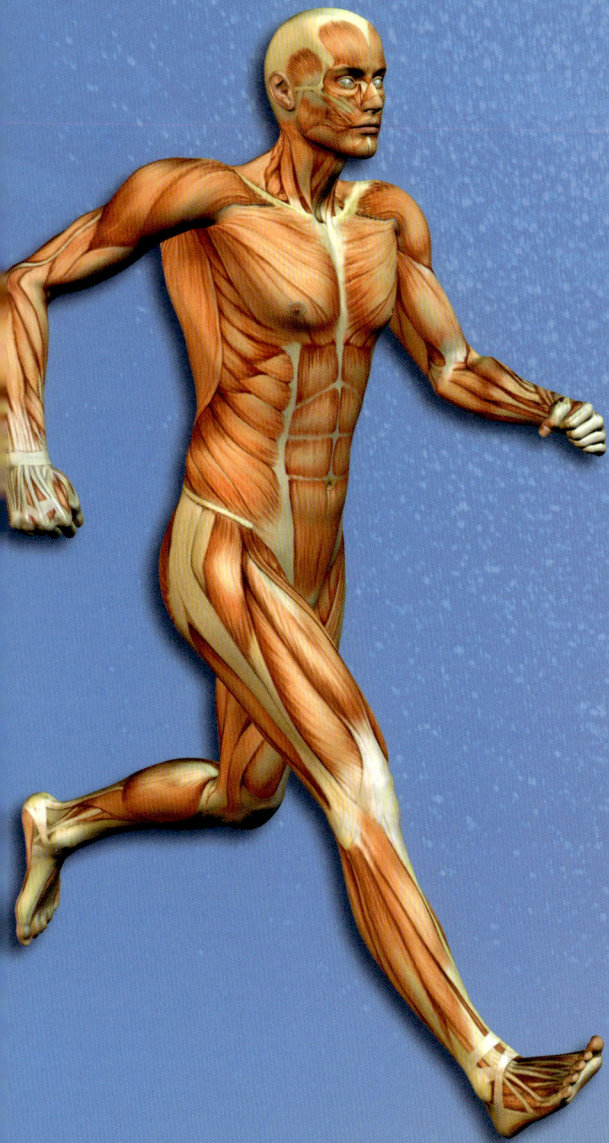

宇宙

宇宙由各处存在的一切事物组成，包括恒星、行星、卫星等天体，以及巨大的尘埃云和几乎无尽的空旷空间。我们很难想象宇宙的范畴是一切事物。"一切"包括由物质构成的所有物体——从较大的恒星和行星到很小的分子和原子。此外，"一切"还包括从热和光到微波和X射线的所有形式的能量。但是，宇宙的大部分都是空的。

➡️ 空间、物质、能量和时间都始于大爆炸——一个微小、沉重、炽热的地方发生的爆炸。第一批恒星在大爆炸之后大约1亿年开始闪耀。

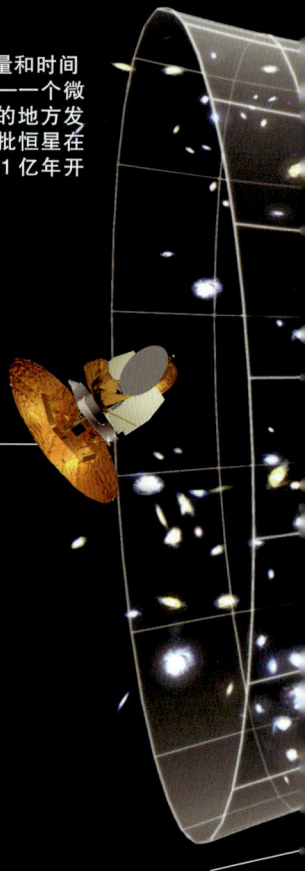

现代航天飞机

⬆️ 我们居住的地球位于一个叫作银河系的星系（由众多恒星和星际物质组成的天体系统）中。如果我们不在银河系中，那么地球的附近就不会有恒星，只有空旷的空间，像宇宙的大部分地方一样，夜空将是完全黑暗的。

有趣的事实

宇宙的外面是什么？

· 人们相信，宇宙包含所有的时间和空间。如果宇宙就是万物，那么就不存在"外面的世界"。在宇宙膨胀的过程中，其中的天体也会分离得越来越远。然而，这并不意味着它们会去到宇宙的"外面"。

宇宙出现之前有什么？

· 人们认为，时间本身始于宇宙大爆炸，也就是宇宙之初，所以不存在宇宙之前。

大爆炸

宇宙的年龄大约为 137 亿年。科学家认为，宇宙起源于一起名叫"大爆炸"的事件。大爆炸是时间的起点，物质随之形成，空间开始扩张，并且变得越来越大。现在，科学家们认为宇宙从一侧到另一侧的距离（即直径）约为 930 亿光年，并且该数值目前仍在变大。

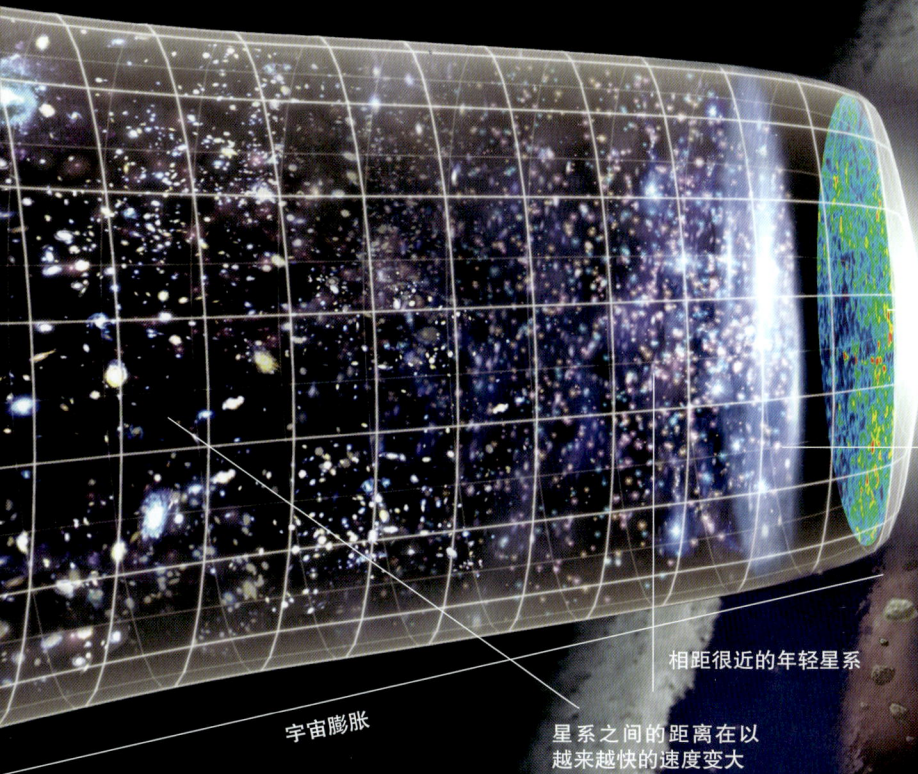

大爆炸发生于大约
137 亿年前

第一批恒星大约在 136 亿
年前形成

相距很近的年轻星系

星系之间的距离在以
越来越快的速度变大

宇宙膨胀

黑暗的一面

根据宇宙膨胀的方式，我们大概知道宇宙应该包含多少物质和能量。但是，我们目前能观测到的宇宙物质和能量还不到估算值的 1/10，其余的物质和能量分别被称为"暗物质"和"暗能量"。

◀ 高科技天文台中的现代望远镜几乎能看到可观测宇宙的边缘。

发现更多 ▶ 星系和恒星 第10~11页 ■ 太阳和太阳系 第12~13页 ■ 岩质行星 第14~15页

星系和恒星

宇宙中有数千亿个星系，每一个星系都是大量恒星的集合。恒星是旋转着的巨型气态星球，球内充斥着炽热的气体，其主要成分是氢和氦。这些气体发生核聚变反应，从而使恒星发光发热。

星系由数千万到数万亿颗恒星组成。每个星系都在旋转。大多数星系的中心都有一个黑洞——一个物质和能量被极度压缩的区域。黑洞具有巨大的引力，足以吞噬其附近的恒星。

⬆ 上图展示了像我们的银河系这样的棒旋星系，从里面既能看到中心的棒状结构，又能看到旋臂结构。没有棒状结构的旋涡星系看起来就像手臂弯曲的旋转的海星。不规则星系可以是任何形状，就像天空中的云。

星云是由尘埃和气体组成的天体，恒星就是从星云中诞生的

大质量恒星

当大质量恒星内部的能量耗尽时，就会形成红超巨星

恒星的诞生

超新星

当太空中的尘埃云被引力拉到一起时，恒星就开始逐渐形成。这些尘埃云会逐渐形成一个团块，这个团块被称为原恒星。随着时间的推移，原恒星的温度和压力升高，最终与氢原子结合，这个过程（核聚变反应）会释放出大量的光、热和其他射线。然而，恒星也会在这个过程中逐渐耗尽它的能量并消亡。

黑洞

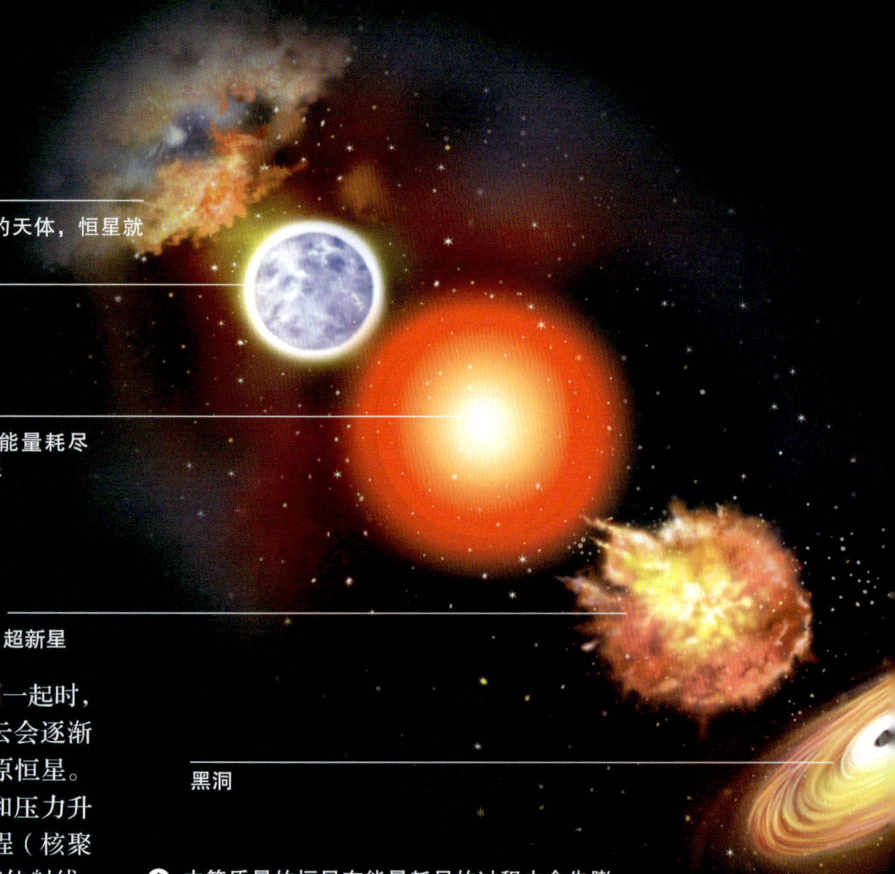

⬆ 中等质量的恒星在能量耗尽的过程中会先膨胀后收缩。大质量恒星在此过程中最终发生爆炸并形成中子星，有的则形成黑洞。

10

恒星的死亡

恒星只在一定的时间内发光，时间长短取决于恒星的大小。红矮星这种小质量恒星会在耗尽氢原子后开始冷却，并坍缩成为白矮星。像太阳这样的中等质量恒星的寿命大约为 100 亿年，然后它会演化为红巨星，并逐渐暗淡。超巨星这种大质量恒星会短暂燃烧，然后发生巨大的爆炸，产生的"火球"被称为超新星。超新星爆发后会留下一个非常小但密度非常大的中子星；而对质量更大的超巨星来说，其超新星爆发后则会产生一个黑洞。

→ 爆炸的恒星（或称为超新星）可以在短时间内发出比整个星系还要亮的光，但它会在几周后逐渐暗淡。

有趣的事实

· 宇宙中可能有超过 1200 亿个星系，实际数量可能高达 3 万亿。

· 小星系中有大约 1000 万颗恒星，而大星系中则有超过 1 万亿颗恒星。

· 我们所在的星系被称为银河系，太阳和太阳系的八大行星都在其中。

· 银河系是一个棒旋星系，横跨 10 万~18 万光年（1 光年约为 9.4607×10^{12} 千米），包含数千亿颗恒星。

中子星

→ 我们在夜空中可以看到一条银白色的环带，它由数千亿颗恒星汇聚而成，人们根据它的外观给它起了个名字——银河系。

发现更多 ▶ 宇宙 第8~9页 ■ 太阳和太阳系 第12~13页 ■ 太空探索 第20~21页

太阳和太阳系

　　离我们最近的恒星并不是夜空中闪烁的小光点，而是一个巨大的"火球"，照亮并温暖着整个世界——它就是太阳。

　　太阳系由太阳和绕它运行的所有天体组成。这些天体包括八大行星、卫星、发光的彗星以及小行星和流星体。在太阳系的外围，还有一些被叫作矮行星的较小天体。所有这些天体都绕着太阳转，不过它们绕着太阳转的轨道不是圆形，而是一个轴向拉长的椭圆形。太阳的强大引力约束着太阳系中的所有天体，使它们不会飞到太空深处。

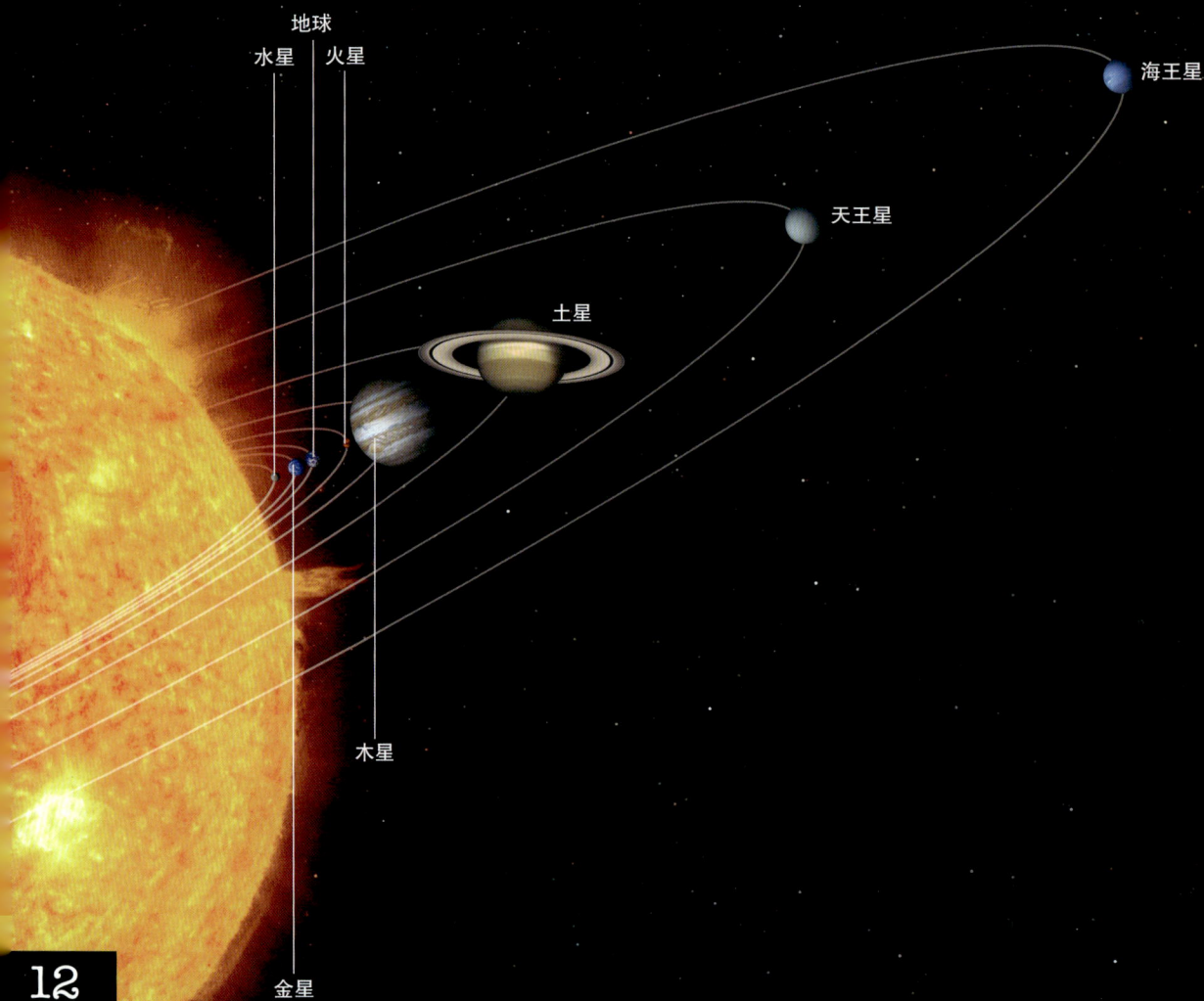

地球
火星
水星
海王星
天王星
土星
木星
金星

日珥是从太阳表面拱起的巨大火焰环，这些火焰环的体积比地球大很多倍。太阳黑子则是太阳表面较冷、较暗的区域。

动手一试

安全地观看太阳。

即使你戴着太阳镜，也绝对不要直视太阳，否则太阳光会在几秒钟内灼伤你的眼睛。如果想要观察太阳黑子、日食或其他现象，你可以取两张硬卡片，并按照下列步骤进行操作。

· 第 1 步：用锋利的工具在其中一张卡片上戳一个小孔。
· 第 2 步：将这张卡片对着太阳放置，让太阳的光线透过小孔落在 40~60 厘米外的另一张卡片上。
· 第 3 步：研究太阳形成的图像，你会发现它是上下颠倒的。

太阳在哪里？

太阳位于银河系中心到其边缘位置的大约 2/3 处。尽管太阳是一颗中小型恒星，但它的直径大约为地球直径的 109 倍。在太空中，太阳距离地球很近（约 1.5 亿千米），这就是它在我们的天空中看起来很大的原因。地球是距离太阳第三近的行星。

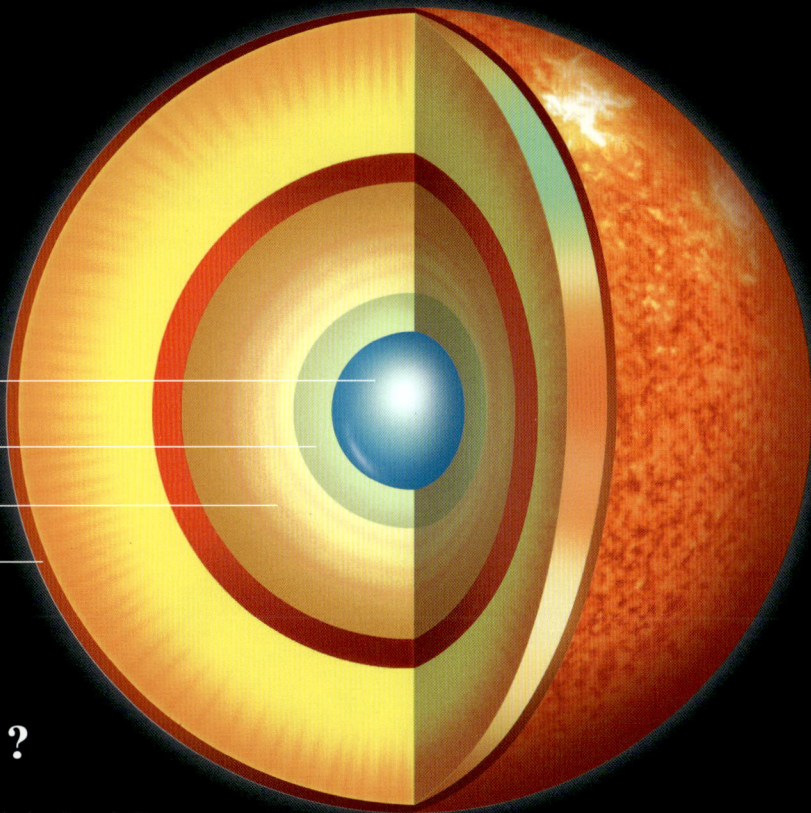

核心 ———
辐射层 ———
对流层 ———
光球层 ———

太阳是如何发光的？

像所有恒星一样，太阳主要由氢构成。太阳核心的巨大压力和温度使它的氢原子发生核聚变：这意味着它们挤压在一起形成更重的氦原子，并释放出大量的光、热和其他形式的能量。

太阳可以分为不同的层，核心是最热的一层，光球层是肉眼可见的一层。

发现更多 ▶ 岩质行星 第14~15页 ■ 气态巨行星 第16~17页 ■ 太空探索 第20~21页

岩质行星

离太阳最近的4颗行星分别是水星、金星、地球和火星。它们主要由固态物质构成，尤其是各种岩石。

除了水星外，其余3颗岩质行星都被一层气体包裹着，这些气体构成了每颗行星的大气层。水星则由于离太阳太近，太阳辐射把它表面的气体都驱散了。没有大气层，就没有任何东西可以抵挡并烧毁冲向水星的流星体和其他太空岩石。数百万年来，这些太空岩石不断撞击水星表面，形成了许多碗形的坑，它们被称为陨击坑。

知识卡

行星	到太阳的平均距离 /10⁶ 千米	平均轨道速度/（千米/秒）	直径 / 千米	绕太阳公转一周的时间/地球日
水星	58	48	4878	88
金星	108	35	12104	225
地球	150	29.8	12742	365.24
火星	228	24.1	6794	687

明亮的橙色斑点显示了火山的特征

卡路里盆地是水星上最大的陨击坑，它的直径约为1550千米

水星表面布满了陨击坑，这些陨击坑是数百万年来许多太空岩石撞击水星后形成的。

水星是一颗干燥的岩质行星。尽管它有约60%的面积被陨击坑所覆盖，但水星也有平坦的熔岩平原和高耸的山脉。

由酸性液滴和二氧化碳等气体组成的厚云层包围着金星，正是它们赋予了金星明亮的色彩。

水星和金星

水星的向阳面温度高达 400 多摄氏度，是家用烤箱最高温度的 1.6 倍还多。然而，它另一面的温度低至零下 173 摄氏度——比地球上最冷地方的温度还要低得多。金星厚重的大气层吸收了太阳光，所以它比水星还要热——表面温度超过 460 摄氏度。金星自转的方式也不一样：从太阳看过去，金星是顺时针自转的，而太阳系内的其他行星都是逆时针自转的。金星的自转速度也比其他行星慢，金星上的 1 天相当于地球上的 243 天。

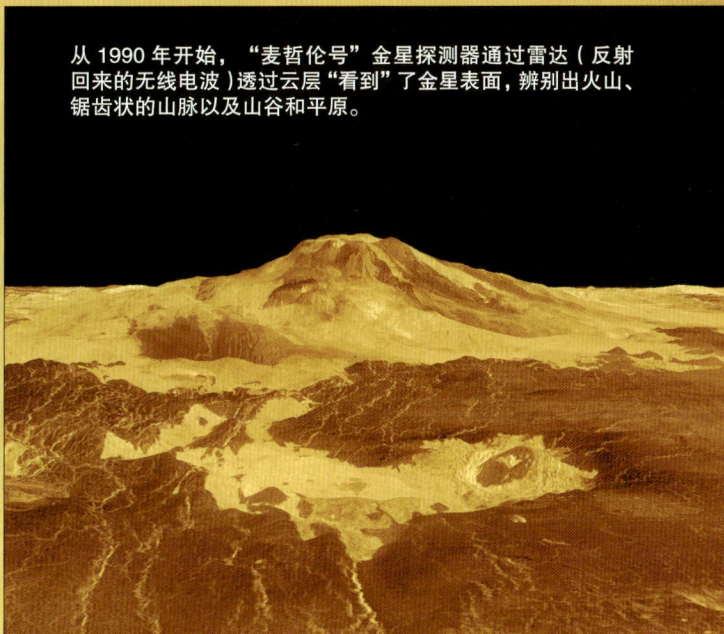

从 1990 年开始，"麦哲伦号"金星探测器通过雷达（反射回来的无线电波）透过云层"看到"了金星表面，辨别出火山、锯齿状的山脉以及山谷和平原。

"红色行星"

火星是最像地球的行星，虽然它们看起来很不一样。火星表面的灰尘和岩石中含有红色的氧化铁矿物，这也是铁锈的主要成分。其稀薄的大气层主要由二氧化碳组成，在这里大风和沙尘暴频频发生。这颗行星十分寒冷，水不能保持液态，所以人们一度认为火星上不可能存在生命。然而，科学家认为，数十亿年前火星可能有过一段"湿润期"，这段时期可能孕育过生命。

和地球一样，火星也有季节的变化。在冬季时，"白色区域"分布在南北两极。这些极地冰冠有的是水冰，还有的是由二氧化碳凝固成的干冰。

水冰和干冰覆盖着火星的北极和南极

气态巨行星

太阳系中距离太阳最远的 4 颗行星都是气态巨行星，它们主要是由做涡流运动的气体组成的巨大球体，尽管它们中的某几颗可能具有岩质内核。

像其他行星一样，气态巨行星自身并不会发光，但是可以反射太阳光。太阳系中最大的行星是木星，如果它在形成时比现在大 50 倍，它就会成为一颗恒星；土星是太阳系中第二大的行星，它因其美丽的光环而闻名；太阳系最外层的行星是海王星，它的外表呈鲜艳的蓝色，因此人们以罗马神话中海神的名字来命名它。

⬆ 木星的"大红斑"是一个巨大的风暴，已经肆虐了数百年。这个风暴的宽度大约是地球直径的 3 倍。此外，木星上还存在由聚在一起的小风暴形成的"小红斑"，这些风暴会持续 1 年左右。

➡ 土星壮观的光环主要由水冰组成，这些冰块大小不一：有的比一辆汽车还大，有的比一粒米还小。

土星的每个主环都由几个较小的环组成

知识卡

行星	到太阳的平均距离 /10^6 千米	平均轨道速度 /（千米/秒）	直径 / 千米	绕太阳公转一周的时间/地球年
木星	778	13	142984	11.86
土星	1429	9.7	120540	29.4
天王星	2870	6.8	51118	84
海王星	4504	5.5	49532	164.8

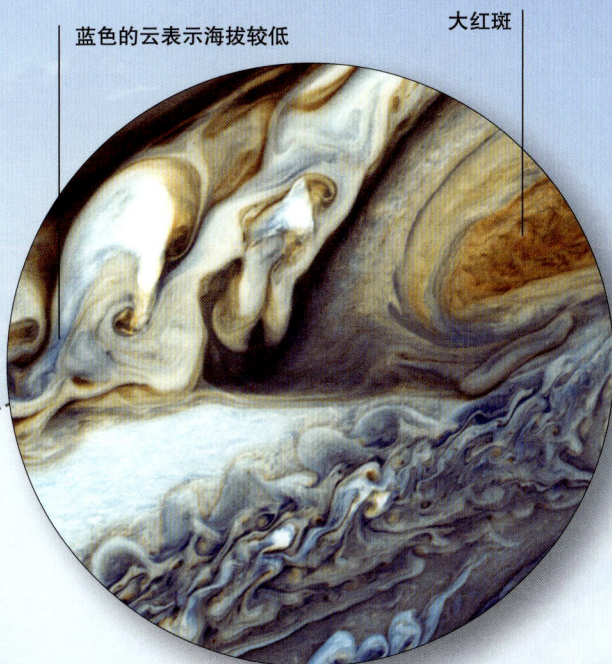

蓝色的云表示海拔较低　　　大红斑

更远，更冷，更慢

　　天王星和海王星由于距离太阳实在太远，所以极度寒冷，其中海王星的表面温度可以降到零下 200 摄氏度以下。这两颗行星都有较厚的气体层，并且因大气中的甲烷气体而呈现出蓝色。这两颗行星的表面也有着肆虐的巨大风暴，海王星上的风速是太阳系中最快的——比地球上的风强劲近 10 倍。离太阳越远的行星运行得越慢，因此海王星绕太阳运行 1 周需要大约 165 年。

甲烷气体使海王星看起来呈蓝色

木星和土星

　　木星被称为"行星之王"，它的内部可以"装下"超过 1320 个地球。木星的自转速度极快，不到 10 小时就可以完成一次自转。它被由不同气体呈现出的彩色条纹所环绕。土星因其光环而闻名，它的 3 个主环和几个较暗的环的厚度都不到 50 米，所以当它们侧对着地球时我们是看不见的。其中，土星的主外环——A 环的直径超过 27 万千米。

↑ 海王星有 5 个非常暗的环，被称为"大暗斑"的较暗风暴区每隔几年就会出现然后又消失。

↓ 天王星的光环比土星的要暗淡，直到 1977 年才被发现。天王星有 13 个主环，除了最外层的环是红色外，其余的都是蓝色。

这张天王星红外图像的颜色显示了其大气的变化

发现更多 ▶ 宇宙 第8~9页 ■ 太阳和太阳系 第12~13页 ■ 太空探索 第20~21页

卫星、小行星和彗星

陨击坑

月球上布满了陨击坑，这些陨击坑是数十亿年来太空岩石撞击月球后留下的。

2005 年，由一艘宇宙飞船搭载的"惠更斯号"探测器降落在土星的卫星泰坦（即土卫六）上。

卫星是围绕行星运行的又大又圆的岩石天体。小行星是围绕太阳运行的较小的块状岩石。彗星也绕太阳运行，但它的轨道更长。

地球只有一颗天然卫星，即月球，也就是我们所说的"月亮"。由于受到地球的引力作用，月球在与地球平均距离为 384400 千米的轨道上运行，每 27.32 天绕地球 1 周。月球是太阳系中的第五大卫星，直径 3476.28 千米。大多数行星有更多的卫星——火星有两颗小卫星，而土星有 60 多颗卫星。最大的卫星是木卫三，直径约为 5268 千米；第二大的卫星是土卫六，直径约为 5150 千米。

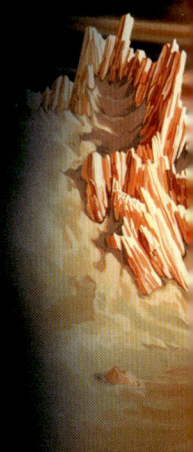

小行星

小行星是围绕太阳运行的太空岩石。大多数小行星在火星和木星之间的空隙区域围绕太阳运行，该区域被称为小行星区或小行星带。还有数千颗小行星在其他行星之间的轨道上运行，包括1000多颗近地小行星。在未来，其中一颗近地小行星可能会撞击地球，但这种可能性非常小。

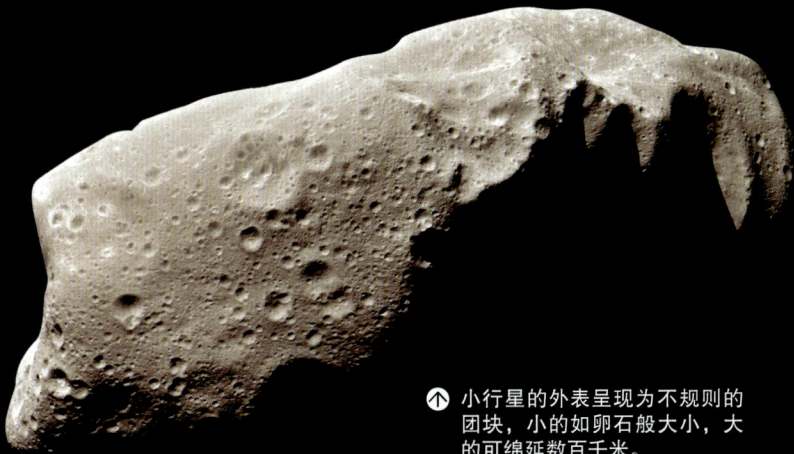

↑ 小行星的外表呈现为不规则的团块，小的如卵石般大小，大的可绵延数百千米。

有趣的事实

深空无人飞船正在逐步揭开彗星的秘密。

· 2004年，美国宇宙飞船"星尘号"在维尔特2号彗星附近飞行，收集其尘埃和气体，并于2006年将样本送回地球。

· 2005年，坦普尔1号彗星的核心被美国的"深度撞击号"探测器一个冰箱大小的部件故意击中，后者拍下了撞击时的照片。

· 2014年，欧洲空间局的"罗塞塔号"探测器在丘留莫夫－格拉西缅科彗星上着陆，并将一个小型机器人着陆器放置在彗星表面。"罗塞塔号"于2004年开始执行任务。

彗星

彗星以一种长而不平衡的方式围绕太阳运行，并且通常在深空中运行。当彗星接近太阳并被"加热"时，由尘埃和冰组成的核心会释放出反射太阳光的气体和粒子，这就形成了一个围绕其核心的模糊而明亮的"彗发"。彗星还有一个看起来会发光的尾巴，但它实际上并不跟在彗星后面，而是指向远离太阳的地方。环绕太阳一周后，彗星会返回深空，冷却后再次变暗。

↑ 哈雷彗星每75至76年出现一次，按此规律它下一次出现是在2061年，它的尾巴有1亿千米长。

"卡西尼号"轨道飞行器

← 像土卫六这样的卫星因为足够大，所以拥有自己的大气层。2005年，"惠更斯号"探测器在土卫六表面着陆。抵达之后，它传回了水冰和液态甲烷"雨"的图像。

发现更多 ▶ 宇宙 第8~9页 ■ 星系和恒星 第10~11页 ■ 太空探索 第20~21页

太空探索

1957 年，第一颗人造地球卫星——苏联的"斯普特尼克 1 号"环绕地球飞行，开启了太空时代。此后，人类逐步探索了太阳系中的所有行星以及许多卫星和小行星。

被称为太空探测器的无人驾驶宇宙飞船被用于多种太空任务。一些探测器经过或绕着目标飞行，以拍摄照片和测量数据；其他探测器则着陆收集样本并进行实验。

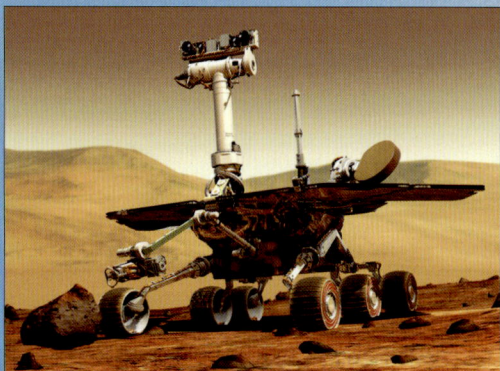

宇宙飞船在寻找什么?

太空探测器配有具备读取和测量功能的科学仪器。探测器获取的这些信息会被转换成无线电波并传回地球。探测器上的照相机和望远镜被用来观测光和射线，如红外线、紫外线和微波。此外，太空探测器还配有重力传感器、磁力传感器以及探测太空尘埃等粒子的探测器。

↓ 距离首要探测目标最远的太空探测器是"新地平线号"，它于 2006 年发射，已于 2015 年飞抵矮行星——冥王星。它配备了包括等离子体探测器和空间尘埃计数器在内的科学仪器。

↑ "勇气号"和"机遇号"探测器已经在火星上行走了数百千米。它们发回了数千张火星的特写照片，从照片中我们可以看到微红的灰尘和岩石。

人类的太空探索

人类宇航员到过的最远的地方是月球。1969 年到 1972 年期间，12 名参与美国"阿波罗"登月计划的宇航员先后登陆月球。在离地球较近的地方，国际空间站是环绕地球运行的最大基地，它每次最多可以容纳 6 人住几个星期。工作人员会用望远镜远眺太空，还会研究失重环境对人体、动物和植物的影响。

桁架结构

→ 国际空间站于 1998 年正式开始建设，每个部件都由航天飞机运输并安装在主框架上。整个空间站长约 109 米，宽约 73 米。

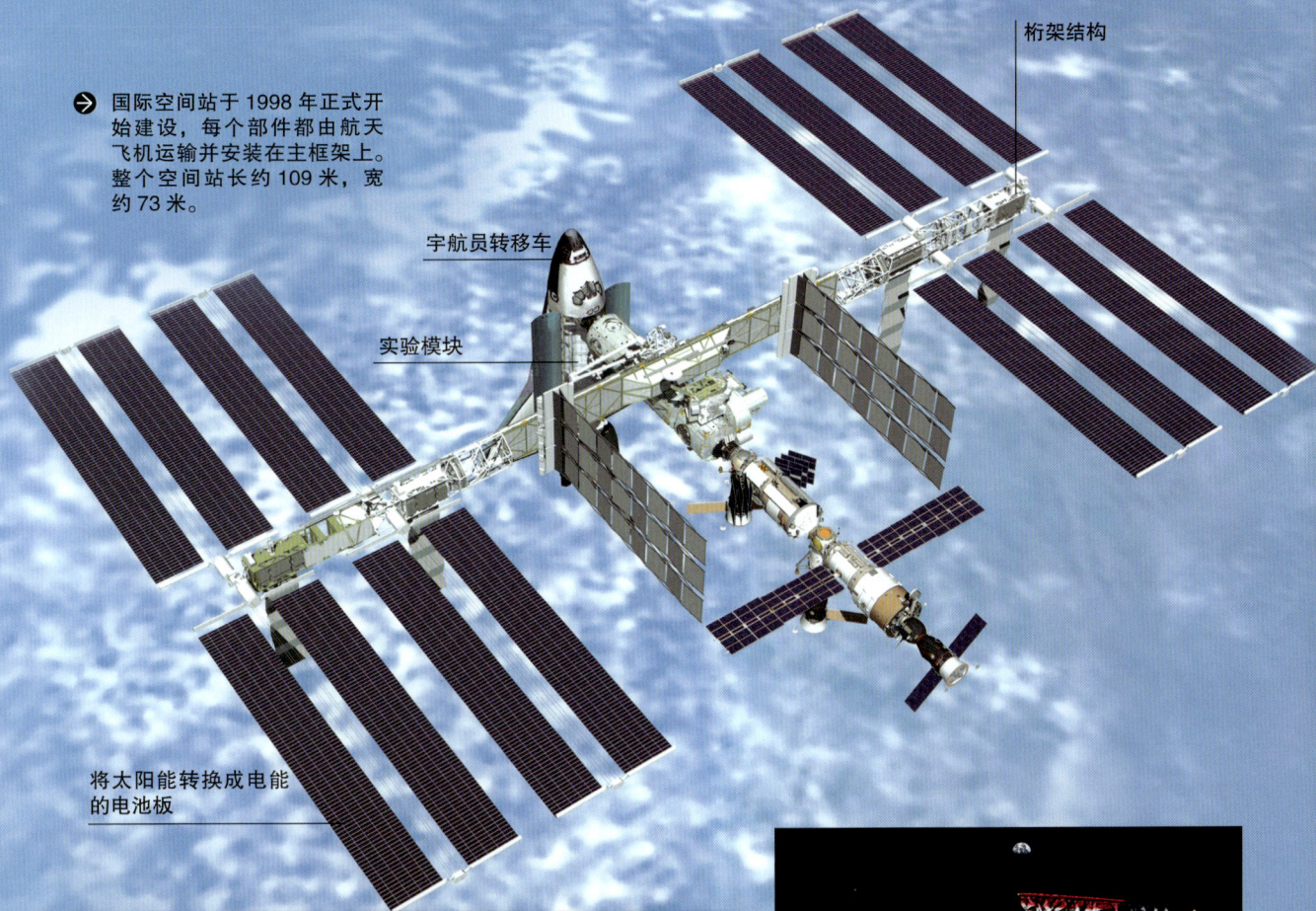

宇航员转移车

实验模块

将太阳能转换成电能的电池板

动手一试

用一只旧袜子、一个网球和一段绳子研究宇宙飞船的运行轨道。

· 第 1 步：在空旷、安全的地方，将网球放入袜子中，把绳子的一端系在袜子上。

· 第 2 步：留出大约 1 米长的绳子，把装有球的袜子提起来，让它在你的头顶上旋转。看看你能以多快的速度让这个球（模拟宇宙飞船）绕着你的头部（模拟行星）转动。

· 第 3 步：逐渐放长绳子，看看运行轨道是如何变长的。每一个探测器都有特定的轨道半径和旋转周期，这取决于它的任务。

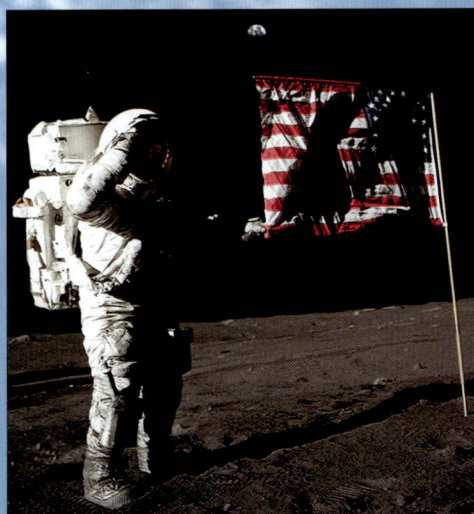

↑ 从 1969 年 7 月 20 日美国宇航员尼尔·奥尔登·阿姆斯特朗首次登月开始，迄今为止只有 12 个人在月球上行走过。

发现更多 ▶ 宇宙 第8~9页 ■ 星系和恒星 第10~11页 ■ 太阳和太阳系 第12~13页

引力和相对论

引力是指所有物质和物体都具有的相互吸引的作用，小到一粒沙子，大到一颗超巨星，都具有引力。如果没有引力，我们所生活的世界就会分崩离析，而我们也会飘向太空。

引力相互作用是宇宙中的 4 种基本相互作用（强相互作用、弱相互作用、电磁相互作用和引力相互作用）之一。从单个原子到整个星系，所有物质都有引力。这种力会吸引除自身以外的其他所有形式的物质。一个物体具有的原子越多、越大，它的质量和引力就越大。你离一个物体越远，它对你的引力就越小。

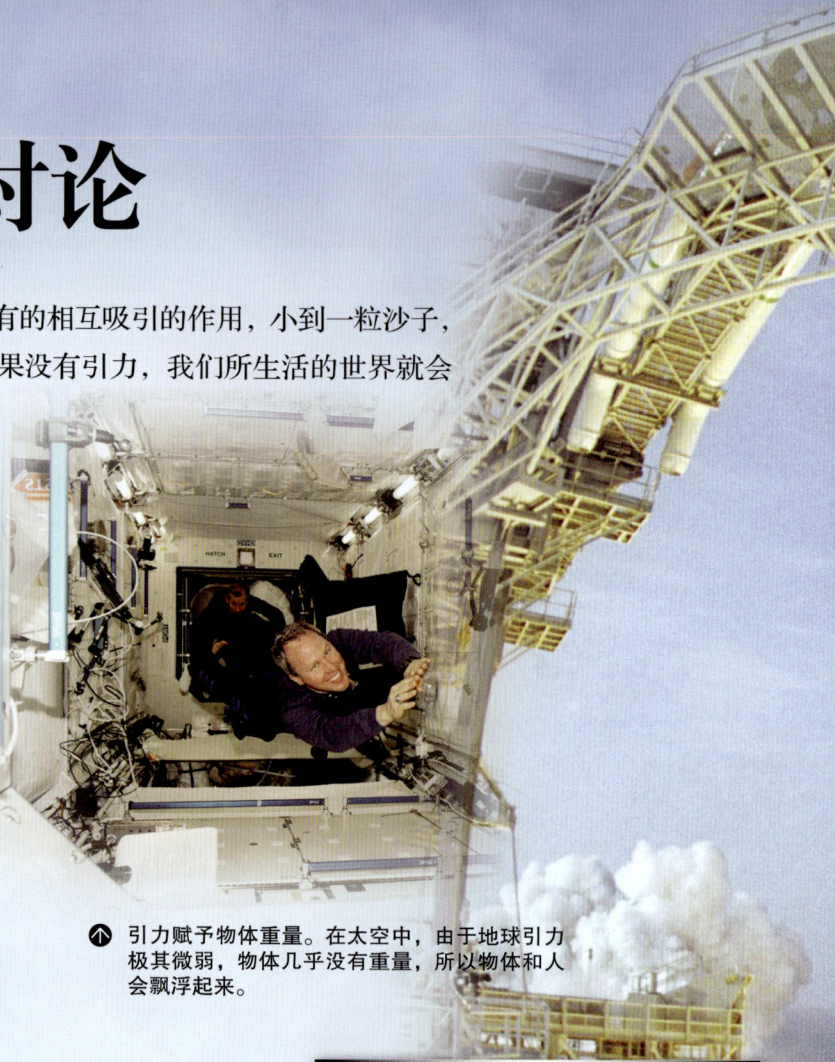

⬆ 引力赋予物体重量。在太空中，由于地球引力极其微弱，物体几乎没有重量，所以物体和人会飘浮起来。

⬇ 地球的引力会把一切物体都"拉到"它的表面。在射箭时，你必须考虑该引力对箭的运动轨迹的影响，即在射中箭靶之前，地球的引力会使箭的轨迹稍微向下弯曲。

箭靶

举弓须高于目标，就是考虑到了地球引力对箭的下拉作用，从而使箭可以射中靶心

奇怪的相对论

· 时间、空间、大小、质量和其他特征都是相对的——它们会随着物体位置和速度的变化而改变。

· 引力是大质量的物体使时空产生弯曲的结果。在一个大质量的物体附近，时间会变慢。

· 物体的运动速度越快，时间流逝得就越慢。

· 物体的运动速度越快，在运动方向上它被测得的长度就越短。

· 只有光速是绝对的。光速在宇宙的任何地方都一样，或者说是不变的。

引力的影响

　　身体的引力会把物体拉向你，但这种引力太微弱，在日常生活中我们无法察觉。然而，由于地球太大，我们总是会感受到它的引力。地球对邻近物体的引力作用很强大，从而将它们限制在地球的表面。此外，地球的引力还会延伸到太空中，使卫星、宇宙飞船和月球等围绕着它运行。而太阳的巨大引力则束缚着包括地球在内的所有行星、小行星、彗星和绕它运行的其他天体。

↑ 引力可以用相对论来解释：一个大质量物体周围的空间和时间都会发生弯曲，这个物体用自身的引力把时空拉向它。

弯曲空间

　　科学家认为，引力是时空弯曲的结果。没有物体的空间中只有直线，就像绘图纸一样。行星或恒星这样的大质量天体改变了这种状态，使空间向它弯曲，更小的天体就会沿着弯曲的线条朝向巨大的物体运动，这是"大质量天体的引力将小天体拉向它"的另一种说法。弯曲空间的概念是爱因斯坦相对论的一部分。

← 要进入太空，火箭就必须以"逃逸速度"摆脱地球引力。在地球表面附近，这个速度是11.2 千米／秒。

能量和力

能量是使事情发生和引起事物变化的能力。它有多种表现形式,包括运动、热、光、声音、核、电、磁和重力等。

能量不是单一的物体或特征,它以不同的名称和形式存在着。动能由物体的运动产生,它的大小取决于物体的质量和速度。例如,一只嗡嗡作响的苍蝇的动能远小于高速行驶的特快列车。势能由物体所处的位置或状态产生。例如,被拉伸的橡皮筋具有势能,并且该势能随时可以转换成引起运动的力。

轮毂

→ 风能是由太阳的热量引起的,后者使空气升温后上升,而较冷的空气则下降,从而形成对流。

风能使叶片旋转

↑ 当富有弹性的蹦极绳索被拉伸时,由于被牵引的人的重力作用,绳索会储存势能,并通过把人向上拉起来释放能量。

内部的磨盘在风力的推动下磨碎谷物

能量转换

　　能量会从一种形式转换为另一种形式。山顶上的大石头具有势能，一旦石头开始滚动，势能就变成了动能。通过灯泡的电能会转换为光能和热能。在每次的能量转换中，开始时的能量总是等于转换后的能量总和，这就是能量守恒定律。

汽车破碎机

➡ 力的单位是牛顿。一台汽车破碎机可产生数百万牛顿的巨大的挤压力。

力

　　力是一种能使物体移动，改变其运动的速度或方向，或者改变其形状的推动、拉动、挤压或拉伸的作用。足球只有在运动员踢它、给它提供力时才能移动。足球受力后在向上移动的过程中，其他的力——尤其是地球的引力——会逐渐减慢它的速度。同时，足球也会因为空气中气体分子的阻力而减速，因为当足球遇上这些障碍物时，必须将它们推开。

基本相互作用

科学家们认识到，在宇宙中起作用的是 4 种主要的或基本的相互作用。

· 引力相互作用：将任意两个物体或物质吸在一起的力。

· 强相互作用：使原子中的质子和中子或质子和原子中的夸克结合在一起。

· 弱相互作用：使原子从一种类型转换为另一种类型，并释放出能量。

· 电磁相互作用：由电和磁联合产生。

➡ 炸药中的化学能突然转换成热、光、声等能量。

发现更多 ▶ ■ 电 第26~27页 ■ 光和光学 第30~31页 ■ 冷和热 第34~35页

电

在大型舞台上，电力驱动扩音器将声音放大。电还使灯泡发光，甚至驱动风扇旋转，以使表演者感到凉爽。

　　我们用各种能源发电，然后通过电缆和电线长距离传输电能，并将其转换成其他多种形式的能量。

　　物质是由叫作原子或分子的粒子组成的，在原子中有更小的叫作电子的粒子。在某些物质中，最外层电子在电动势的"推动"下从一个原子"跳跃"到另一个原子。例如，在化学电池中，数以百万计的电子朝同一方向跳跃，从而形成电流。

动手一试

导体还是绝缘体？

使用 1.5 伏的灯泡、电池和 3 根导线，测试以下材料和物体是否导电：金属钉子、塑料勺、木勺、咖啡杯、杯子里的水和这本书的一页。

・第 1 步：如图所示，连接好导线。

・第 2 步：将图中左侧两根导线空着未连的一端相连，确保灯泡能发光。

・第 3 步：在上述两根导线之间接入测试对象。如果灯泡亮了，它就是导体；否则，它就是绝缘体。

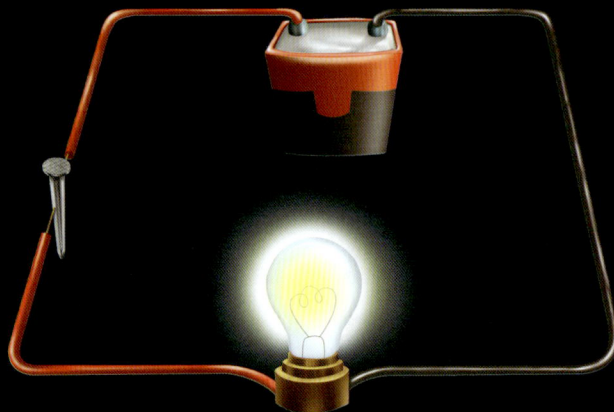

有无电流

电荷从一个地方流到另一个地方，就是所谓的电流。电池和发电机驱使电流通过电线和其他被称为导体的材料。电线通常被组装在电路中，用来为冰箱、电视等电器供电。绝缘体是不导电的材料，电流无法通过它。电线通常用塑料这种绝缘材料做保护，这就确保了电流只存在于导线内。

⬆ 电动汽车的蓄电池通过将化学能转换为电能发电。随后，电动机将电能转换成机械能，使车轮转动。

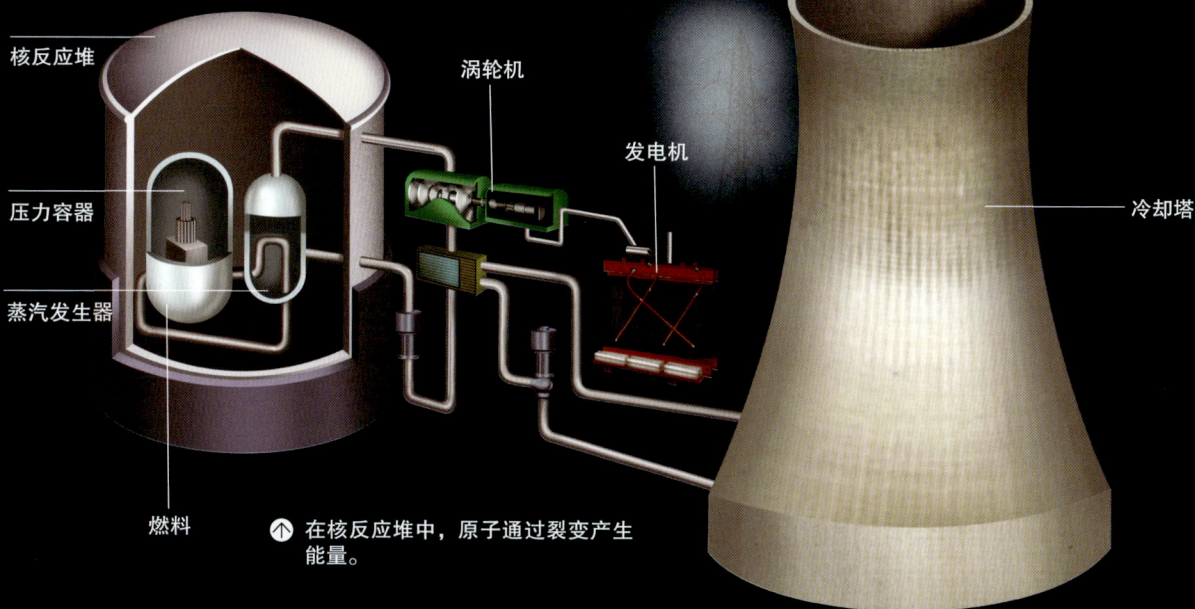

核反应堆

压力容器

蒸汽发生器

燃料

涡轮机

发电机

冷却塔

⬆ 在核反应堆中，原子通过裂变产生能量。

发电

电能可由许多其他形式的能量转换而来。在电池中，被称为电解质的物质的化学能可以转换为电能。煤和石油等燃料通过燃烧释放热量，使水沸腾成蒸汽，这种蒸汽使与发电机相连的涡轮机的叶片转动，从而发电。电流的强度单位是安培，它的流量（电子数）以库仑为单位。

➡ 风推动风力涡轮机旋转发电，将动能转换为电能。

发现更多 ▶ 能量和力 第24~25页 ■ 磁体 第28~29页 ■ 运动和力学 第36~37页

磁体

磁力是一种较为神秘的力。在这种力的作用下，磁体会拉动或吸引某些物体，尤其是金属物体。磁和电有着紧密的联系，一方总是伴随着另一方出现。

磁力来自于被称为原子的微小粒子，所有物质都是由这些微粒构成的。原子中带负电的粒子称为电子，电子围绕带正电的原子核运动。通常，这些电子是随机运动的。然而在磁体中，原子中的所有电子都以类似的方式运动，它们的力也随之叠加，从而在磁体的两端（北极和南极）产生磁力。

北极

南极

➔ 磁力在磁体的磁极位置最强，被磁体吸住的物体往往只位于其中一个磁极上。

动手一试

用导线、铁钉和 9 伏的电池制作磁体。

· 第 1 步：将一根有绝缘层的导线螺旋状缠绕在铁钉上，然后剥去导线两端的绝缘层。

· 第 2 步：将导线的一端连接到电池的正极（+）上，另一端连接到电池的负极（−）上。尝试用铁钉吸起回形针。

N

S

铁钉

南极

导线

电池

北极

磁体

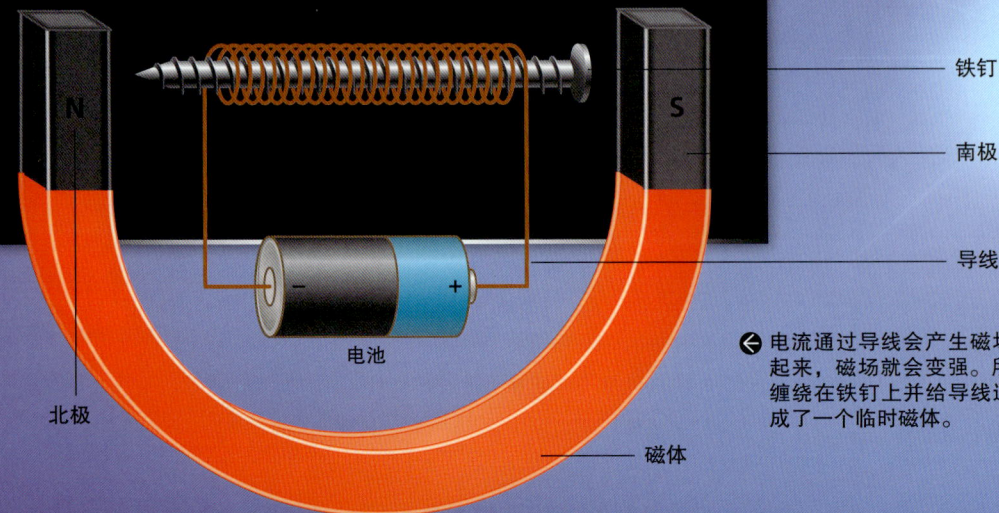

◀ 电流通过导线会产生磁场。若把导线缠绕起来，磁场就会变强。所以，当你把导线缠绕在铁钉上并给导线通电时，铁钉就变成了一个临时磁体。

磁性材料

　　磁体通常由金属铁或钢（主要成分是铁）制成。磁体只能吸引或拉动被称为磁性材料的物质。磁性材料通常也含有铁。当外力使两个磁体彼此靠近时，一个磁体的北极和另一个磁体的南极相互吸引，但两个北极和两个南极相互排斥，规则可以简记为："同性相斥，异性相吸。"

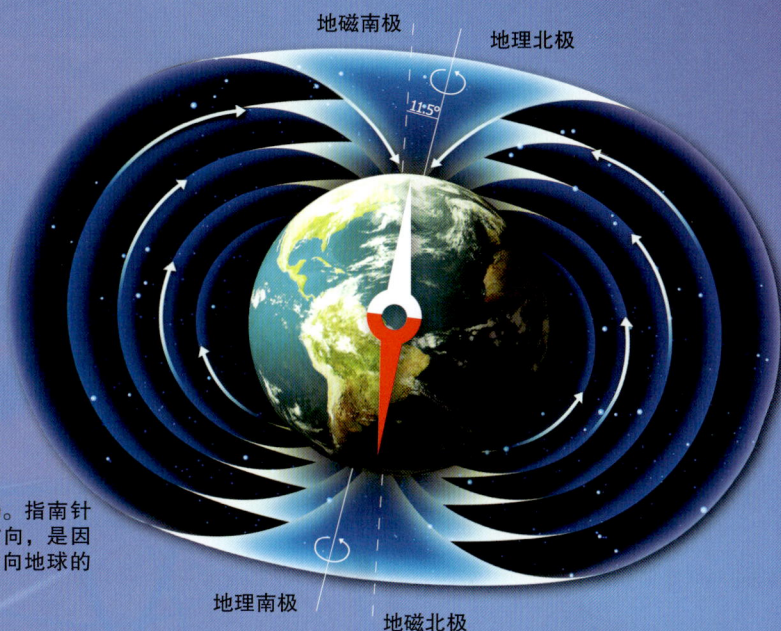

地磁南极　　　地理北极

11.5°

地理南极

地磁北极

➡ 地球有自己的磁场。指南针之所以能够指示方向，是因为它的指针总是指向地球的地磁北极。

强大的电磁铁被用来开发高速磁悬浮列车

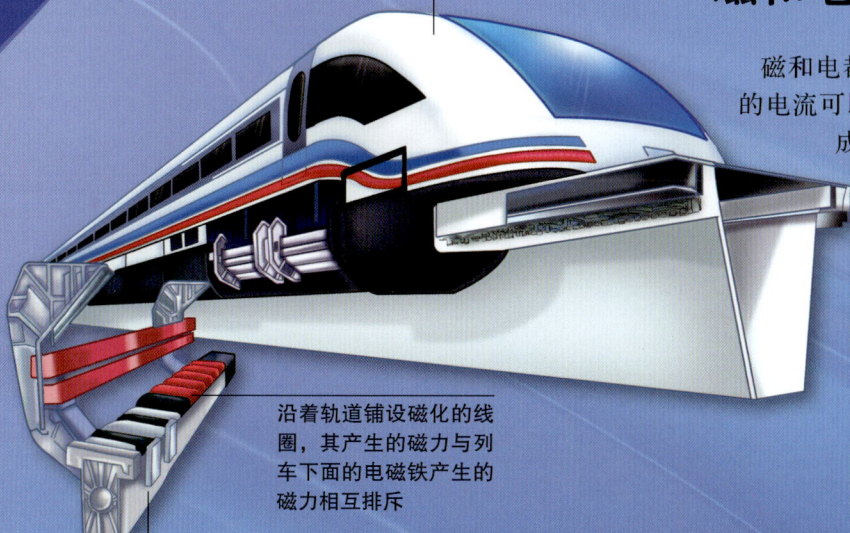

磁和电

　　磁和电都涉及电子的移动，因此，导线中的电流可以在导线周围产生磁场。将导线绕成线圈（即电磁铁），磁力会增强。与普通磁体的永磁性不同，电磁铁的磁性只有在通电时才会产生。从汽车遥控锁到电动机，数百种机器和设备中都有电磁铁。

沿着轨道铺设磁化的线圈，其产生的磁力与列车下面的电磁铁产生的磁力相互排斥

列车轨道（导轨）

⬅ 列车悬浮在轨道上方，这几乎消除了摩擦力的影响，使列车超高速行驶成为可能。

发现更多 ▶ 能量和力 第24~25页 ■ 光和光学 第30~31页 ■ 运动和力学 第36~37页

光和光学

光是一种我们可以用肉眼看见的电磁波。当光在真空中沿着直线传播时，它拥有宇宙中已知的最快速度——大约为 3×10^5 千米/秒。

我们看到的光其实是电和磁结合在一起的波，称为电磁波。我们看到的由电灯泡或太阳发出的白光，实际上是多种有色光混合的结果，即当它们结合在一起时看起来就是白光。不同颜色的光是不同波长的电磁波。

反射和折射

在清澈或透明的材料中，光沿着直线传播。如果光入射到一个光滑的表面（镜子、抛光金属和静止的水面等），它会以与入射角相等的角度反射回来。当光穿过一种透明材料进入另一种透明材料（比如从空气入射到水中）时，它会改变传播速度并发生弯曲，即出现光的折射。

笔直的吸管

液体

当光入射到水中时，吸管看上去弯折了

当从一种透明物质（比如空气）进入到另一种透明物质（比如水）中时，光会发生折射，这使吸管看上去像是断开了。

光波只是电磁波谱中的一部分。电磁波按照波长的不同可以分为无线电波、微波、红外线、可见光、紫外线、X射线和伽马射线。

紫外线的波长比可见光短，蝴蝶等昆虫可以看到它

X射线能够穿透固体物质

红外线的波长比可见光长，我们可以用特制的眼镜看到它

微波产生的热量可以用来加热食物

灯泡产生可见的白光

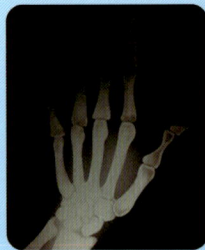

可见光中红光的波长最长，紫光的波长最短

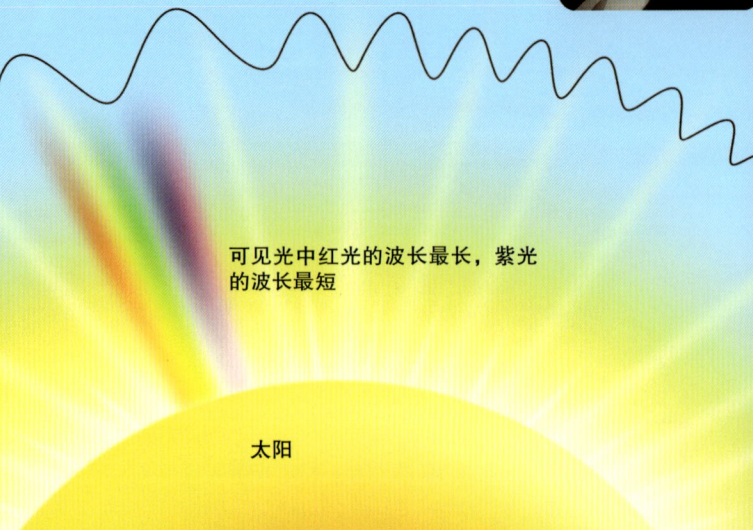

电磁波中无线电波的波长最长，可以携带声音信号

太阳

30

激光

　　激光是一种高能量、窄波束的光，通常由含有晶体或类似物质的激光器产生。一束激光不会像普通手电筒的光束那样扩散开。激光只有一种颜色，而不是多种颜色的混合。从 CD/DVD 播放器到商店里收银台的扫描器，激光有上百种应用。因为激光的能量可以聚焦到一个清晰的点上，所以它还被用来在医疗手术中切除身体的某些组织，或是在工厂里切割金属。

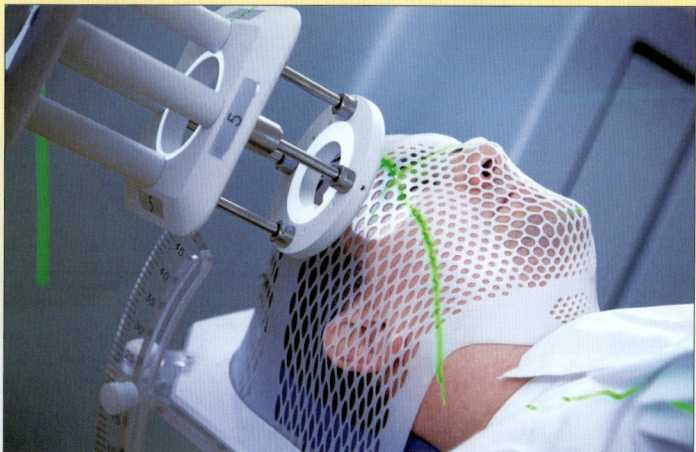

↑ 医学激光能够发出一束十分精确的极薄光束，用来烧掉无用的组织、缝合出血点，甚至可以修复眼睛里破损的薄弱部分。

动手一试

透明还是不透明？

能通过全部光的物品是透明的，只能通过部分光的物品是半透明的，完全阻挡光线的物品是不透明的。

下面，我们用一个强光手电筒来测试一些材料。

· 第 1 步：收集各种材料，如纸张、卡片、棉花、不同类型的玻璃和塑料等。

· 第 2 步：在一个黑暗的屋子里，将手电筒的光射向这些材料，之后将光线投射到远处的白墙上。判断这些材料是透明的、半透明的还是不透明的。

➡ 多种颜色的光混合成白色的太阳光，太阳光被数百万个雨滴折射后形成彩虹。

伽马射线是波长最短的电磁波，放射性物质会释放伽马射线

发现更多 ▶ 宇宙 第8~9页 ■ 太阳和太阳系 第12~13页 ■ 声音和声学 第32~33页

声音和声学

即使在非常安静的地方也会有微弱的声音——风声、树叶的沙沙声、远处车辆的鸣笛声等。声音在日常生活中非常重要，人们把研究声音的科学称为声学。

声音是在空气中传播的不可见的"波"。发声体的振动使一部分空气粒子运动，这些空气粒子与其他粒子碰撞，使它们也发生振动，结果就产生了声波。单位时间内声波周期性变化的次数称为频率，我们用赫兹来度量频率。长波的频率较低，听起来像雷声一样低沉；短波的频率较高，听起来像撞击大镲时发出的声音一样尖锐刺耳。

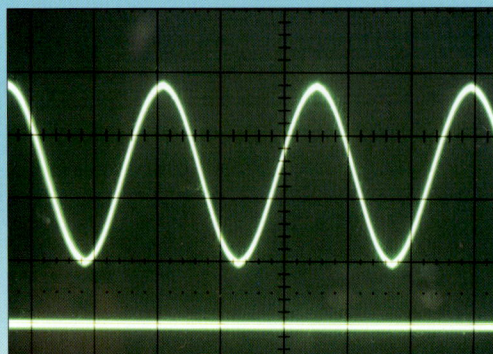

↑ 声波在远离声源传播时有高压区和低压区。每一个高压区就像一个波峰，而每一个低压区就像一个波谷。

声调和音量

声音由振动或快速移动的物体产生，如吉他弦、鼓皮、扩音器和人的声带。物体振动得越快，频率越高，声调也就越高；物体振动得越剧烈，振幅越大，我们听到的声音的音量也就越大。音量的单位是分贝。

→ 麦克风的弹性薄膜（隔膜）在受到声波的撞击时会振动，从而产生电信号。

隔膜

扩音器将电信号转换成声音

电线传输电信号

超声波和次声波

　　人类的耳朵能听到的声音的频率为
20 ~ 20000 赫兹。频率低于这个范围下限
的声音被称为次声波，大象等动物能发出和
听到次声波；频率高于这个范围上限的声音
被称为超声波，蝙蝠和海豚等动物能够发出
和听到超声波。

→ 超声波扫描仪产生的高频声波可以穿透身体，
这些波被身体的不同部位反射回来并显示在屏
幕上。右图显示的是子宫中的胎儿。

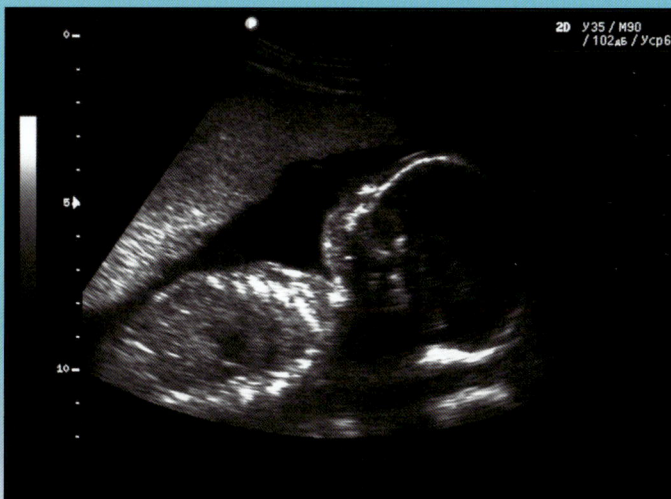

回声

　　就像光会被镜子反射一样，声
波也能被平坦坚硬的表面反射回来，
这种反射声波被称为回声。

声音的速度

· 光的传播速度近似为声音传播速度的
100 万倍。

· 在 1 标准大气压和 15 摄氏度的条件
下，声音在空气中传播的平均速度是
340 米 / 秒。

· 声音的传播速度随着温度的降低而降
低。因此，在海拔很高的地方，由于空
气温度很低，声速接近 300 米 / 秒。

· 声音在水中的传播速度较快，大约为
1500 米 / 秒。

· 声音在固体中的传播速度更快，在钢
铁中的传播速度大约为 5200 米 / 秒。

↑ 如果物体的速度超过声速（超
音速），声波会聚集在一起
产生沉闷的重击声，这被称
作"音爆"。1997 年，"超
音速推进号"的车速实现超
音速，达到 1228 千米 / 时。

发现更多 ▶ 光和光学 第30~31页 ■ 运动和力学 第36~37页 ■ 化学反应 第42~43页

冷和热

热能是由构成物体的微小原子和分子的运动产生的。这些原子或分子运动得越快，热能就越高；缺少热能的状态就是冷。

所有物质都是由原子和分子组成的。这些粒子围绕中心位置移动或振动得越剧烈，它们的温度就越高。温度是对物体的热或冷的度量，我们通常用温度计来测量温度。燃烧木材、煤、石油、汽油或柴油等燃料可以产生热量，在燃烧过程中，燃料的原子和分子被分开并重新排列，从而将化学能转换成热能。

摄氏温度计用摄氏度表示测定的温度

温度计中的水银或其他液体的位置随着温度的升高而升高

温度计

➡ 温度是日常生活的重要组成部分。热带植物喜欢的温度是 25 摄氏度及以上，而北极熊喜欢 10 摄氏度以下的温度。

热量的传递

热量以 3 种方式传递。

· 热传导：当振动的原子和分子撞击它们相邻的原子和分子并使其也发生振动时，热量得以在物质内部传递。

· 热对流：许多温度较高的原子和分子从一个地方移动到另一个地方——就像暖空气上升或暖流在水中流动（固体中不存在这种现象）。

· 热辐射：热量以射线或波的形式传递。

热传导

热辐射

热辐射

热对流

测量温度

物质变热时会发生膨胀。在液体温度计中，液体受热后将沿狭窄的管道膨胀，液体在温度计里达到的位置为我们指示了相应的温度。在热电偶温度计中，电流在通过两种不同金属的连接处时由于温度不同而发生变化。双金属温度计是把两种线膨胀系数不同的金属组合在一起，其中一端固定，当温度变化时，一根金属条比另一根膨胀得更多，从而使指针偏转。

> 研究极低温度的学科是低温物理学。理论上最低的温度是绝对零度，约等于零下 273.15 摄氏度。在这个温度下，原子和分子不再运动。

把塑料和金属等物质加热到熔点以上，接着将这些液态物质倒入模具中，然后再冷却固化。

热和物态变化

当固体受热时，它的原子和分子在它们的位置上振动得更加剧烈。在一定温度下，它们离开了原本的位置并自由移动，从而使固体熔化成液体；随着温度的继续升高，原子和分子之间的距离突然增大，从而使液体沸腾并成为气体。大多数物质都有自己的熔点和沸点。冰在零摄氏度时融化成水，水在 100 摄氏度时变成水蒸气。

> 当食物在远低于零摄氏度的环境下储存时，细菌等微生物会停止分解工作，从而避免食物腐烂或变质。

发现更多 ▶ ■ 山脉 第52~53页 ■ 海洋 第58~59页 ■ 火山 第60~61页

运动和力学

我们的世界充满了遵循力学原理的机器、设备、工具和小器具。这些原理涉及物体的运动、力和能量。

机械由能量和力驱动，简单机械包括斜坡、杠杆、轮轴、滑轮、齿轮和螺钉等。几个简单机械组合起来可以制造出一个更复杂的机械，例如自行车。机械的运转需要能源：自行车是由骑车人踩动踏板驱动的，电动机和电磁铁是由电力驱动的，小轿车和卡车是由燃料燃烧产生的化学能驱动的。

车座

座杆

刹车握把

刹车线

车轮

踏板

链条撑杆

车叉子

齿轮

后变速器

链条

让我们更轻松

机械通常可以完成我们无法完成的工作，或者让我们工作时更轻松。上图中自行车的齿轮展现了一个重要的原则——机械效益。低速挡有助于我们轻松爬坡，但是相比于高速挡，我们使用低速挡时必须蹬更多次踏板。最终，使用高、低速挡到达山顶的总工作量是一样的，只是低速挡能使我们更轻松地完成爬坡任务。

↑ 自行车由一些简单的部件组成，包括杠杆式刹车器、曲柄式踏板、齿轮、链条以及车轮。

动手一试

换挡

为了探寻齿轮的工作原理，我们可以观察横放或倒置的自行车。

· 第 1 步：在后车轮上贴上鲜亮的胶带，这样你就可以更轻松地数它转动的圈数。

· 第 2 步：用低速挡带动自行车，缓慢转动踏板 10 圈左右，数一数后车轮转动的圈数。

· 第 3 步：用高速挡带动自行车，执行同第 2 步一样的操作。此时后车轮会转动更多圈，这意味着自行车将行驶得更远，虽然这需要耗费更多的力。

⬆ 在喷气式发动机中，燃烧气体燃料产生的纵向气流推动飞机前进，燃料燃烧释放的能量也推动了扇形涡轮叶片的转动。

运动类型

机械有多种运动方式。直线运动是沿一条直线运动，摆动是像钟摆似的来回运动，旋转是像车轮一样以圆形轨迹转动。很多机械都存在运动类型的转换。在汽车发动机中，活塞的直线往复运动通过连杆转变成曲轴的旋转运动，这种旋转运动随后由各种传动装置传递到车轮上。

⬆ 液压机由高压液体驱动，对表面积较小的活塞施加一个较小的力就可以产生一个能够带动较大活塞的更大的力。挖掘机等重型施工设备就是利用液压进行传动的。

⬇ 世界上最大的粒子加速器是位于瑞士和法国交界地带的侏罗山地下的原子加速器——大型强子对撞机，它被建造在 27000 多米长的环形隧道中，并且拥有超过 2000 万个部件。

发现更多 ▶ 引力和相对论 第22~23页 ■ 能量和力 第24~25页 ■ 电 第26~27页

物质、原子和分子

自然科学中有一个主要的观点：物质是由一种叫作原子或分子的微小粒子构成的。物质有3种基本形态：固态、液态和气态。所有物体都是由物质组成的。

电子

原子核包含质子和中子。在原子中，电子在原子核外的多个壳层中做绕核运动。

质子　中子

原子

原子是构成物质的基本单元，但它不是最小的组成部分，在大多数原子的内部有3种更小的粒子：质子、中子和电子。在原子的中心，质子和中子聚集在一起，称为原子核；电子在原子核外的轨道中做绕核运动。每个电子带有1个单位的负电荷，每个质子带有1个单位的正电荷；中子不带电荷，呈电中性。通常，一个原子含有同样数量的质子和电子，质子和电子所带的正负电荷是平衡的，从而使整个原子呈电中性。

分子

一个分子由两个或两个以上的原子连接或键合在一起构成。最小的分子仅有两个原子，最常见的例子是氧分子。氧的元素符号是O，两个氧原子组成的氧分子写成 O_2。1 个葡萄糖分子中含有 6 个碳原子、12 个氢原子和 6 个氧原子，所以它的分子式是 $C_6H_{12}O_6$。像这样由两种或两种以上的原子组成的分子被称作化合物，组成某些类型的塑料的高分子具有上千甚至数百万个原子。

高分子是非常大的分子，它是由被称为单体的小分子以长链形式连接在一起形成的，像用多个珠子串成的项链。多数塑料制品都是高分子化合物。

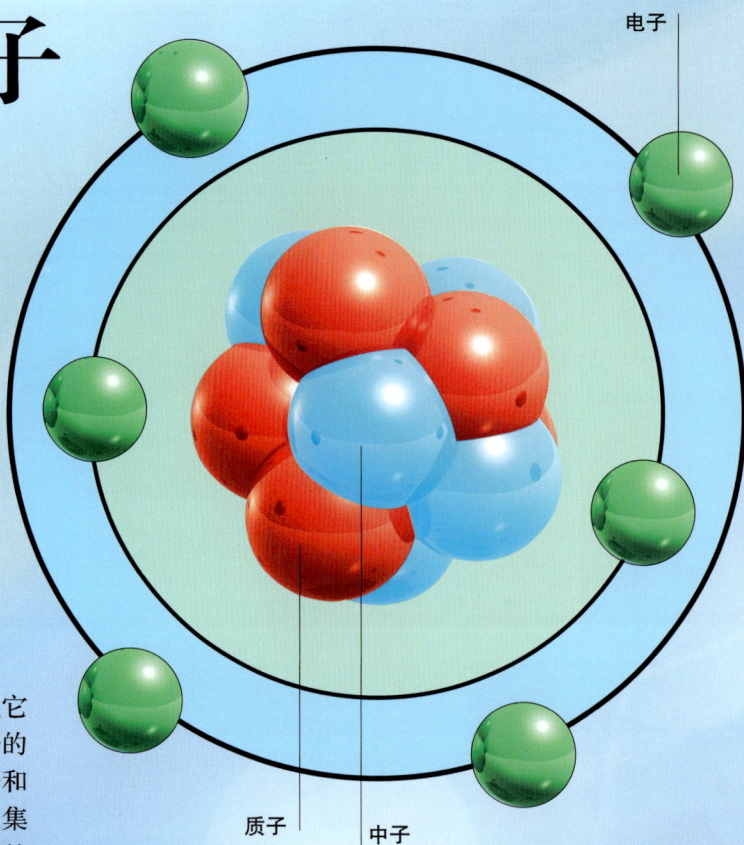

38

不同的原子

每一种纯净物或元素原子内部的排列各不相同（详见下一页）。例如：气态氧的原子核中有8个质子和8个中子，以及围绕原子核的8个电子；金属铁原子有26个质子、30个中子和26个电子。在铁原子和氧原子中，质子和电子的个数相同，但铁原子内中子的个数与质子或电子的个数不同。

⊙ 纳米机器是由几个分子构建的非常微小的机器。例如，碳纳米管是由排列成管状的碳原子组成的单个分子。

⊙ 当X射线击中一种物质时，这种物质的分子会以不同的方式反弹和弯曲，进而形成复杂的图案。科学家们可以从这些图案中弄清楚原子在分子中是如何排列的，这就是X射线晶体学。

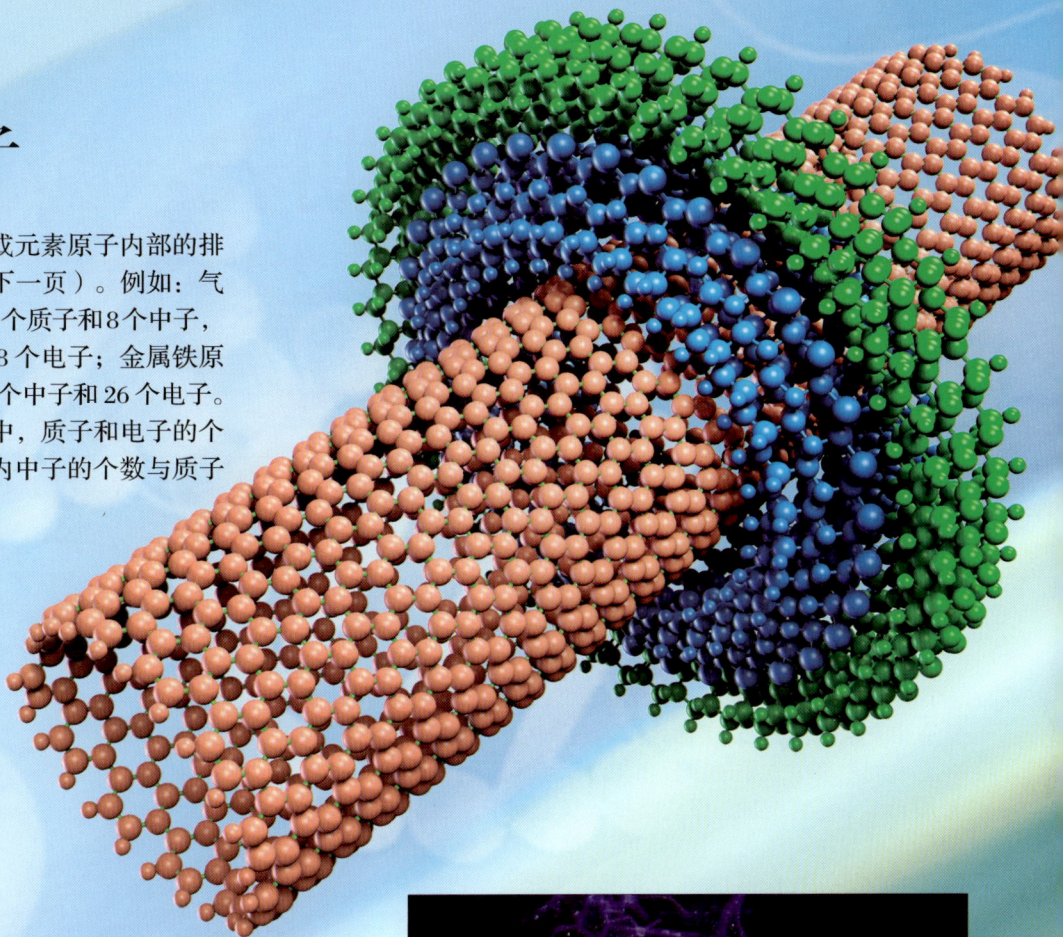

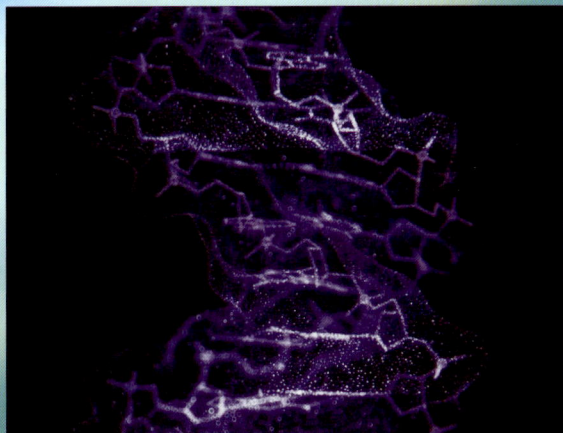

知识卡

原子构想的发展

· 2400年前，古希腊哲学家德谟克利特提出了一个观点，他认为所有物质都是由微小的粒子构成的。

· 大约100年前，原子结构的太阳系模型表明：电子围绕原子核运动，就像行星围绕太阳运动一样。

· 现代的观点是，电子在围绕着原子核的"云"中运动。

· 质子和中子等粒子被认为是由更小的粒子——夸克组成的。

发现更多 ▶ 星系和恒星 第10~11页 ■ 冷和热 第34~35页 ■ 固体、液体和气体 第44~45页

元素和元素周期表

每一种化学元素都是纯净物——它所有的原子完全相同。元素不能通过加热、冷却或使用催化剂而分解成更简单的物质。每一种元素都有一个化学符号，比如 C 代表碳。

元素周期表

地球上有 94 种元素是自然形成的，有 20 多种元素是在实验室中产生的，按一定规律来排列元素的图表叫作元素周期表。在元素周期表中，原子序数和相对原子质量沿每一行从左到右增加，下一行再增加，以此类推。从上到下，每一列元素的相对原子质量越来越大，但它们的物理和化学特征相似。例如，除了氢以外，所有第 IA 族元素都是柔软且呈银色的轻金属。

⇩ 元素周期表中有每种元素的名称、化学符号、原子序数和其他信息，图表的排列方式显示了不同元素分区之间的相似性和差异性。

图例：
非金属 | 准金属
碱金属 | 卤素
碱土金属 | 稀有气体
过渡金属 | 镧系元素
后过渡金属 | 锕系元素

族（纵）1	2	3	4	5	6	7	8	9	10	11	12	13	14	15	16	17	18
周期（横）																	
1 H 1.008																	2 He 4.003
3 Li 6.941	4 Be 9.012											5 B 10.81	6 C 12.01	7 N 14.01	8 O 16	9 F 19	10 Ne 20.18
11 Na 22.99	12 Mg 24.31											13 Al 26.98	14 Si 28.09	15 P 30.97	16 S 32.07	17 Cl 35.45	18 Ar 39.95
19 K 39.10	20 Ca 40.08	21 Sc 44.96	22 Ti 47.88	23 V 50.94	24 Cr 52	25 Mn 54.94	26 Fe 55.85	27 Co 58.47	28 Ni 58.69	29 Cu 63.55	30 Zn 65.39	31 Ga 69.72	32 Ge 72.59	33 As 74.92	34 Se 78.96	35 Br 79.9	36 Kr 83.8
37 Rb 85.47	38 Sr 87.62	39 Y 88.91	40 Zr 91.22	41 Nb 92.91	42 Mo 95.94	43 Tc (98)	44 Ru 101.1	45 Rh 102.9	46 Pd 106.4	47 Ag 107.9	48 Cd 112.4	49 In 114.8	50 Sn 118.7	51 Sb 121.8	52 Te 127.6	53 I 126.9	54 Xe 131.3
55 Cs 132.9	56 Ba 137.3	57 La 138.9	72 Hf 178.5	73 Ta 180.9	74 W 183.9	75 Re 186.2	76 Os 190.2	77 Ir 192.2	78 Pt 195.1	79 Au 197	80 Hg 200.5	81 Tl 204.4	82 Pb 207.2	83 Bi 209	84 Po (210)	85 At (210)	86 Rn (222)
87 Fr (223)	88 Ra (226)	89 Ac (227)	104 Rf (257)	105 Db (260)	106 Sg (263)	107 Bh (262)	108 Hs (265)	109 Mt (266)	110 Ds (271)	111 Rg (272)	112 Cn (285)	113 Nh (284)	114 Fl (289)	115 Mc (288)	116 Lv (292)	117 Ts (291)	118 Og (293)

6	58 Ce 140.1	59 Pr 140.9	60 Nd 144.2	61 Pm (147)	62 Sm 150.4	63 Eu 152	64 Gd 157.3	65 Tb 158.9	66 Dy 162.5	67 Ho 164.9	68 Er 167.3	69 Tm 168.9	70 Yb 173	71 Lu 175
7	90 Th 232	91 Pa (231)	92 U (238)	93 Np (237)	94 Pu (242)	95 Am (243)	96 Cm (247)	97 Bk (247)	98 Cf (249)	99 Es (254)	100 Fm (253)	101 Md (256)	102 No (254)	103 Lr (257)

原子序数和相对原子质量

元素的原子序数等于其原子核中的质子数。由于带正电的质子通常与带负电的电子平衡，所以原子序数也等于电子数。相对原子质量是原子核中质子和中子的数量之和，随着原子序数的增加，元素变得更重。轻质金属铝的原子序数为13，相对原子质量为27；而重金属铅的原子序数为82，相对原子质量为207。

金子可以被捶打成薄片，称为金叶

金的元素符号是 Au

⊗ 纵观历史，稀有金属黄金是最珍贵的元素之一，许多帝国靠聚敛黄金而崛起。

⊕ 纯硅可以用于制造微芯片和其他电子部件。硅是地壳中仅次于氧的第二丰富的元素。

行星抛光机

知识卡

· 经过研究，第 112 号元素在 2010 年 2 月被命名为锝，元素符号为 Cn。

· 锝的原子序数是 112，原子质量是 277，在 2010 年被官方认可。

· 1996 年，第一个锝原子被制造出来，至今只有不到 100 个锝原子。

· 锝是一种在室温下可能是液体的金属，就像它的"近亲"汞一样。

发现更多 ▶ 物质、原子和分子 第38~39页 ■ 化学反应 第42~43页 ■ 固体、液体和气体 第 44~45页

化学反应

化学反应是指单一或多种物质结合形成一种或多种新物质的过程。而逆转化学反应，即把生成物变回原来的反应物通常很难。

在化学反应中，组成物质的原子或分子以不同的方式分离并重新结合在一起，形成新的产物。例如，闪亮的金属钠中的钠原子（Na）与黄绿色有毒气体氯气中的氯原子（Cl）结合，就会得到氯化钠（NaCl），也就是食盐。

↑ 如上图中所示的玻璃制品，一开始是沙子、纯碱和石灰石，当这些物质在炉子里被一起加热时，就得到了玻璃（见第164页）。

引起化学反应

某些化学物质（如金属、塑料和陶瓷等）不易发生化学反应，它们被称为惰性物质；而还有的化学物质（如漂白剂）在普通条件下就很容易发生化学反应。使化学物质发生反应的常用方法是利用热、压力、电或其他被称为催化剂的化学物质。催化剂能够引起或促进化学反应，但是它本身在化学反应前后不发生改变。

↓ 烹饪利用了加热能使物质发生化学反应的原理，如烤蛋糕。一旦蛋糕做好了，你就不能再把它还原成面粉、糖、鸡蛋、水和其他配料。

松糕　　　　　　　　烤箱

混合物和化合物

当两种或两种以上的元素以化学方式结合时就形成了化合物。这不同于简单地把两种物质混合在一起，比如当沙子和盐混合在一起时，很容易把它们分开（参见"动手一试"板块）。但是，如果把沙子和盐放在一起并加热到一定程度，它们就会发生化学反应。从化学成分上来看，沙子是二氧化硅，盐是氯化钠，当它们发生化学反应时会生成四氯化硅。这是一种有刺激性气味的危险液体。

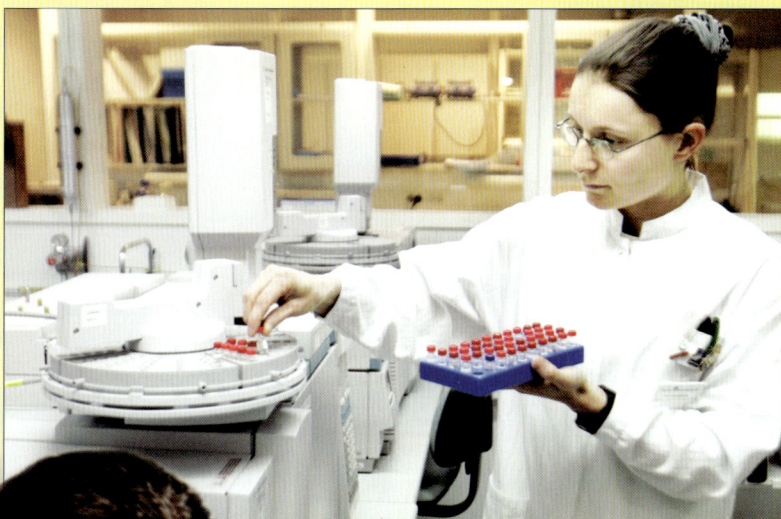

↑ 色谱仪是一种对混合物中的各组分进行分析检测的仪器。其中一种方式是加热这种物质，从而找出其中含有哪些成分，这就是化学分析。

清洁剂

防护手套

海绵

动手一试

分离混合物

用干净的沙子和食盐来展示如何将混合物（不同于化学反应形成的化合物）再次分离。

· 第 1 步：将 3 匙沙子和 3 匙食盐放入一个干净的罐子里并混合。

· 第 2 步：向混合物中加入温水，溶解食盐；将盐溶液倒入碗中，留下沙粒。

· 第 3 步：加热盐溶液，待水蒸发后再次形成食盐。

← 家用化学品（如清洁剂）的工作原理是，通过与灰尘、污渍中的物质发生反应，生成能够被水冲走的新物质。

发现更多 ▶ 电 第26~27页 ■ 运动和力学 第36~37页 ■ 元素和元素周期表 第40~41页

固体、液体和气体

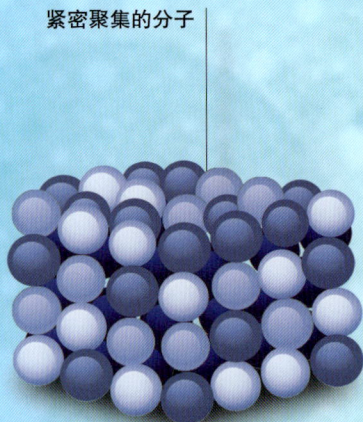

紧密聚集的分子

松散聚集的分子

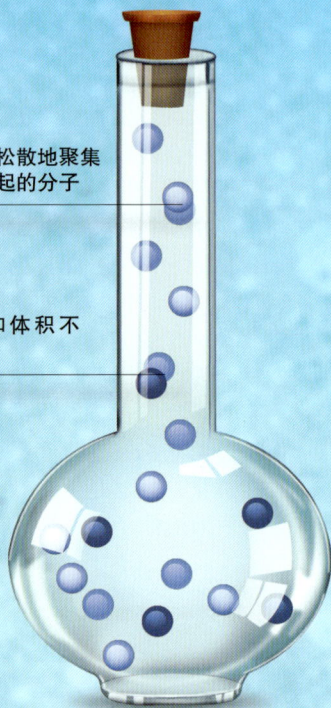

非常松散地聚集在一起的分子

呈现出容器的形状

形状和体积不固定

固体

液体

气体

大部分物质可以以 3 种状态存在，这 3 种状态分别是固态、液态和气态。这些状态的存在主要取决于温度，部分取决于压力。

⬆ 在固体中，原子是固定的；在液体中，原子可以移动但距离较近；在气体中，原子可以随意移动。

在正常室温下水是液体，大部分液体可以流动和改变形状。然而，虽然液体可以呈现其容器的形状，但它们不能改变所占的空间。液体所占的空间被称为体积。把水放在冰箱里冷冻起来，它就变成了固态的冰。大部分固体是硬的、刚性的，并且能保持固定的形状。当水被煮沸时，它变成了一种叫作水蒸气的气体。气体不仅可以流动和改变形状，而且还可以改变自身的体积——通过扩张或分散填满可用的空间。

⬅ 由于山上空气稀薄、气压低，水在较低的温度下就会沸腾。因此，在山上做热饮比较快，但是煮熟一个鸡蛋要花费更长的时间！

在山上水甚至可以在 90 摄氏度以下沸腾

状态的改变

　　从固体变为液体的过程叫作熔化，反过来的过程叫作凝固；从液体变为气体的过程叫作沸腾（或蒸发），反过来的过程叫作冷凝。每种物质都有自己的熔点、凝固点、沸点和冷凝点。降低气压可以使沸点降低，增高气压可以使沸点升高。固体二氧化碳被称为干冰，当它被慢慢加热时，会散发出一种雾状蒸气，这种蒸气常被用于制造舞台上烟雾缭绕的效果。

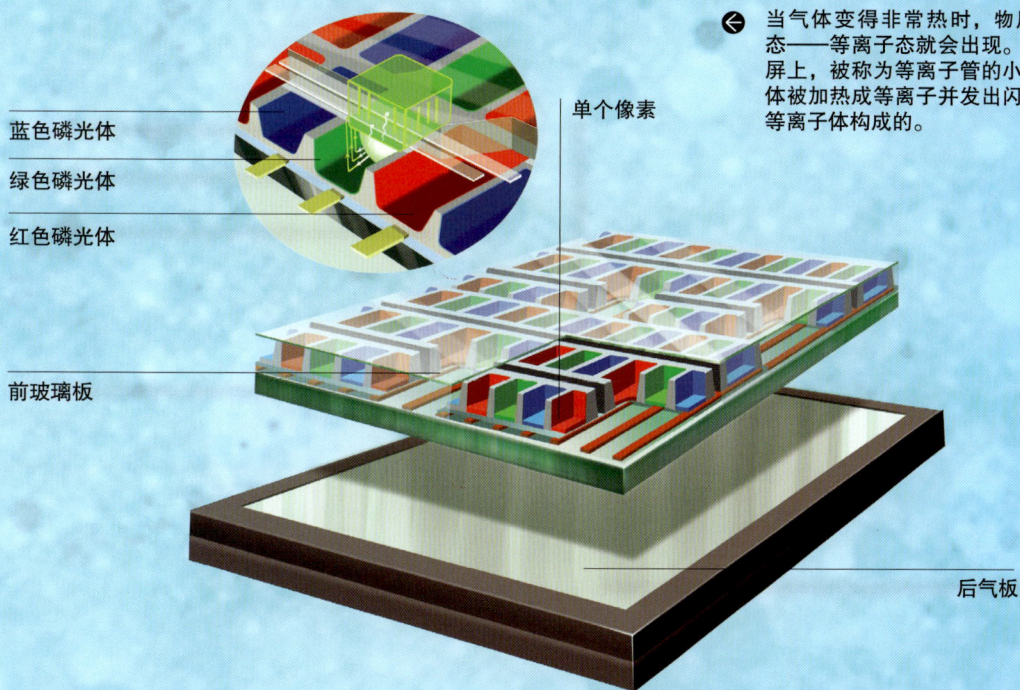

蓝色磷光体

绿色磷光体

红色磷光体

单个像素

前玻璃板

后气板

◄ 当气体变得非常热时，物质的第四种状态——等离子态就会出现。在等离子显示屏上，被称为等离子管的小室里，微量气体被加热成等离子并发出闪光。恒星是由等离子体构成的。

缺失的状态

· 我们从肺部呼出的二氧化碳气体冷却后不会变成液态，而是直接从气态变成固态：这个过程被称为凝华。

· 这种情况在大约零下 78.5 摄氏度时发生。

· 当固态二氧化碳被加热时，它会直接变成气态，这种现象叫升华。

原子和状态

　　物质的形态取决于热能（见第 35 页）。在固体中，原子和分子是固定的，不能移动，就像墙上的砖块。在额外的热能作用下，固体中的原子和分子会晃动或振动，从而打破它们原有的固定形态。如果原子和分子可以四处移动，但仍然保持一定的距离，那就是液态；如果再增加更多的热能使得原子和分子可以在任意距离内移动，那就是气态。

发现更多 ▶ 岩质行星 第14~15页 ■ 光和光学 第30~31页 ■ 冷和热 第34~35页

地球的结构

我们所生活的地球看上去似乎是静止的，但其实恰恰相反。地球这一太阳系第三大行星，一直保持着稳定运动的状态。

地球有三大主要岩层。坚硬的最外层是地壳，而这坚硬的地壳有超过 2/3 的面积都被水覆盖。地壳的厚度为 5 ~ 70 千米，陆地下的地壳厚度超过了海水下的地壳厚度。地壳下方是地幔，厚度接近 2900 千米。在地幔的下方是地核，地核由外核和内核两部分组成。

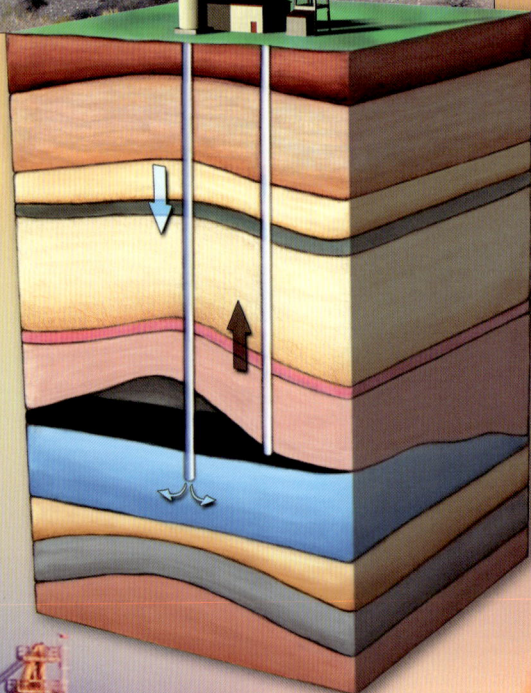

➡ 类似这样的石油钻井平台建在海床上，主要用来开采石油和天然气。

⬆ 开采石油的过程很复杂，包含了很多步骤。

有趣的事实

地球的尺寸

- 赤道直径：12756 千米
- 两极点之间的直线距离：12713 千米
- 赤道周长：40075 千米
- 陆地面积：1.49 亿平方千米
- 被水覆盖的面积：3.61 亿平方千米
- 体积：约 1.08×10^{12} 立方千米
- 质量：近 5.97×10^{24} 千克

⬆ 海洋和河流占据了地球表面约 70% 的面积。而从太空俯瞰地球时，大约一半的地球面积是被云层所覆盖的。

地壳

地壳主要由固体岩石组成，这也凸显了地球表面的特征。它包括陆地及海底的山脉、丘陵、山谷和峡谷。地壳不是一整块坚硬的固体，而是被分成几个巨大的弯曲部分，称为板块（见下页）。假设地球的大小与苹果一样，那么同比例下的地壳比苹果皮还要薄。

地幔和地核

地幔主要由岩石构成，就像地壳一样。由于温度和压力随着深度的增加而增加，因此地幔的温度极高。又因为地幔受到挤压，所以岩石的移动非常缓慢，就像厚重的奶昔一样。地核外层主要是含有少量镍的铁，它可以像蜜糖一样流动。地核中类似金属的固体内核的温度为 4000~6000 摄氏度，几乎和太阳的表面一样热。

➡ 右侧的地球剖面图显示了地球的 3 个主要圈层：地壳、地幔和地核。地核外层由于有部分液体，所以可以非常缓慢地流动，而地幔则更加坚硬。

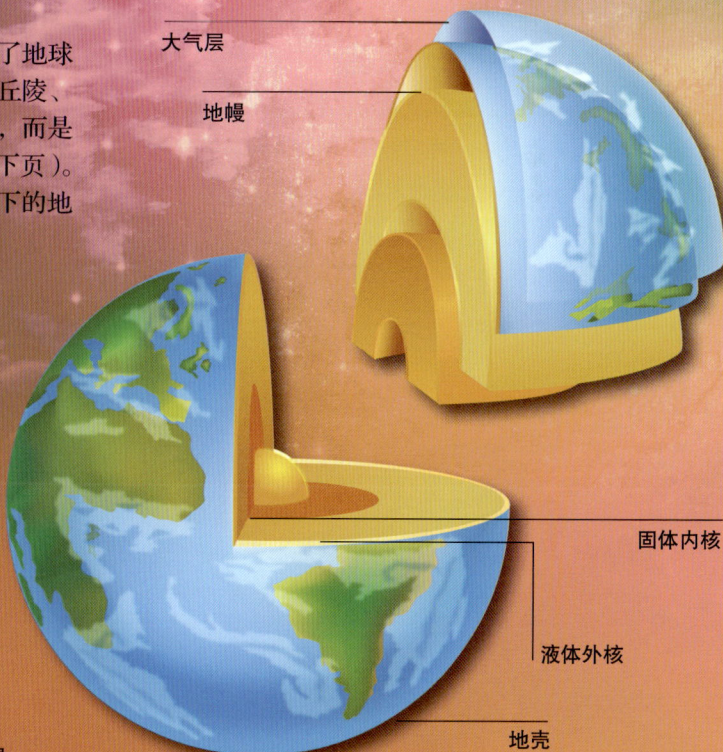

大气层

地幔

固体内核

液体外核

地壳

发现更多 ▶ 岩石和矿物 第50~51页 ■ 山脉 第52~53页 ■ 火山 第60~61页

大陆和板块构造

地球表面的岩石圈并不像它看上去那么坚硬。地球表面因冰雪、雨、风等多种因素形成了山峰和山谷，地球内部的巨大力量则导致了全球性的板块运动。

地球的最外层——地壳——并不像蛋壳那般光滑，也不是一个完整的整体，而是被划分成了几个巨大的板块。在地幔以下巨大力量的推动下，这些板块每年会移动 1~5 厘米。有些板块会连带着主大陆一起漂移。

有趣的事实

地球板块

· 太平洋板块是最大的板块，面积达 1 亿多平方千米，约占地球总表面积的 1/5。

· 印度洋板块是最小的主要板块，5000 万年来它向着欧亚板块"跑"了将近 3000 千米。它是漂移最快的板块。

· 胡安·德富卡板块是最小的次要板块，位于北美板块的西缘。

· 加拉帕戈斯板块是太平洋南部的微型板块，占地仅 1.2 万平方千米。它分割了相邻的 3 个板块。

大西洋中脊扩张，导致大西洋正在变得越来越宽。每年，纽约大约要远离伦敦一个大拇指的距离。

板块的生长

在板块的交界处存在着不同的板块边界类型，其中之一就是洋中脊——一系列狭长的海底山脉。高温、高压下的岩石熔化后从地幔向上涌，然后快速冷却凝结，形成新的海床，使得两个板块的边界增厚、变重并相互分离，这就是著名的海底扩张说。在陆地上，两个板块分离会产生巨大的缝隙，缝隙不断扩大就会形成裂谷。

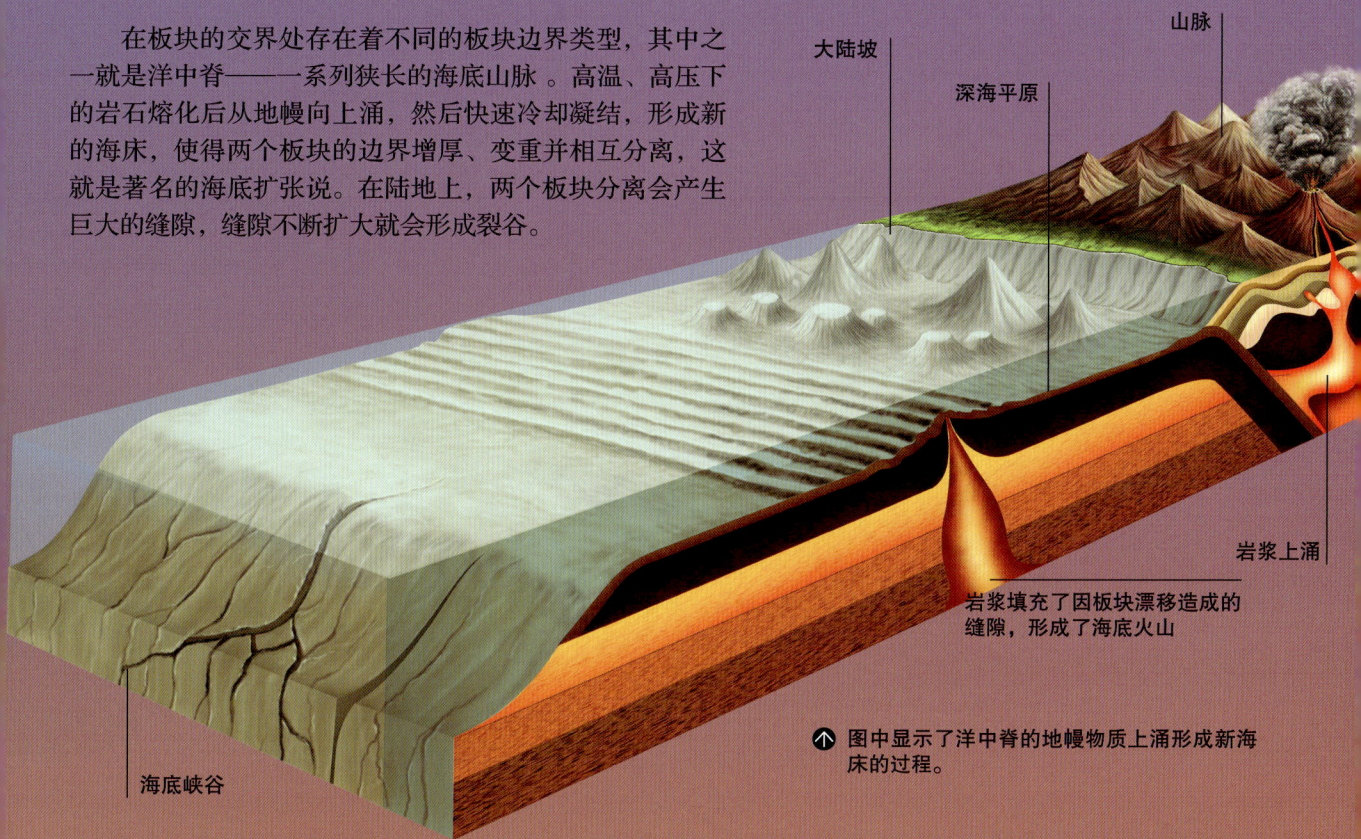

大陆坡

深海平原

山脉

岩浆上涌

岩浆填充了因板块漂移造成的缝隙，形成了海底火山

海底峡谷

↑ 图中显示了洋中脊的地幔物质上涌形成新海床的过程。

板块的消亡

在转换断层型边界上，两侧的板块试图彼此分离。起初，板块边界聚合，呈现锯齿状的水平交错。当这个使它们分离的力过大时，板块逐渐滑移，通常会导致地震或海啸。在俯冲区，较薄的大洋板块被迫下沉到更厚的大陆板块之下。此外，板块边缘融合也会导致地震或海啸。

➡ 大约2亿年前，大陆是一个完整的个体，被称为盘古大陆。后来，盘古大陆开始分裂并漂移，逐渐变成现在的样子。

↑ 盘古大陆被泛大洋所包围。

↑ 盘古大陆分裂成了两个古大陆——冈瓦纳古陆和劳亚古陆。

↑ 两个古大陆也开始分裂和漂移。

↑ 今天我们所见的大陆。

发现更多 ▶ 山脉 第52~53页 ■ 火山 第60~61页 ■ 地震和海啸 第62~63页

岩石和矿物

大多数岩石都很坚硬，它们也是构成地壳的重要物质。岩石由不同的物质组合而成，我们称这些物质为矿物质。

岩石主要可以划分为3种：火成岩、沉积岩和变质岩。火成岩是岩石经过高温热熔形成的，如火山喷出的熔岩先冷却再变坚硬，最后就形成火成岩。沉积岩由被称为沉积物的微小颗粒层构成，如沙、淤泥和泥浆，它们聚集在河流、湖泊和海洋的底部。当这些微小颗粒被层层埋藏在沉积层下时，它们就会经过成岩作用变成岩石。变质岩是其他岩石在高压、高温条件下发生变化而形成的。

几种重要的岩石类型

玄武岩是一种常见的多为灰黑色的火成岩，它是由火山喷出的岩浆冷却后凝固而成的，可以覆盖数千平方千米的表面。花岗岩是坚硬的多呈粉灰色的火成岩，在地下冷却后形成。大理石是一种变质岩，可以经切割和抛光后做成雕像。砂岩是一种沉积岩，颜色通常是淡褐色，我们甚至可以从砂岩中看到黏合在一起的砂粒。

粉笔的主要成分其实也是沉积岩

火成岩

↑ 矿物和宝石是从岩石中提炼出来的：手表中使用的矿物石英和钻石都是从火成岩中提取出来的。

知识卡

珍贵的矿物

很多著名的矿物都是晶体，它们可以被制成珍贵的珠宝。它们的颜色是由少量其他物质决定的。

· 钻石：元素碳的纯净形式，无色并且闪闪发光。

· 祖母绿：绿柱石的一种，因含铬而呈绿色。

· 蓝宝石：刚玉的一种，因含有微量的铁和钛而呈现出蓝色或其他颜色。

· 红宝石：很像蓝宝石，但由于存在微量铬而呈红色。

↑ 在自然界中，未经加工的宝石矿物色泽通常显得暗淡，但是通过一个非常简单的操作，比如使用一个宝石切割器对其进行切割和抛光，就能使它们变得明亮且有光泽。

↑ 紫水晶是一种石英宝石，它有紫红色、深紫色、浅紫色等多种颜色。

矿物

　　矿物是天然物质，在自然界中有时候会单独存在，有时候也会混入岩石中。大多数纯矿物以不成形的块状出现，但偶尔它们也会形成较大的晶体——呈侧面扁平和边缘笔直的特殊形状。每种矿物都有一定的化学成分，最常见的成分是硅或者二氧化硅。二氧化硅是由硅元素和氧元素组成的化合物。根据形成方式的不同，由二氧化硅构成的矿物可以以沙子或透明晶体（石英）的形式出现。

↑ 像砂岩这样的沉积岩很容易被水侵蚀和风化，形成如图所示的陡峭悬崖。

↓ 被称为"石林"的独特地质特征造就了美国著名的布莱斯峡谷国家公园。这些石林是由沉积岩组成的高而细的石柱，顶部是坚硬的冠岩。石林地貌是干旱地区常年受大风侵蚀的结果。

发现更多 ▶ 岩质行星 第14~15页 ■ 地球的结构 第46~47页 ■ 山脉 第52~53页

山脉

山脉是一种高耸、陡峭的地形，它屹立于周围的低地之上。经过数百万年的变迁，有的山脉慢慢变高，也有的逐渐被侵蚀。

当你在山上旅行时，越往上走越能感受到气温逐渐降低。数据表明，海拔大约每升高 1000 米气温会降低 5.5 摄氏度，当然风速也会随之增大。因此，山脉是动物和植物适应恶劣条件的特殊栖息地。

壮阔的群山

世界上海拔最高的山脉是亚洲的喜马拉雅山脉，拥有超过 20 座世界高峰。在 5000 万年前，印度洋板块逐渐向北推进到欧亚大陆并与之碰撞，从而形成了喜马拉雅山脉。目前，喜马拉雅山脉每年仍增高 5 毫米。安第斯山脉是世界上最长的山脉，全长 8900 余千米，它的最高峰是阿空加瓜山，海拔 6962 米。

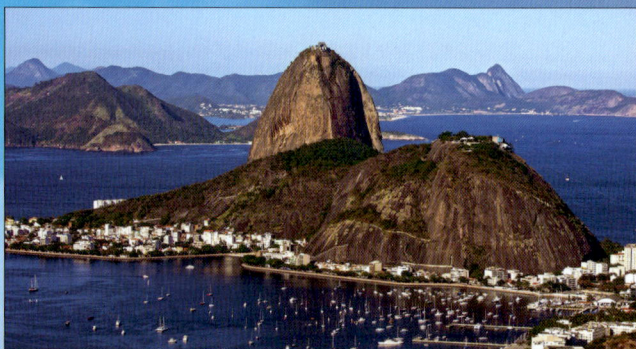

↑ 位于巴西里约热内卢的甜面包山海拔 396 米，它是一座因周围较软的岩石坍塌而形成的岛山。

↓ 喜马拉雅山脉的珠穆朗玛峰是世界上最高的山峰，海拔 8844.43 米。从海底的山脚到顶峰的高度差值最大的山是夏威夷的冒纳凯阿火山（译注：夏威夷语为 Mauna Kea，意为"白山"），差值达 10203 米。

动手一试

如何制作褶曲山地？

在一张大小合适的桌子上制作迷你山脉。

· 第 1 步：压一压，滚一滚，将黏土制成一块约 2 厘米厚的大平板，即一块"地壳构造板块"。

· 第 2 步：双手平放，掌心向下，将平板的两侧推到一起，看看平板如何变皱并折叠成"丘陵"和"山脉"。

· 第 3 步：将平板的某些部分制作得比其他部分更薄，再来进行相同的试验。想一想，更薄的黏土部分会先被折叠起来吗？

大多数山地动物（如雪豹）都有厚厚的毛皮来抵御寒冷的气候。它们的腿很强壮，适合跳跃；它们的脚很有力，能够抓住岩石。

山脉的形成

山脉以多种方式形成。两块巨大的地壳构造板块相互挤压，它们的边缘会起皱和弯曲，形成褶曲山地。如果地壳构造板块继续伸展，它们会破裂或断开，一侧向下滑动而另一侧向上升起，形成所谓的断块山。火山爆发时会渗出熔岩，这些熔岩堆积并硬化，从而形成锥形的火山。此外，如果一块坚硬的岩石被磨损的软岩所包围，那么也会形成一座山脉。

褶曲山地的形成

大陆地壳

地幔

当两块构造板块相互挤压时，相交处的地壳被抬起，最终形成褶曲山地。

发现更多 ▶ 岩质行星 第14~15页 ■ 地球的结构 第46~47页 ■ 岩石和矿物 第50~51页

河流和湖泊

地球上的淡水资源包括溪流、池塘、河流、湖泊等，虽然其覆盖面积不到地球总面积的 1/100，但它对陆地上的生命至关重要。

地球上的所有水资源中，仅 1/40 是淡水（非海水）。在这些淡水中，固态冰超过 2/3，主要存在于南极冰盖中；另外 1/4 在土壤和岩石当中；不到 1/10000 的淡水在地表以液体的形态存在。虽然存储量少，但这些淡水依然对地球上生命的蓬勃生长起着至关重要的作用。

↑ 瀑布是河水流经岩石断层时从高处垂直跌落的现象，所到之处的岩石从坚硬变得柔软。随着时间的推移，水流将软岩带走，最终形成悬崖。尼亚加拉大瀑布的高度超过 50 米，每秒可运载 10 万立方米的水。

↑ 河流和湖泊对洁净水的供应至关重要。我们还将它们用于娱乐和休闲，比如垂钓、帆船运动、划船和漂流。

知识卡

河流和湖泊之"最"

· 最长的河流：南美洲的亚马孙河或非洲的尼罗河。两者到底谁能获得这个头衔，目前尚有一些争论，具体取决于确切的源头（起始点），两者的长度都大约是 6700 千米。

· 流量最大的河流：亚马孙河。其入海净流量达 30 万立方米／秒，这比排名紧随其后的 10 条河流的总和还要多。

· 表面积最大的淡水湖泊：北美洲的苏必利尔湖，它的面积约为 82400 平方千米。

河流

通常来说，河流的起源是丘陵和山脉。在这些地方，冷空气形成云，再以雨、冰雹或雪的形式降落。雨水汇集成溪流向下流动，随着水流滚动的鹅卵石会磨损岩石，从而形成通道和沟槽。随着地形坡度的减小，溪流汇入了一条流速更慢的主河流。河道在河口处变宽，从而将水更快捷地注入大海。

太阳

太阳散发的热量使水蒸发

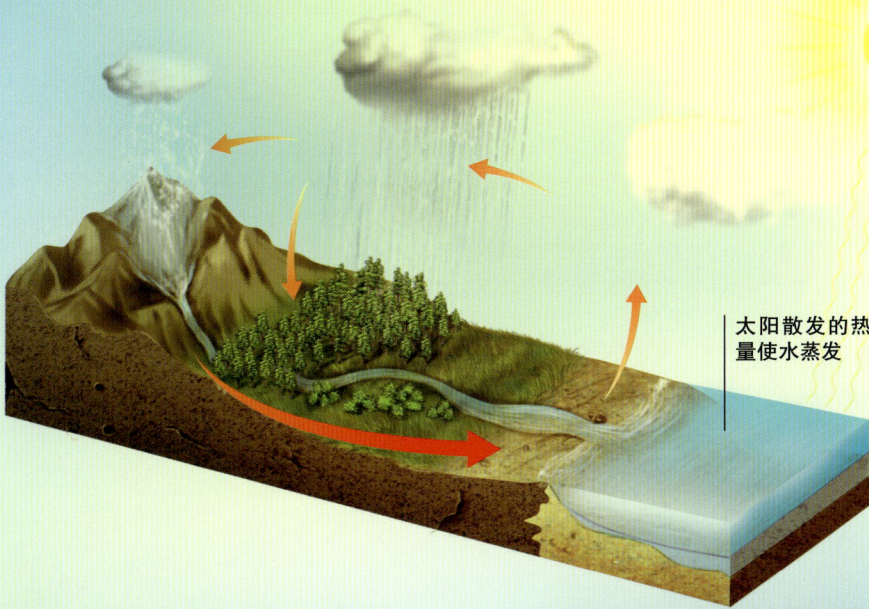

水在水循环中的一系列变化：它以雨雪的形态从云层落下，流入河流、湖泊和大海，随后被太阳加热，再次形成云。

湖泊

　　湖泊是由河流或溪流填充大碗形的洼地区域形成的，这就是所谓的流入；水从湖泊边缘的最低处离开，即所谓的流出。许多湖泊的面积随冬末冰雪的融化而变大，而后又随着炎热夏季水的蒸发而缩小。一些完全干涸的地方可能形成破裂的河床或是被一层盐晶体所覆盖。

俄罗斯的贝加尔湖拥有世界上 1/5 的淡水。它长约 635 千米，最深处达 1641 米，湖内生活着超过 1000 种独特的动物。

贝加尔湖是世界上唯一的淡水海豹——贝加尔海豹的栖息地。

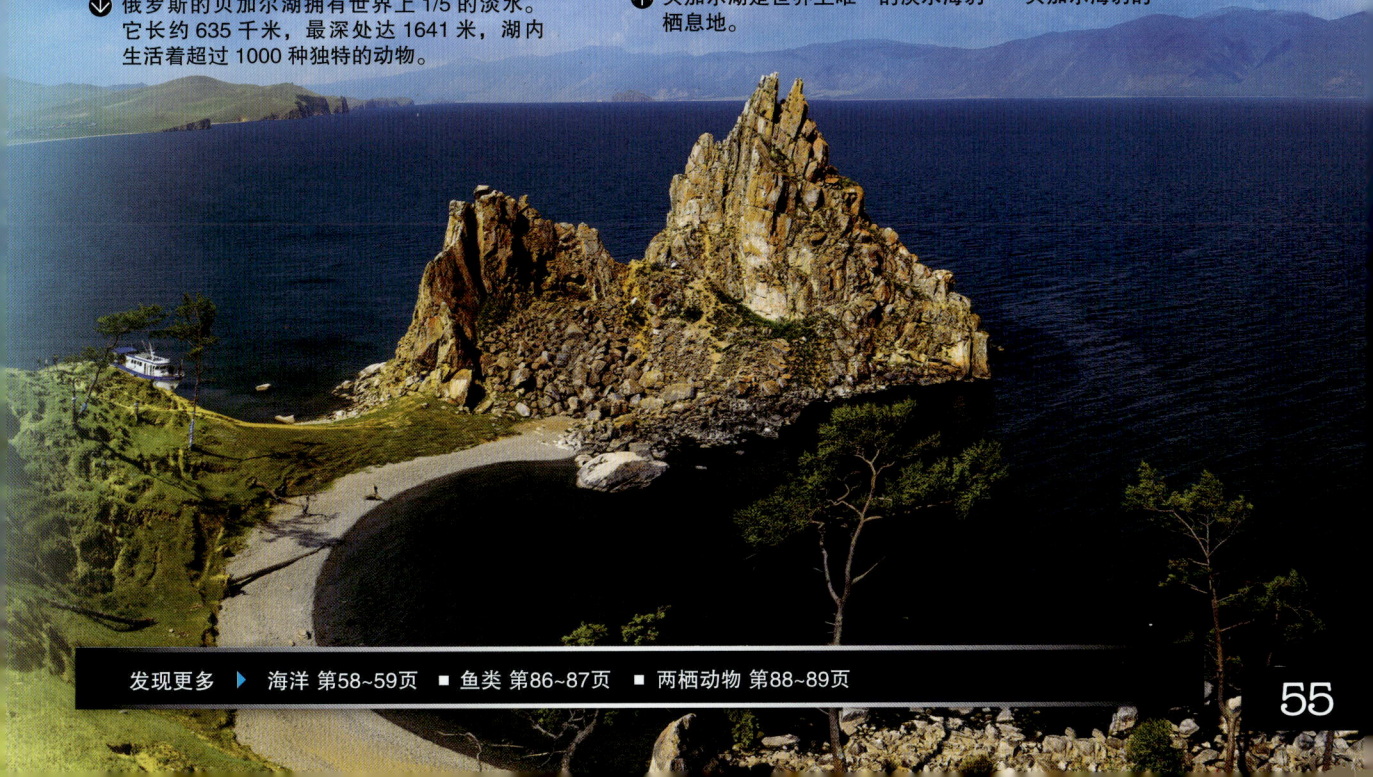

发现更多 ▶ 海洋 第58~59页 ■ 鱼类 第86~87页 ■ 两栖动物 第88~89页

沙漠

沙漠是极少下雨的地方。水是生命的源泉，只有耐干旱的动植物才能在沙漠中存活下来。

按照严格的定义来说，沙漠的年平均降水量要少于 250 毫米。大多数沙漠都分布在赤道附近，即热带的北部和南部地区，这里甚至连风都很干燥。另外，亚洲和澳大利亚等大陆的中部地区也存在沙漠。

全世界较大的 12 片沙漠分别是北极荒漠、大盆地沙漠、奇瓦瓦沙漠、叙利亚沙漠、撒哈拉沙漠、巴塔哥尼亚沙漠、卡拉哈里沙漠、阿拉伯沙漠、戈壁沙漠、大沙沙漠、维多利亚沙漠、南极荒漠。它们加在一起的面积几乎占地球陆地面积的 1/3。

⬇ 有些沙漠表面覆盖着巨大的石块，这些石块是裸露的岩石外层，寒冷的夜晚和大风将它们击碎。

沙漠的类型

提到沙漠，人们总是将它和炎热、沙子画上等号，但沙漠并不总是如此。仅有 1/4 面积的沙漠被沙地覆盖，其余的地方则覆盖着岩石、丘陵或者散落的鹅卵石和巨石。世界上最大的沙漠位于寒冷的南极洲。沙漠上空的云量很少，很难在夜间保持高温，这导致沙漠的昼夜温差很大。例如，亚洲的戈壁沙漠虽然白天炽热，但是夜间温度可能低于零摄氏度。

➡ 沙漠植物有着厚厚的蜡质叶片，但是叶片的表面积很小，这是为了防止水分过快蒸腾。

⬆ 海狸鼠尾仙人掌是一种耐旱的沙漠植物，其扁平的仙人掌茎上覆盖着细小的毛状刺，这些仙人掌茎可以储存大量的水分。

有趣的事实

沙漠之"最"

· 最大同样也是最冷的沙漠是南极荒漠，它大约有 1400 万平方千米。

· 最炎热的沙漠是撒哈拉沙漠，它的面积超过 900 万平方千米，最高温度超过 55 摄氏度。

· 最干旱的沙漠是位于南美洲的阿塔卡马沙漠，它的部分地区已经数百年都没有出现过降水。

植物和动物

大多数沙漠植物的根系都很长或很粗，这样可以从干燥的土壤中吸收尽可能多的水分；其中很多是多肉植物，比如仙人掌。它们将水分储存在宽厚的茎叶中，并长有锋利的刺以防被饥饿的动物采食。沙漠中的小动物白天躲在洞穴里，在凉爽的夜晚才出来觅食；而较大的动物（比如骆驼和沙丘猫）可以在不喝水的情况下存活很长一段时间。

⬇ 松狮蜥原产于澳大利亚干燥多岩石的地区。当受到威胁时，松狮蜥会鼓胀喉部，让自己看起来更具威胁性。

眼睛

松狮蜥表皮上覆盖着坚硬的鳞片，这使得它们不易被捕食

前肢可以帮助它们爬上树干和岩石

发现更多 ▶ 岩石和矿物 第50~51页 ■ 山脉 第52~53页 ■ 火山 第60~61页

海洋是地球上最大的生物栖息地，拥有约20万种已知生物，包括鱼类、贝类、虫类、海藻等。

蓝鲸是地球上现存的最大生物

海洋

　　海和洋统称为海洋。海洋覆盖了超过地球表面积 2/3 的区域，主要是五大洋海域，其次是大洋周围的海。

　　太平洋是地球上面积最大的洋，总面积超过 1.8 亿平方千米，相当于地球表面积的 1/3，太平洋的平均深度达到了 4280 米。在五大洋中，北冰洋是面积最小的，总面积约为 1400 万平方千米，其平均深度为 1225 米。

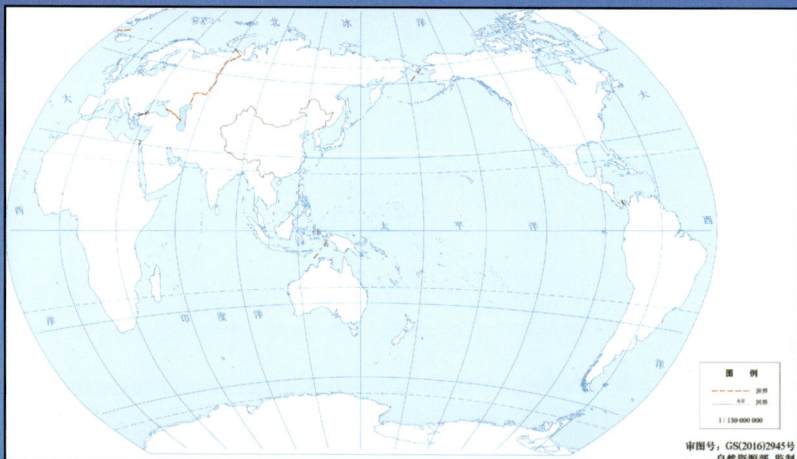

图例

审图号：GS(2016)2945号
自然资源部 监制
1:130 000 000

海洋表面

　　海洋的表面从来都不是静止的。月球的引力作用引起地球上的潮汐，也就是我们日常见到的潮涨潮落。海洋表面的微风引起涟漪，强风则带来海浪。规则性强风能够形成巨大的海浪，我们称之为涌浪，它的最大高度可达 30 米。

图为地球上的四大洋——太平洋、大西洋、印度洋和北冰洋。

➡️ 在海底的一些神秘地带，时常会有超高温度的熔岩从岩石裂缝或孔隙中喷涌而出，其中含有可溶解矿物质。在海底如此高的温度和如此大的压力下，还会有生命吗？答案是肯定的。微生物、贝壳、螃蟹，还有像人类手臂一样粗的蠕虫常年生活在海底的裂缝口周围。

⬆️ 海葵蟹是非常罕见的，它们生活在海葵之间，属于浮游生物。

有趣的事实

·第 1 步：用水填满两个玻璃杯，在其中一杯水中溶解尽可能多的盐。

·第 2 步：两杯水中同时放入一个冰块，观察哪杯水中的冰块漂浮得更高。

海水由于密度更大，所以对冰块、航行的船只等有更大的浮力。

⬇️ 海岸线可不是枯燥单一的，从热带沙滩到高耸的悬崖，海岸线见证着海洋的曼妙。

海崖是海浪从侧面撞击岬角形成的陡壁悬崖

海底

全球大洋的平均深度约为 3800 米，而在海平面 200 米以下的海水阳光就无法穿透了。海底的能见度远远低于陆地上的丘陵和山谷地带，而海底深谷、缓坡和泥泞的平原却比其陆地上的规模要大得多。在大洋深处，水温低于 5 摄氏度。位于太平洋西部的马里亚纳海沟深度达到了 11033 米，是目前已知的全球大洋中最深的区域。

发现更多 ▶ 河流和湖泊 第54~55页 ■ 鱼类 第86~87页 ■ 两栖动物 第88~89页

火山

火山爆发是一种非常壮观的自然现象。当火山爆发时，炽热的红色熔融物质、碎屑以及气体冲破地壳喷涌而出。

一座火山对应了一条地壳的裂缝，炽热的高压熔融物质从这个裂缝中喷涌而出，能够到达地表之上的就被称作熔岩，留在地表之下的则被称作岩浆。根据火山的活动情况，我们可将其分为3类：现在仍然活动的是活火山，短时间内不会爆发的是休眠火山，永远不会再爆发的是死火山。

↑ 熔岩在火山的熔岩出口附近不断堆积，最终形成火山口。

火山的种类

有的火山形状是圆锥形，主要是由火山喷发沉积而成的火成岩层叠堆积而成。当压力变得足够大时，这些高黏度的熔岩通常会发生爆炸性喷发，又由于其黏滞性较强，所以在冷却并变成固体之前不能流动很远。另一种盾状火山坡度小、表面平坦、底部较大，通常由流动性强、黏滞性较弱的熔岩组成，能够流经非常广阔的区域。

← 有些火山会经常爆发，比如意大利的斯特龙博利火山和美国夏威夷岛的基拉韦厄火山，斯特龙博利火山持续爆发了至少2000年。

有趣的事实

危险的火山

· 1883年，东南亚的喀拉喀托火山大爆发，远在4000多千米外的人都能听见巨大的爆炸声。此次事件至少造成了35000人死亡。

· 1815年，东南亚的坦博拉火山爆发，导致7万多人丧生。火山灰和火山尘阻挡了阳光照射到地面，使全球由夏天进入"火山冬天"。

· 超级火山比普通火山大几百倍，一次爆发可能导致数百万生物的灭绝，甚至开始新的冰河时代。

↑ 美国黄石国家公园的地下是一座休眠的超级火山的一部分，火山的直径大约是 50 千米。

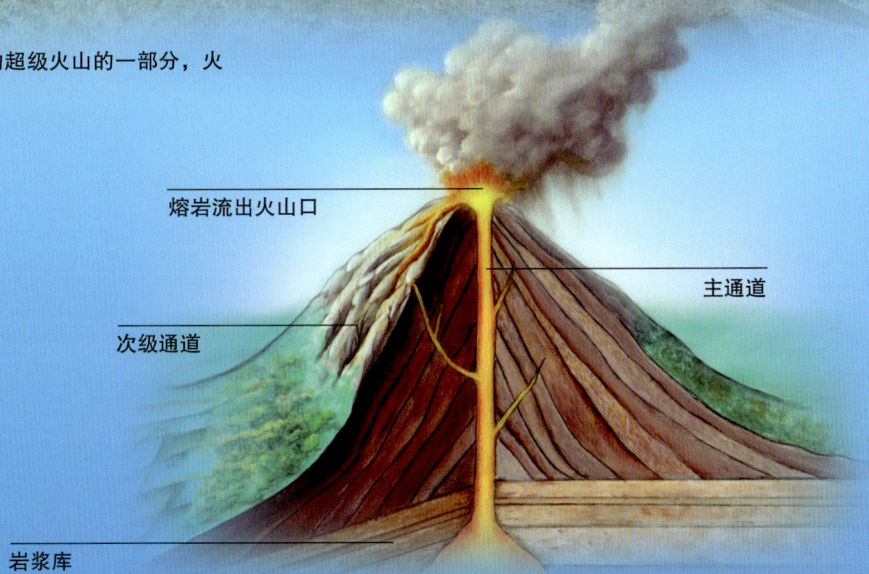

熔岩流出火山口

主通道

次级通道

岩浆库

火山来源

　　大多数火山和地震都发生在形成地壳的巨型构造板块的边缘。在俯冲带，两个板块彼此碰撞，一个板块俯冲到另一个板块之下，俯冲下去的那个板块的岩石会因为高压和高温而形成熔岩，熔岩通过薄弱位置向地表上升，最终形成火山。在洋中脊，当两个板块分离时会爆发海底火山。大约 3/4 的活火山都坐落在环太平洋火山带上，环太平洋火山带也因此被称作"火环"。

发现更多 ▶ 大陆和板块构造 第48~49页 ■ 山脉 第52~53页 ■ 地震和海啸 第62~63页

地震和海啸

地震是破坏性很大的自然灾害之一。当地震发生时，地面首先轻微颤动，然后剧烈摇晃，导致道路裂开、建筑物坍塌、电线火花四溅、煤气管道断裂爆炸……

大多数地震发生在地壳板块的边缘地区，特别是在"火环"（环太平洋火山带）周边。当两个板块试图朝两边彼此分离时，板块沿着断层发生锯齿状错动。当应力足够大时，板块会突然滑动——可能发生水平位移，也可能是垂直运动，又或者二者兼有。这种从几厘米移动至几米的过程可能需要几秒或几分钟。

海啸

海底地震给海水带来了巨大的推动力，使得巨浪能够快速到达地面，从而引起海啸。这些滔天的海浪横跨大洋，冲上浅滩，怒涛翻滚，凶猛地撞向岸边。 1958 年，发生在美国阿拉斯加的地震引发了 500 多米高的巨浪。

↑ 在地震高危地区，高层建筑应当设计成即使倾斜也不会倒塌的结构。所有人，即便是小学生，也应当学习地震求生技能。

← 发生在 2004 年 12 月 26 日的印度洋海啸是由苏门答腊西海岸发生的地震引起的。30 余米高的海浪摧毁了成千上万的沿海城镇和村庄，淹没了广大内陆地区，总计造成约 25 万人死亡。

震源和震中

地震的震源通常在地壳深处，震中是地壳以上地震活动最剧烈、受灾最严重的地方。地震波是从震源处向四面八方传播的振动，指由震源产生的向四周辐射的弹性波，它既能沿着地球表面传播，也能向地球内部传播。

→ 地震计能够测量地震余震和地震波。

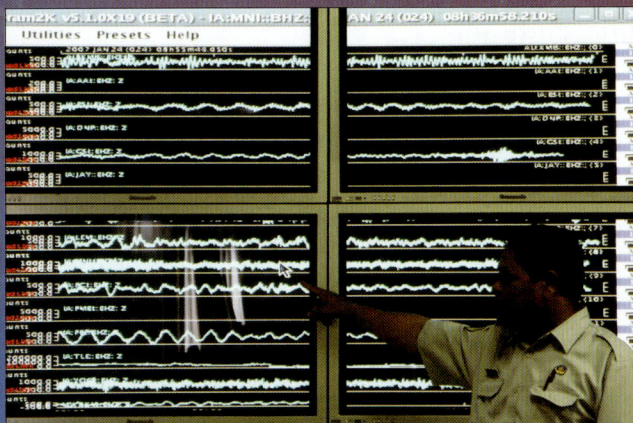

地震波

← 震源可能位于地下数千米处。地表受灾程度不仅取决于地震的震级，而且还取决于岩石和土壤的类型，以及地震波及地区的发达程度。

震源

知识卡

地震的测量

· 里氏震级于 20 世纪 30 年代提出。里氏 4 级数字虽小但震动明显，里氏 6 级以上代表可能造成几千米范围的破坏，而里氏 8 级以上意味着将造成数百千米范围的巨大灾害。

· 矩震级是里氏震级的现代版本，用于测量地震释放的能量。

· 麦加利地震烈度：根据地表破坏程度划分成 I 度到 XII 度，其中 IV 度是轻微震动，X 度代表大多数建筑物被毁坏。

发现更多 ▶ 地球的结构 第46~47页 ■ 山脉 第52~53页 ■ 天气和天气预报 第66~67页

气候和季节

天气是阳光、云、雨和风等在一天内、一周内，甚至一个月内的变化。气候是数百年来天气的平均状况。季节则是按气候状况划分的每年循环的时间段。

季节变化是由地球围绕太阳运行的轨道引起的。地球略微倾斜，这意味着每 6 个月内，一个半球从太阳获得的热量都比另一个半球更多。因此，如果北半球是夏天，那么南半球就是冬天，反之亦然。

南半球是春天，北半球是秋天

➡ 地球在其轨道上的倾斜产生了四季。太阳在中午几乎是直射热带地区，由此带给这一地区巨大的热量。在地球的两极，太阳斜射则意味着只有很少的热量会到达地表。

南半球是夏天，北半球是冬天

太阳

南半球是秋天，北半球是春天

气候

气候差异产生于太阳光对地表的照射不均导致的温度、空气和水分的不同，这使得在不同气候带中存在不同类型的风、云和雨。在地球中部的热带地区，太阳一整年都在天空中高高悬挂，所以地面始终保持较高的温度。而有的地区在每年的固定时节会经常下大雨，这种气候被称为季风气候。

➡ 植物和动物的生活与季节密切相关。春季，阔叶树的叶子开始生长；到了秋天，叶子变得干枯，并在寒冬来临之前死亡、凋谢。

全球变暖

南半球是冬天，北半球是夏天

尽管科学家们不确定变化的速度，但地球确实正在慢慢变暖。汽车、工厂和家庭中燃烧化石燃料所产生的二氧化碳和其他气体形式的污染是造成这一问题的主要原因之一。砍伐森林会使情况变得更糟，因为树木会吸收二氧化碳。两极的冰盖本可以为居住在那里的动物提供栖息地，但现在它们已经开始融化。全球变暖也会导致气候变化，这意味着某些地区可能会出现严重的干旱，而有的地区则可能出现洪水。

动手一试

观察季节

使用灯泡、气球和笔，展示季节是如何形成的。

· 第 1 步：将气球吹好，然后用笔在上面绘制地球的主要大陆。

· 第 2 步：按照真实地球的角度倾斜气球（确切的角度是 23.5 度）。

· 第 3 步：让气球绕着灯泡在一个轨道上移动，同时转动灯泡使光束跟随着气球。

看看气球顶部的"北半球"如何在轨道的一侧获得更多的阳光，而在另一侧的"南半球"又是如何获得更多的阳光的。

温带

从热带地区转向极地，太阳的供暖能力下降。在两极地区附近，太阳在冬天几乎不会升起，该地区的温度在数月内保持在冰点以下。即使在短暂的夏天，两极地区的地表温度依旧很低。在热带和两极之间的地区是温带气候，有温暖的春天、炎热的夏天、凉爽的秋天和寒冷的冬天。

⬇ "午夜太阳"是指太阳在夜晚时没有完全降到地平线以下，这种现象一般出现在夏季中期的北半球或南半球极地地区。在冬天则会发生相反的情况，即太阳连续几天都没有升起。

发现更多 ▶ 太阳和太阳系 第12~13页 ■ 天气和天气预报 第66~67页

天气和天气预报

　　天气是指风、雨、阳光、云和温度等的持续变化，它是由太阳加热大气层（地球周围的空气层）引起的。

　　地球的天气是由太阳引起的，它使热带地区的温度高于温带地区，并且地表的温度变化快于海洋。太阳是在白天"加热"地球，而不是在晚上，因为地球每24小时自转一次。当较暖的空气上升后，较冷的空气会移动到它的位置，这就形成了风。太阳的热量还会将水变成大气中的水蒸气，水蒸气上升冷却后产生积云和雨水，此过程称为水循环（见第55页）。

极端天气

　　在温度差异很大的地方，空气快速移动，产生大风，进而形成暴风雨、飓风或台风。一场大的台风可能包含100个大型雷暴，日降雨量达数百毫米，风速超过250千米/时。在几千米外，可能会产生一些较小的龙卷风，且其风速更快，可以达到500千米/时。

⬇ 台风经常在海上形成，并在到达陆地后造成严重破坏。这是2005年卡特里娜飓风在美国新奥尔良沿岸造成的破坏。

有趣的事实

从湿到干

· 全球降水量最大的地区为南亚的季风区，尤其是印度的乞拉朋齐地区，每年的降水量超过 11000 毫米。

· 悉尼的年降水量约为 1200 毫米，里约热内卢和纽约市均约为 1100 毫米，伦敦和莫斯科约为 600 毫米，洛杉矶只有约 380 毫米。

· 全球最干燥的地方是沙漠。沙特阿拉伯的利雅得每年的降水量不足 100 毫米，埃及的开罗年降水量在 50 毫米以下。

→ 气象卫星围绕地球运行，它们拍照并记录水汽总量、太阳辐射、臭氧含量、湿度分布、云量和云内凝结物及陆地表面状况等。

预测天气

在世界各地，包括陆地和海上，约有 30000 个主要气象站和许多其他较小的气象站。它们记录温度、气压、降水和其他天气特征，并将信息发送到主要气象中心。另一部分信息来自在太空中运行的 80 颗气象卫星。气象中心使用超级计算机进行天气预测。

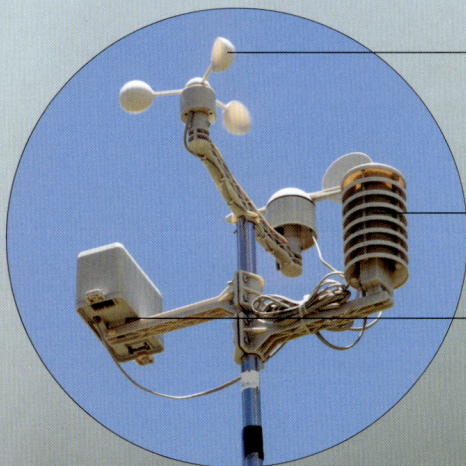

风速表

湿度或温度传感器

雨量计

↑ 气象站拥有小到可以装在杆子上，大到可以安置在大型建筑物里的对天气变化非常敏感的温度传感器、风速表、气压计及许多其他仪器。

发现更多 ▶ 太阳和太阳系 第12~13页 ■ 气候和季节 第64~65页

生命的起源

　　在我们的世界里生活着各种各样的生物，从微小的微生物到海藻、蠕虫、蘑菇、大树，甚至是巨大的鲸。但是，生命是什么？它又是如何开始的呢？

　　生命起源于 35 亿年前的海洋，那时的地球是一颗温暖的星球，坐落着大量的火山，空气中富含不同的气体，海洋中漂浮着大量的化学物质。这些条件有利于将简单的物质结合在一起，并使之成为构成生物的基本构件。

⬇ 霸王龙是一种体形庞大的食肉恐龙。它曾经是地球上最大的肉食性动物之一，大约在 6500 万年前灭绝。

巨大的尾巴有助于在奔跑时保持平衡

短小的只有两根指头的前肢

面向前方的眼睛很容易发现猎物

知识卡

追踪史前生命

· 35 亿年前：古微生物化石是生命出现的最初迹象。

· 10 亿年前：多细胞海洋植物和动物出现。

· 4.6 亿年前：陆地上出现植物。

· 3.2 亿年前：爬行动物出现。

· 2.3 亿年前：恐龙时代开始。

· 2 亿年前：首个小型哺乳动物出现。

· 1.5 亿年前：原始鸟类出现。

· 6500 万年前：恐龙时代结束。

· 250 万年前：非洲古人类出现。

强大的下颚拥有锋利的锯齿状牙齿

强有力的后肢上有破坏力惊人的爪子

早期的生命形态

在数百万年的时间里，生命的基本组成物质以数万亿种随机组合的形式聚集在一起。非常偶然地，其中一种组合形式促使其他基本物质以相同的方式一次又一次地聚合成一样的形式，或者说通过复制制造出更多自己的同类，这就是繁殖的开始。繁殖是生命的关键特征。

➡ 大约 5.45 亿年前，海洋中和陆地上出现了许多新的生物，这一时期被称为寒武纪。在寒武纪时期演化形成的部分物种（如水母），至今仍然可以在地球上找到。

⬇ 加拿大的伯吉斯页岩化石群是世界上寒武纪化石保存最完好的地区，这些生物遗骸被埋藏了数亿年。

三叶虫是早期海洋昆虫，它是第一种拥有复杂眼睛结构的动物

欧巴宾海蝎

怪诞虫是一种奇怪的蠕虫状生物，背上长有刺

皮卡虫看起来像蠕虫，但它也具有一些鱼类的特征

化石

史前生命存在的证据来自化石。化石是很久以前的植物、动物和其他曾经存在过的生物的遗骸，被埋在由沙子、泥土和沉积物构成的地质层中，经过数百万年的时间硬化变成石头而形成的。化石展示了生命逐渐变化或演化的过程，因为它记录了不同种类的植物和动物不断出现然后又消失的现象。

⬆ 保存在石头中的三叶虫化石。

演化

在很长一段时间内（可能是数百万年），生物一直在演化，它们通过演化来适应周围环境的变化。

环境在不断变化，所有生物都必须适应不断变化的环境。例如，气候可能从温暖变得非常寒冷，已经适应温暖环境的生物就必须改变自身以适应寒冷的气候，否则它们将灭绝。那些能够更好地适应新环境的生物会慢慢占据上风。

演化是怎样发生的？

当生物繁殖时，它们经常孕育比能够生存下来的要多得多的后代，这是因为生存条件往往很苛刻，食物和住所都很有限。同一父母的后代往往略有不同，因为它们继承的基因组稍有差别。一些后代可能拥有更有利于生存的技能，例如跑得更快，那么它们的后代更有可能拥有相同的奔跑基因。这些生存下来的后代能够更好地适应环境，这就是所谓的适者生存。

⬆ 已知的最早的鸟类——始祖鸟的化石。科学家认为，这种乌鸦大小的生物是由一种小型两腿恐龙演化而来的，随着时间的推移，这种恐龙的鳞片演化成了羽毛。

⬇ 角龙是一类食草、有喙的恐龙。第一批角龙类恐龙（如鹦鹉嘴龙）的体形较小，用两足行走；后来出现的角龙（如三角龙）体形庞大，用四足行走。

三角龙

大多数角龙都拥有犄角

戟龙

鹦鹉嘴龙

物种起源

由于环境改变、亲代繁衍和更多后代的出现，新的基因组合（见第72~73页）逐渐形成。例如，一种大型、行动缓慢的绿色（陆地）动物可能演化成一种小型、行动快速的蓝色（海洋）动物——一个新的物种。有时候，一些动物或植物会发现适应新环境（如海岛）的方法，然后，它们会演化以适应新的环境并成为新的物种。

→ 雀类是达尔文进化论最著名的例子之一。不同种类的雀具有不同形状的喙，这是由它们所生存的环境中的食物决定的。

← 英国生物学家查尔斯·达尔文在其1859年出版的书中首次提出进化论。

B 26

演化的证据

· 化石保留了远古生物的遗骸。

· 生物化石展现了生物如何随时间演化。

· 基因以化学物质脱氧核糖核酸（DNA）的形式呈现生命。

· 许多不同生物的基因是由相同的原始亲属或祖先演化而来的。

· 那些在地球漫长的岁月中几乎没有发生演化的生物被称为"活化石"。

牛角龙

五角龙

原角龙

发现更多 ▶ 生命的起源 第68~69页 ■ 植物世界 第74~75页 ■ 栖息地和生态系统 第120~121页

年轻的生命继承了亲代的基因，这就是为什么他们看起来那么相像。基因详细 "说明" 了生命如何发育、生长和生存。

基因是一组信息，就像蓝图或书面说明，它实际上是以化学物质 DNA 的形式存在的。所有植物、动物和其他生命形式（除病毒外）都由细胞组成。每个细胞的细胞核中通常含有成对的基因，这些基因构成染色体——细长且呈螺旋状的 DNA 分子。

利用基因

在多细胞的复杂生物中，每个细胞仅使用其部分基因。在人体内，皮肤细胞 "打开" 制造皮肤的基因，而骨骼细胞则 "关闭" 皮肤基因并 "打开" 骨骼基因。当细胞衰老和死亡时，它们通过有丝分裂被新细胞取代。在有丝分裂期间，一个细胞分裂成两个细胞，所有基因都被复制，这意味着每个新细胞都获得了完整的双链 DNA。

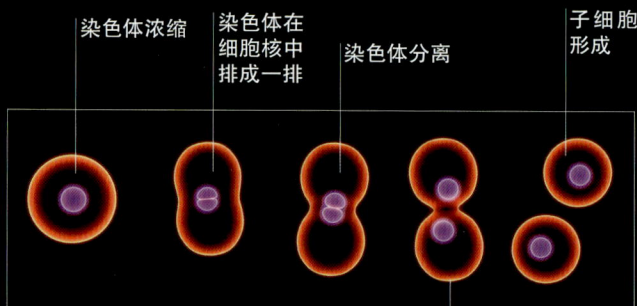

染色体浓缩　染色体在细胞核中排成一排　染色体分离　子细胞形成

⬆ 在有丝分裂过程中，通过显微镜我们可以看到染色体或 DNA 链盘绕成 X 形。

子细胞分离

➡ DNA 为双螺旋结构，就像一对扭曲的绳梯。每个基因由一系列被称为碱基（有 4 种类型）的化学单元组成。为了复制基因，DNA 会先解螺旋，然后每条单链形成新的螺旋结构。

⬆ 演化意味着生物是相关联的，并且共享各种基因。人类与黑猩猩的基因有 98% 相同，与果蝇有 60% 相同，与白菜有 57% 相同！

脱氧核糖 – 磷酸骨架形成 DNA 的外部结构

基因遗传

当雌性生物的生殖细胞（卵子）与雄性生物的生殖细胞（精子）结合形成受精卵时，大多数生物的生命就此开始了。卵子和精子由一种特殊类型的细胞分裂过程（即减数分裂）形成，在减数分裂过程中，母细胞的两组基因中的一组被分到子细胞中。当精子和卵子结合时，受精卵就拥有两组基因，一组来自母亲，一组来自父亲。这意味着后代看起来既像父亲也像母亲，因为他们遗传了父母双方的基因。

碱基对

如果受精卵一分为二并且各自生长，那么就会产生拥有相同基因的同卵双胞胎。制造具有完全相同基因的生物的技术被称为克隆。

知识卡

有多少基因？

更大、更复杂的生物并不一定比小而简单的生命形式拥有更多的基因。

- 水稻：约 38000 个基因。
- 拟南芥：约 25500 个基因。
- 人类：约 23000 个基因。
- 狗：超过 19000 个基因。
- 果蝇：约 14000 个基因。
- 疟原虫（一种引起疟疾的微生物）：超过 5000 个基因。

发现更多 ▶ 生命的起源 第68~69页 ■ 植物世界 第74~75页 ■ 栖息地和生态系统 第120~121页

植物世界

自然界存在大量的生物，包括植物、动物和各种各样的微生物等。植物王国比其他任何类群都大，现存约有 40 万个物种。

植物种类繁多，从多毛的苔藓、带花边的蕨类植物、黏糊糊的海藻，到参天大树和娇嫩的花朵，它们都属于植物的范畴。植物从阳光中吸取能量，不像动物从食物中获取能量。植物利用光能把简单的物质结合成更复杂的物质。例如，提供能量和原材料的糖类可以用来制造植物的根、茎、叶和花等部分。

⇩ 仙人掌是独特的，因为它的茎是绿色的，它可以用茎进行光合作用，而不是叶子。

仙人掌的刺可以起保护作用

肉质的茎干可以储存水分

仙人掌的花一般是单生的

动手一试

光与暗

利用合适的室内植物来研究光合作用（见下页）。

· 第 1 步：在一片或几片叶子上放一个小纸袋，注意不要损坏叶片，这样可以使它们处于黑暗中。

· 第 2 步：一周后，小心地把纸袋拿开。

你会发现被遮住的这些叶子的颜色比其他叶子要苍白一些，这是因为叶子的绿色主要源于光合作用产生的叶绿素。无光照时，叶绿素会分解，叶子便会失去绿色。

真菌（如图中的真菌菌落）的菌丝会生长成线状进入土壤中或活的及临近死亡的物体中，以消化和吸收养分。这种由"线"组成的网络叫作菌丝体。

真菌的周围有细菌菌落

在实验室中生长的真菌菌落

孢子

真菌

真菌是一种重要的自然类群，包括蘑菇、毒蕈、菌托、霉菌和酵母。全世界大约有 10 万种不同类型的真菌。它们不像植物那样通过光合作用获取能量，也不像动物那样通过摄取食物获得能量。它们会产生一种叫作酶的物质，这种物质能将周围活的或死的物体分解成小而简单的物质，真菌可以通过它的表层将这些营养物质吸收。当它们这样做时，被分解的物体会腐烂，从而使养分进入土壤中进行循环。

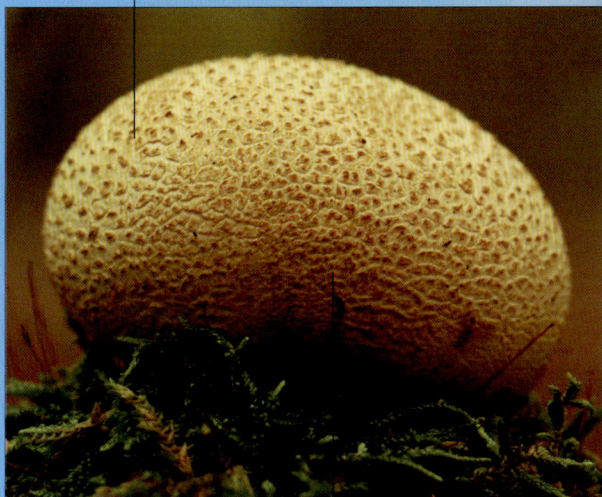

像这种马勃真菌，通过被称为子实体的部位释放的小孢子进行繁殖。

子实体

氧气从叶子中释放出来

二氧化碳通过气孔进入叶子

茎把营养物质输送到植物的不同部位

叶子中的化学物质利用光能将水和二氧化碳转化为葡萄糖

光合作用

捕获光能为生命提供动力的过程被称为光合作用，它通常发生在植物的叶子上。光能将土壤中的水（H_2O）和空气中的二氧化碳（CO_2）气体结合起来，产生含有化学形式能量的葡萄糖（$C_6H_{12}O_6$）（见第 38 页）。葡萄糖以各种方式（如树液）在植物体内传播，为植物的生长、修复等生命活动提供能量。

植物利用光能制造养料的过程叫作光合作用，这种作用发生在植物细胞中被称为叶绿体的绿色部位。

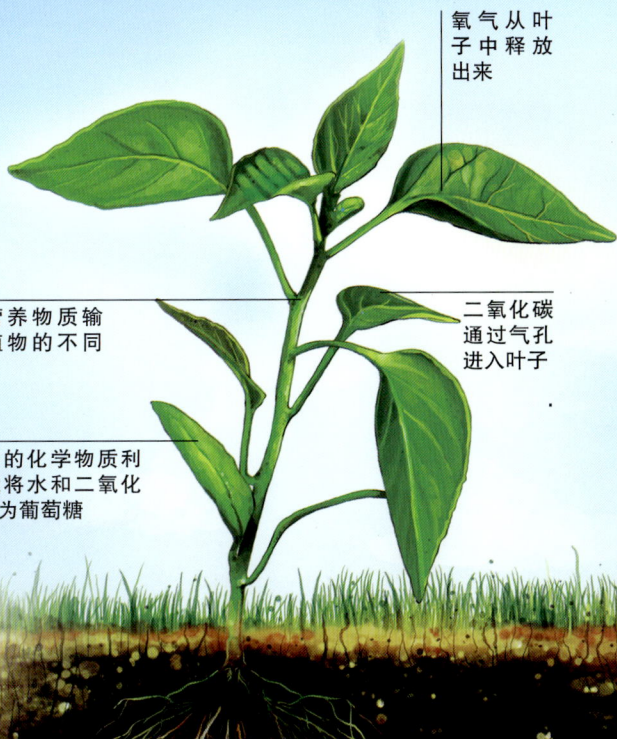

发现更多 ▶ 无花植物 第76~77页 ■ 有花植物 第78~79页

无花植物

根据繁殖方式的不同，植物通常被分为两类，分别是有花植物和无花植物。

无花植物包括海藻、苔藓、蕨类植物和针叶树等。除了针叶树，这些植物都不像开花植物那样能结出种子，它们是通过被称为孢子的微小颗粒繁殖的。孢子可以直接发育成新的个体，另外，与种子不同的是，它没有储存营养物质的能力。

← 银杏叶呈扇形，与针叶树有密切的亲缘关系。

苔藓和蕨类植物

苔藓是生长缓慢的植物，没有真正的根。由于它们不能从土壤中吸取水分，所以这些植物生长在潮湿的地方，通过被称为根茎的细绳状部分附着在地面上。它们的叶子是圆形的，孢子生长在弯曲的茎上被称为孢子囊的小容器中。蕨类植物有更复杂的叶子和真正的根部，可以从土壤中吸取水分和矿物质，在其内部还有管子或容器可以将水分和营养物质带到植物的各个部分。

叶子在最初形成时是卷曲的

↓ 最常见的蕨类植物是蕨菜。它通过在土壤中生长一种根状茎来"排挤"其他植物，这些长茎还会长出新的植物。

叶子的尖端向下卷曲

蕨类植物的叶子被称为复叶

知识卡
无花植物的种类

类群	物种数目 / 种	例子
藻类	10000	海藻
藓类	12500	矮天鹅颈藓、泥炭藓
苔类	8000	溪苔、鹿角苔
角苔类	200	黄角苔、树角苔
石松类	1200	卷柏、坚硬的苔藓、土柏
蕨类	11000	欧洲蕨、瓶尔小草、蹄盖蕨
松柏类	640	冷杉、云杉、柏树、落叶松、杜松、红杉树、紫杉

针叶树

与蕨类植物一样，针叶树是维管植物。这意味着针叶树体内有容纳水、矿物质、树液和其他物质的容器。针叶树是灌木或有树干的乔木，大多数针叶树的叶子都很薄，形状像针或鳞片。它们通过产生一种叫球果的木质部分繁殖。雄性球果释放含有雄性生殖细胞的微小花粉粒，这些颗粒在空气中随风飘到雌性球果上，并与卵细胞结合形成种子。

苔藓生长在凉爽、潮湿、阴凉的地方，如河岸和岩石间。如图所示，细叶真藓可以生长在墙上，藓中被称为孢子囊的部分在成熟时裂开，释放出数以百万计的孢子，这些孢子像微小的尘埃颗粒一样。

被称为巨杉（巨型红杉）的针叶树是地球上现存最大的植物。有些巨杉的高度超过90米，质量超过6000吨。

这些孢子囊起初是绿色的，后来变成棕色

微红的茎上有孢子囊

有花植物

有花植物也叫被子植物，通过称为花的特殊结构进行繁殖。花也有很多种，如柳树的柔荑花序、带刺的玫瑰和娇嫩的兰花。

一朵花的花蕊有雄性和雌性两种。雄蕊由花丝和花药两部分组成，花药打开会释放出粉尘状的花粉粒，每粒花粉都有一个雄性生殖细胞。雌蕊，也就是心皮，有一个叫作柱头的黏性尖端。柱头的底部是一个腔室，也就是子房，里面有卵细胞。

有趣的事实

最大的花

· 世界上最大的花是东南亚热带雨林中的大王花。

· 这种巨大的花能长到1米宽，10千克重。

· 大王花没有茎、叶和根。

· 它实际上是一种寄生植物，把像根一样的菌丝送入寄主植物（通常是藤蔓植物）中以窃取营养。

· 它散发着腐肉和动物粪便的气味，可吸引苍蝇把花粉从一朵花传播到另一朵花上。

⬅ 这朵花是雌雄同株的，它有雄性和雌性两部分。雌雄异株的植物在同一株上只有雄花或雌花，而雌雄同株的植物在同一株上同时有雄花和雌花。

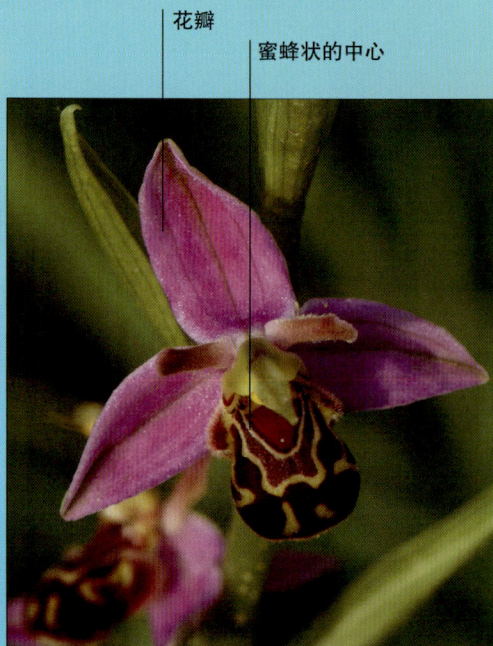

花瓣

蜜蜂状的中心

花粉

花药

雄蕊

花丝

⬆ 这种蜜蜂兰像雌蜂一样吸引着雄蜂，从而促进授粉。

授粉

花粉粒必须从雄蕊传到雌蕊的柱头上才能算是授粉。有些花粉粒像在风中飘荡的小气球；另一些则有脊或钩，附着在动物（如蜜蜂、鸟类和蝙蝠）的身上。当花粉粒落在柱头上时，它会长出一根长管，一直伸到子房。雄性生殖细胞沿着花柱移动并与卵细胞结合，这被称为受精。卵细胞受精后就可以发育成种子。

叶子

上胚轴

茎

← 种子需要水、氧气和理想的温度才能发芽。有些种子需要光照，而有些种子则需要黑暗的环境。

发芽的豆科植物的根

不同的植物有不同的方法传播种子。蒲公英的种子附着在伞形的冠毛上，这有助于种子在风中飞舞，并传播到很远的地方。

果实和种子

当受精卵发育成植物幼苗或胚芽时，它就有了早期生长的营养物质储备，如淀粉或油脂。种子被一种叫种皮的硬壳保护着。有些种子周围有额外的营养物质，通常是柔软的果肉，这个整体被称为果实。动物吃了果实后，种子会经过动物的消化系统，然后被排出，这是种子的一种传播方式。有些植物的种子很轻，有"翅膀"或"降落伞"，可以在风中传播。

小麦是许多国家人们的主食

← 谷物是被人类用作食物的植物的种子。

发现更多 ▶ 植物世界 第74~75页 ■ 无花植物 第76~77页

结构简单的动物

在动物王国里，庞大而复杂并不总是好的，某些最常见的动物甚至比一个果冻还小。

结构最简单的动物是海绵，它们大部分生活在海里。海绵不能移动，也没有大脑、神经、眼睛、心脏、血液和内脏。但它们具有一个关键的动物特征，即通过进食来维持生命——通过布满全身的小孔过滤水来获取微量的营养物质。

珊瑚礁是由一种被称为珊瑚虫的小动物构成的。珊瑚虫与海葵和水母有亲缘关系。

中胶层是水母中的"果冻"，它是介于内胚层和外胚层之间的一种胶状物质

水母的触须上有刺，可以用来防御掠食者，同时还能帮助捕获猎物

珊瑚礁是许多海洋中的重要生态系统。

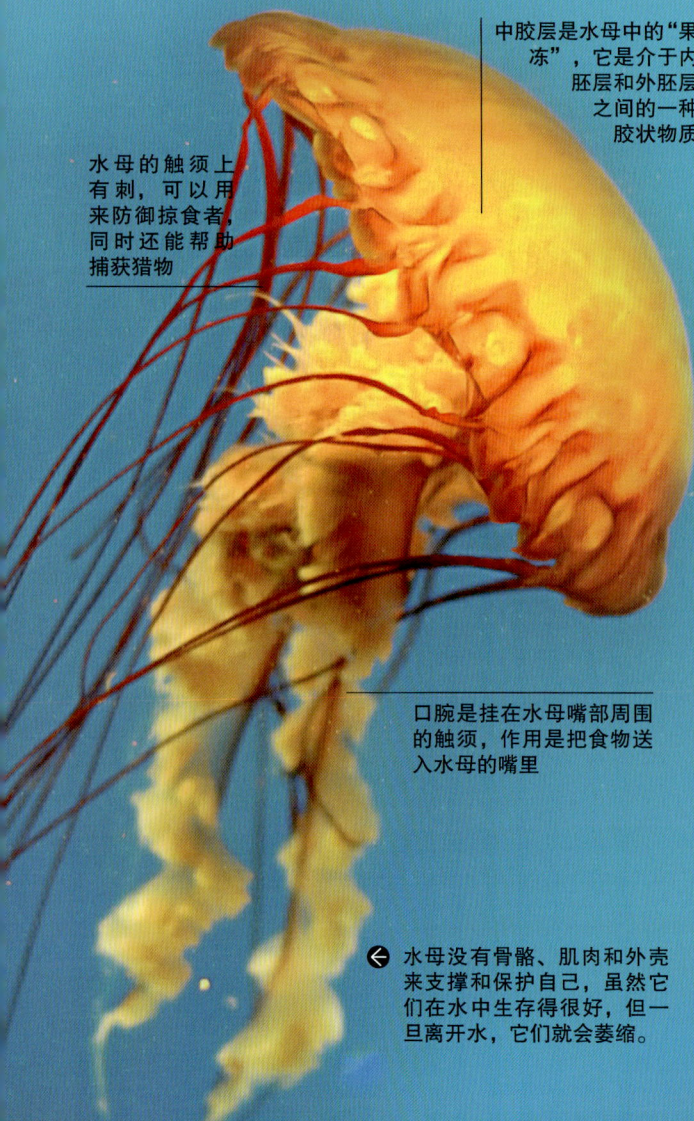

口腕是挂在水母嘴部周围的触须，作用是把食物送入水母的嘴里

水母没有骨骼、肌肉和外壳来支撑和保护自己，虽然它们在水中生存得很好，但一旦离开水，它们就会萎缩。

刺胞动物

刺胞动物都是软体动物。最大的刺胞动物是水母，有些水母的直径超过 1 米，它们拖着触手漂浮在海面上。海葵就像倒立着的水母，在一个块状的"茎"上有波浪状的触须。珊瑚动物（也被称为珊瑚虫）就像被坚硬的石壳包围的小海葵。这些生物都是"杀手"，它们用触须刺穿猎物并把猎物拉进触须中间的开口里。

蠕虫的世界

蠕虫是又长又瘦且会蠕动的动物，有很多种类。蛔虫不过是一根"吃东西的管子"，它们的前部有一个嘴巴，后部有一个肛门，用来排泄粪便。蛔虫的前部还有一些简单的传感部件，比如光探测器。蚯蚓虽然看起来跟蛔虫很相似，但它们的身体被分成许多单元，称为体节。扁虫大多是叶子状的，只在头部有一个开口，食物从这里进入，废物也从这里排出。

顶突是绦虫的头部

钩状器官用于连接主体

吸盘

➡ 绦虫属于寄生性蠕虫。世界上大约有4000种绦虫，其中30余种会寄生在人体中。绦虫生活在宿主的肠道内，并从那里吸收营养。

发现更多 ▶ 生命的起源 第68~69页 ■ 演化 第70~71页 ■ 基因 第72~73页

软体动物和棘皮动物

没有脊椎的动物被称为无脊椎动物，其中十分吸引人的两类分别是软体动物（如扇贝、蜗牛和鱿鱼）和棘皮动物（如海星和海胆）。

软体动物是一个庞大的动物类群，约有 10 万种。典型的软体动物有柔软、黏稠的身体，并有坚硬的外壳保护，如海螺、田螺、梭螺、淡水蜗牛和陆生蜗牛。双壳类或贝类也是软体动物，它们具有两片外壳，这类软体动物包括蛤蜊、贻贝、鸟蛤和牡蛎等。

鳍

外套膜保护着鱿鱼的身体，鳃包含在外套膜中

吉尼斯世界纪录

软体动物是多项动物纪录的保持者。

· 太平洋巨型章鱼的触腕长度超过 3 米，体重超过 250 千克。

· 大王酸浆鱿是最大的无脊椎动物，身长超过 14 米，体重达 500 千克。

· 世界上已知精确测定过的活得最久的多细胞动物是北极圆蛤"明"，由其贝壳上的"年轮"可知，它已经有 507 岁了。

大脑

大多数软体动物都有大脑、神经、心脏、血液系统、肌肉和用于呼吸的鳃。比较大的软体动物是乌贼、章鱼和鱿鱼，它们没有外壳，但有大眼睛、长触须和大脑袋，是凶猛的猎手。蛞蝓是陆地上的一种无壳的软体动物，而海蛞蝓或裸鳃类动物色彩鲜艳，是海洋中的软体动物。

鱿鱼的触腕上有被称为色素团的色素细胞，这有助于它们改变颜色并融入周围的环境。

鱿鱼的触腕是用来捕捉猎物的

海蛞蝓形状各异，颜色丰富。

鱿鱼的眼睛是动物王国里最大的

棘皮动物

棘皮动物是由现存的约 7500 种海洋动物组成的大群体，包括海星、海胆、海蛇尾、海参、海百合等。它们的身体结构呈放射状，就像一个圆环，而不像其他大多数动物那样是双面的。许多海星是捕食者，以贝类、蠕虫等为食。海胆则以岩石上的小型动植物为食，其中一些具有又长又尖且有毒的刺。

海星的腹侧有一个叫作管足的小突起，它可以帮助海星在海底移动并打开蛤蜊等猎物的壳。

发现更多 ▶ 生命的起源 第68~69页 ■ 鱼类 第86~87页 ■ 两栖动物 第88~89页

节肢动物

　　节肢动物是动物王国里最大的群体。昆虫是这个群体的一部分，也是最大的亚群，现已被人类命名的超过 75 万种。

　　节肢动物包括螃蟹、蜘蛛、蟑螂和蜈蚣等。它们大多数都有坚硬的外骨骼。在成长的过程中，为了获得一个新的、更大的外骨骼，它们就会蜕皮。它们的附肢上有特殊的可弯曲的关节，这有利于它们运动。节肢动物附肢的数量不一，比如昆虫通常有 6 节，蜘蛛、蝎子和其他一些动物则有 8 节。

昆虫

　　分布最广、数量最多的陆地生物是昆虫。大多数昆虫都有两对翅膀，尽管前一对翅膀已经变得僵硬。家蝇、蚊子等只有一对翅膀。通常，昆虫是从卵孵化成幼虫，然后才进入进食阶段的，如毛虫与蝴蝶、蛆与蝇。昆虫在个体发育中经历了卵、幼虫、蛹、成虫 4 个时期的情况叫完全变态。

⇩ 蝴蝶用它们鲜艳的翅膀进行伪装，吸引配偶，有时还用于警告捕食者。蝴蝶的翅膀是由细小的毛发状鳞片构成的，鳞片可以保护翅膀并具有防水功能。

前翅

后翅

84

→ 避日蛛是蛛形纲动物的一种。它们有 8 节附肢和 1 对触角，这对触角看起来像多出来的 1 对附肢。

眼睛

触角也称须肢，是重要的感觉器官

下腹

知识卡

节肢动物的主要类群

类群	物种数目 / 种	例子
昆虫纲	100 万以上	蜻蜓、蚱蜢、蝴蝶、蟑螂、螳螂、蟋蟀、虱子、跳蚤、甲虫、白蚁、苍蝇、蚂蚁、蜜蜂等
蛛形纲	6.5 万 ~7.3 万	蜘蛛、蝎子、螨虫、蜱虫
甲壳亚门	约 6.7 万	藤壶、磷虾、对虾、螃蟹、龙虾
倍足纲	约 8000（被记录的）	马陆（又叫千足虫）
唇足纲	约 3300	蜈蚣、蚰蜒
海蜘蛛纲	600 以上	海蜘蛛
肢口纲	4	鲎、广翅鲎

甲壳亚门动物和蛛形纲动物

  大多数甲壳亚门动物生活在海里。藤壶将自己固定在岩石上，用它们毛茸茸的腿收集微小的食物；庞大的虾群（如磷虾群）很容易被海鸟、鱼和鲸吃掉。日本蜘蛛蟹是体形较大的甲壳亚门动物，它的腿张开后长达 4 米。蛛形纲动物包括蜘蛛、蝎子和螨虫等。几乎所有的蜘蛛都是带有毒牙的"猎手"，可以用毒牙捕杀猎物。此外，许多蜘蛛用细而结实的蛛丝织成网来诱捕猎物。

→ 有一些狼蛛（如洪都拉斯卷毛蜘蛛）是非常温顺的，可以作为宠物饲养。

发现更多 ▶ 植物世界 第74~75页 ■ 结构简单的动物 第80~81页 ■ 栖息地和生态系统 第120~121页

鱼类

有脊骨或脊柱的动物被称为脊椎动物。鱼类是最大的脊椎动物群体，种类超过30000种。

几乎所有鱼类的身体都覆盖着鳞片，它们生活在水中，用羽毛状的充血的鳃呼吸。泥鳅、鲇鱼和鳗鱼等鱼类可以通过存储在鳃腔中的水进行呼吸，从而在空中停留一段时间。有些鱼类是植食性动物，而另一些则是肉食性动物。

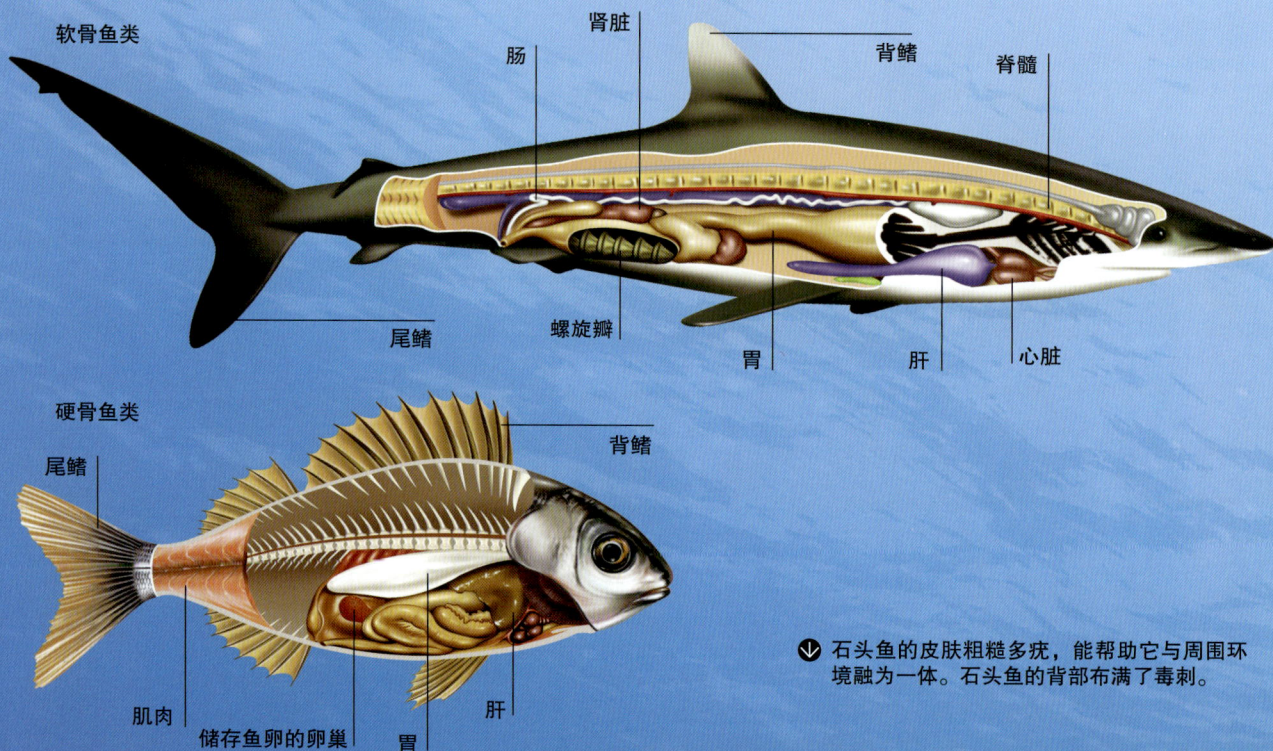

软骨鱼类

肠　肾脏　背鳍　脊髓

尾鳍　螺旋瓣　胃　肝　心脏

硬骨鱼类

尾鳍　背鳍

肌肉　储存鱼卵的卵巢　胃　肝

⬇ 石头鱼的皮肤粗糙多疣，能帮助它与周围环境融为一体。石头鱼的背部布满了毒刺。

有趣的事实

打破纪录的鱼

· 最黏稠的鱼：盲鳗能产生相当于自身体积5倍那么多的黏液。

· 最大的软骨鱼：鲸鲨可以长到13米长。

· 最长的硬骨鱼：神秘的桨鱼身长可达17米。

· 海洋最深处的鱼：毒鳗生活在8000米以下的深海中。

背鳍可以帮助鲨鱼翻滚和迅速转身

鲨鱼有敏锐的嗅觉。它们的鼻子下方有一对鼻孔

鲨鱼会不断更换旧的被磨损的牙齿，鲨鱼在一生中可以拥有 3000 颗牙齿，甚至更多

➡ 鲨鱼具有惊人的适应能力，它们已经存活了大约 3.5 亿年，是真正的"战士"和"幸存者"。

胸鳍帮助鲨鱼维持平衡和进行制动

游泳

鱼类的脊椎骨上有肌肉，游泳时可以使脊椎左右弯曲。鱼鳍可以帮助鱼类游动：上方的背鳍和尾部下方的臀鳍能够防止身体倾斜，鳃孔后侧的两个胸鳍和身体腹侧的两个腹鳍能够帮助鱼类转向，尾巴或尾鳍可以提供主要的推动力。

各种鱼类

七鳃鳗和盲鳗属于无颌鱼类，它们的嘴部有一条缝，用来吸吮和刮食。海洋中有超过 440 种鲨鱼，它们大多是可怕的海洋捕食者。鲨鱼的近亲鳐鱼身体扁平，像鲨鱼一样，其骨骼由软骨构成。具有硬骨骨骼的鱼类包括肉鳍鱼类和 25000 多种辐鳍鱼类。辐鳍鱼类的鳍由又长又细又硬的鳍条支撑，可以打开也可以折叠。

↑ 鱼类喜欢成群聚集或游动，以抵御捕食者并寻找配偶。

发现更多 ▶ 河流和湖泊 第54~55页 ■ 海洋 第58~59页 ■ 两栖动物 第88~89页

两栖动物

两栖动物，顾名思义，就是有两种生活方式的动物。年幼时，大多数两栖动物生活在水中；成年后，两栖动物的体形发生改变并迁移到陆地上生活。

在 6300 多种两栖动物中，数量最多的是青蛙和蟾蜍。它们有大脑袋、大眼睛、大嘴巴、短小的前肢、用于跳跃的强壮后肢和短小的身体，但是它们没有尾巴。蝾螈拥有长长的身体和尾巴，四肢长度相同。蚓螈（无足类动物）生活在潮湿的洞穴里，眼睛很小，没有腿，看起来像大蚯蚓或体形较小的蛇。

← 从蝌蚪（青蛙和蟾蜍的幼体）变成成年两栖动物的过程称为变态。变态的发展速度取决于环境温度和食物摄入情况。

繁殖

大多数成年两栖动物常年生活在潮湿的陆地上，繁殖时才会回到水中。雄性通过鸣叫或炫耀自己身上鲜艳的花纹来吸引伴侣。雌性蛙类生产的卵的表面覆盖着一层胶状物质以提供保护。这些卵会孵化成蝌蚪，它们拥有长长的尾巴和鳃，可以在水中呼吸。随着蝌蚪的成长，它们会先长出后腿，然后长出前腿，接着它们的鳃逐渐萎缩，开始用肺呼吸。

动手一试

一些以水为生的两栖动物脚趾间长着一层叫作"蹼"的皮肤。准备一个小塑料袋和一大碗水，感受一下脚蹼是如何工作的。

· 第 1 步：把手放入水中，手指张开，来回划动，感受水的推力。

· 第 2 步：把塑料袋套在手上，模拟青蛙的蹼；再次把手放入水中划动，感受额外的推力。

这个实验表明，脚上有脚蹼的动物能游得更快。

捕食者

　　肉食性两栖动物是能把猎物整个吞下去的捕食者。蚓螈以蚯蚓和土虫为食，大型青蛙和蟾蜍（如非洲巨蛙、牛蛙和巨型海蟾蜍）能一口吞下鱼、老鼠、幼鸟和蜥蜴，蝾螈则捕食蝌蚪、小鱼和虫子。为了避免被吃掉，许多两栖动物的皮肤表面会渗出毒液。有毒的动物通常是五颜六色的，它们鲜亮的颜色对捕食者来说是一种警告。

⬆ 亚洲巨型蝾螈可长到两米长。它们生活在湍急的溪流中，吞食鱼、小虾和青蛙。

⬅ 许多青蛙用长而有黏性的舌头捕捉猎物。它们先将舌头弹出，抓住猎物，随后将猎物猛地拉到嘴里，这个过程是在一瞬间完成的。

青蛙带有黏液的舌头向嘴部的前方快速弹出后折叠收回

⬅ 蚓螈体长 10~150 厘米。它们拥有强壮的鼻子，可以在土里挖洞。

发现更多 ▶ 河流和湖泊 第54~55页　■ 海洋 第58~59页　■ 鱼类 第86~87页

爬行动物

世界各地生活着大量的爬行动物，例如比手指还小的小蜥蜴，比汽车还长的凶猛的湾鳄。

像鱼类和两栖动物一样，爬行动物也是冷血动物，它们依靠太阳的热量来温暖身体进而移动。大多数爬行动物的皮肤上都覆盖着鳞片，并拥有四肢和长长的尾巴。蛇虽然没有腿，却能以极快的速度滑行、游泳和攀爬，飞蛇甚至还能滑翔。慢虫并不是蠕虫，而是一种没有腿的蜥蜴。

蜥蜴和蛇

蜥蜴几乎生活在陆地上的任何地方，除了遥远的北极和南极。加拉帕戈斯群岛的鬣蜥甚能潜水捕食海藻。最大的蜥蜴是长达 3 米的科莫多巨蜥，它能制服野猪和鹿。许多蜥蜴可以咀嚼食物，但蛇能把猎物囫囵吞下。最大的蛇类是蟒蛇，它们能缠绞猎物，最终使猎物窒息而死。毒蛇包括眼镜蛇、响尾蛇和蝰蛇，每年有成千上万的人因被毒蛇咬伤而死亡。

⬇ 蝰蛇是最致命的毒蛇之一。它的眼周像洞一样向内凹陷，能探测到猎物散发的热量，中空的毒牙能刺伤猎物并释放毒性很强的毒液。

两只眼睛可以独立转动

⬇ 变色龙可以通过改变身体的颜色以融入周围的环境，它们还能借此吸引伴侣或吓跑竞争对手。

可以卷曲的尾巴

脚趾可以抓住树枝

带有鳞片的皮肤会变色

乌龟和鳄鱼

水龟和陆龟是行动缓慢的爬行动物，它们的身体被坚硬的角质龟甲保护着。象龟吃植物和水果，而巨大的棱皮龟则主要吃水母等海洋生物。鳄鱼生活在水中或靠近水的地方，在那里它们可以很好地伪装成原木或岩石。鳄鱼可以捕食几乎任何大型猎物，从鱼、水鸟到在水边饮水的斑马和牛。

覆有厚厚鳞片的尾巴

↑ 真鳄龟身长约 1 米，体重可达 100 千克。它锋利的喙状嘴非常适合捕食鱼和青蛙。

知识卡

主要的爬行动物类群

类群	物种数目 / 种	例子
龟鳖目	341	水龟、陆龟
蜥蜴亚目	6000 以上	壁虎、鬣蜥、变色龙、蜥蜴
蛇亚目	3000 以上	蟒蛇、锉蛇、响尾蛇、眼镜蛇
喙头目	1	喙头蜥
蚓蜥科	147	蠕虫蜥
鳄目	24	短吻鳄、凯门鳄、恒河鳄

→ 最大的爬行动物是湾鳄，又称咸水鳄或河口鳄，它们长达 6 米。与其他爬行动物不同的是，鳄鱼妈妈会产卵，然后照顾自己的孩子。

眼睛能在水下视物

锋利的牙齿能撕碎猎物

鳄鱼妈妈会守护自己产下的卵

发现更多 ▶ 结构简单的动物 第80~81页 ■ 软体动物和棘皮动物 第82~83页 ■ 两栖动物 第88~89页

坚硬的喙

轻薄、中空的骨

羽翼

砂囊

嗉囊

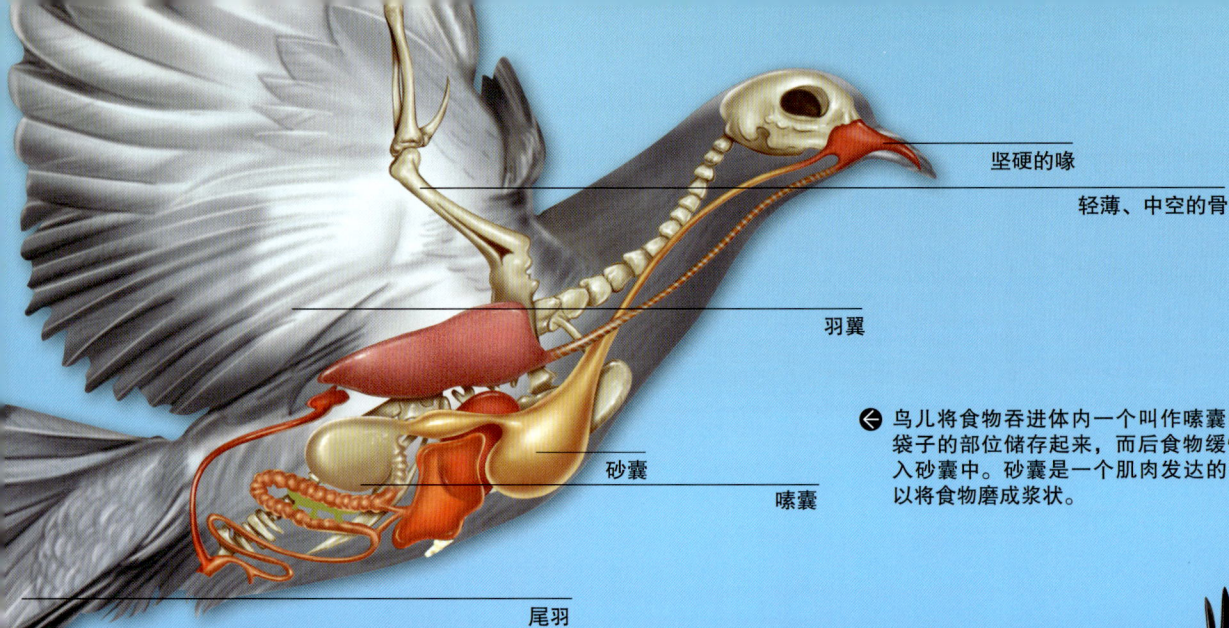

鸟儿将食物吞进体内一个叫作嗉囊的形似袋子的部位储存起来，而后食物缓慢地进入砂囊中。砂囊是一个肌肉发达的胃，可以将食物磨成浆状。

尾羽

鸟类

鸟类有 9000 多种，是分布最广、最活跃的动物之一。它们甚至可以生活在寒冷的北极和南极附近。

鸟是唯一有羽毛的动物。它们的羽翼形成了一个利于飞行的流线型表面。鸟儿的最外层羽毛可以给它们提供保护，羽毛的颜色和形状多样，既能吸引配偶，又能帮助它们伪装自己。它们靠近皮肤的羽毛是柔软的、毛茸茸的，被称为绒毛，其作用是为身体保温，因为鸟是恒温动物。

鸟可以扇动翼尖的羽毛，以便在空中更灵活地飞行。像白鹈鹕这样的候鸟每年都要在它们的繁殖地和越冬地之间进行长途飞行，这一过程又叫作"迁徙"。

北极燕鸥是一种小型海鸟，迁徙距离比其他任何鸟类都远。它们每年从地球的一极飞往另一极，全程约 35000 千米。它们在北极度过夏天，在南极度过冬天。

弯曲的喙

雄鸟的喉部是明亮的绿色

有趣的事实

鸟类冠军

· 最大的鸟：北非鸵鸟身高可达 2.75 米，体重超过 150 千克。

· 最小的鸟：蜂鸟从喙到尾部只有几厘米长。

· 最快的鸟：游隼以 322 千米 / 时的速度猛扑向猎物，速度比其他任何动物都快。

· 最慢的鸟：美洲丘鹬的飞行速度只有 8 千米 / 时。

筑巢和育雏

大多数雄鸟通过唱歌来炫耀自己，以吸引雌鸟或向雌鸟求爱。雌鸟将它的卵产在一个特别建造的巢里，然后卧在上面使其保持足够的温度，直到雏鸟破壳而出，这一过程被称为孵化。一些雏鸟可以自力更生，如眼斑冢雉的雏鸟；还有一些雏鸟出生时既没有羽毛，也不能视物，只能依赖双亲喂养一段时间，如信天翁父母喂养雏鸟的时间超过 6 个月。

➡ 极乐鸟，来自东南亚，以精彩的求偶表演而闻名：雄性会通过跳跃、舞蹈、唱歌、摇摆羽毛来吸引雌性。

⬇ 蜂鸟父亲用树枝、树叶和蜘蛛丝搭建了一个杯状的巢。蜂鸟母亲将自己半消化的食物喂进幼鸟张得大大的嘴里。

雄鸟羽毛的颜色比雌鸟更加丰富多彩

长长的尾羽被称为线

飞翔和取食

为了方便飞行，鸟类的每个部位几乎都很轻，就连骨头也是中空的。此外，鸟类飞行时空气从主呼吸道和肺进入气囊中，这样鸟类可以吸收额外的氧气以使身体更轻。它们的嘴里没有牙齿，坚硬的喙代替了牙齿的作用。喙的形状表明了鸟的生活方式，比如，细长的喙能刺入花管里，坚硬的喙能压碎种子、撕裂肉。

发现更多 ▶ 生命的起源 第68~69页 ■ 节肢动物 第84~85页

哺乳动物

哺乳动物是恒温动物，它们用乳汁喂养幼崽。从高山到深海，它们在地球上几乎随处可见。所有哺乳动物在生长到一定阶段时都会长出毛发。

从重达 160 吨的蓝鲸到如你拇指般大小的蝙蝠，全球目前一共有 5400 多种不同的哺乳动物。哺乳动物被分为 20 多个类群。哺乳动物这个名字是根据雌性动物的乳腺部位来命名的。乳腺一般位于身体的腹面，分泌的乳汁用于喂养幼崽。

↑ 红松鼠锋利、坚固的牙齿可以打开坚果。

指骨

前翼

鼻子有助于嗅出食物

翼膜

后肢

← 蝙蝠或翼手目动物有着由细而长的指骨支撑着的薄而有弹性的翅膀。大部分蝙蝠在夜晚时出来捕食昆虫，少数蝙蝠主要吃水果，还有些蝙蝠靠吸血为生。

不同种类的哺乳动物

虽然不同的哺乳动物看起来很不一样，但是它们也有相同的特征，比如都有骨骼和用于呼吸的肺。它们几乎都有毛发或者皮毛，尽管犀牛和海豚只有很少一点。此外，它们都有用于奔跑的四肢，只是有的动物的四肢在演化的过程中发生了变化。比如，猿类的前肢是用来抓握的手臂，蝙蝠的前肢演化成了用于飞行的翼，海豹和鲸的四肢则演化成了用于游泳的蹼。

← 树袋鼠几乎一生的时间都在树上度过，虽然行走时动作显得很笨拙，它们却善于在树枝上攀爬和翻转。它们是袋鼠的近亲，原产于新几内亚岛和澳大利亚。

哺乳

　　大多数哺乳动物都生产幼崽，幼崽是在母亲的子宫中发育的，只有鸭嘴兽和针鼹是卵生，但孵化的幼崽像其他哺乳动物一样以母乳为食。袋鼠、树袋熊、袋熊和负鼠等有袋类哺乳动物的幼崽在很小的时候就离开了子宫，然后继续在母亲胸前如口袋状的育儿袋中成长。

有趣的事实

哺乳动物类群

- 约 2200 种：啮齿目动物是哺乳动物中最大的类群，包括老鼠、松鼠和海狸等。

- 约 1100 种：翼手目动物是第二大类群，它们是唯一能够真正飞行的哺乳动物。

- 4 种：儒艮和 3 种海牛组成了海牛目，它们生活在海里，取食海藻和其他水生植物。

- 1 种：土豚，一种像猪、长有长鼻子、取食白蚁的来自非洲的哺乳动物，它自己构成一个类群。

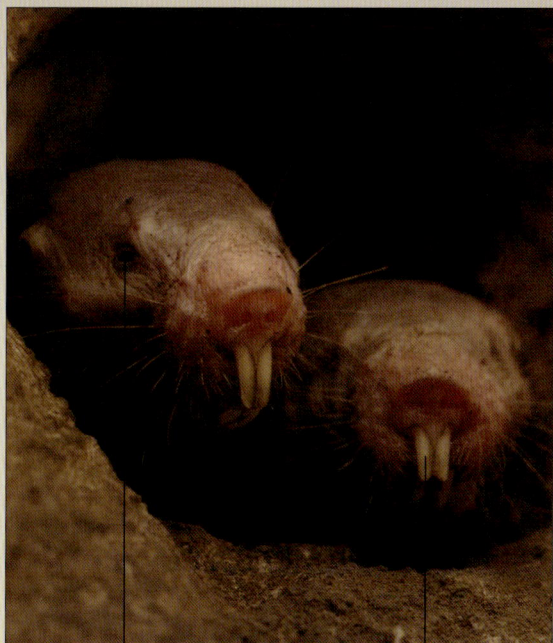

视物能力很弱的小眼睛

锋利的前牙用于挖掘地道

在裸鼹鼠群体中，只有一只雌性"女王"可以生产幼崽。其他的都是"工人"，主要负责挖掘地道和收集像树根一样的食物；或者是"士兵"，主要负责攻击敌人。

长长的耳朵竖立着是为了听到猎物的动静

土豚在夜间用鼻子寻找白蚁或者蚂蚁的巢穴，一晚可以吃掉多达 50000 只蚂蚁。它的前爪大而有力，能轻易地将蚁穴抓破。

像猪鼻一样的鼻子

弓形的布满粗糙毛发的背部

发现更多 ▶ 两栖动物 第88~89页 ■ 海洋哺乳动物 第112~113页 ■ 特殊哺乳动物 第114~115页

灵长目动物

世界上有 560 多种灵长目动物。这些动物包括可以蜷伏在你手中的小狐猴，以及比 5 个人还强壮的身形巨大的大猩猩。人类也是灵长目动物。

很多人对灵长目动物着迷，因为它们拥有灵敏的感官，能够社交，还很聪明，也可能是因为我们自己就属于这个群体。灵长目动物被分为两个亚目：类人猿亚目，包括猴子、猿和人类等；原猴亚目，包括狐猴、婴猴和蜂猴等。

← 狐猴是灵长目动物中最小的物种之一，主要生活在马达加斯加，以水果、坚果、昆虫和其他小动物为食。

金丝猴以水果、树叶、昆虫和小型哺乳动物为食

猴子

猴子被分为两大类群。美洲的猴子包括金丝猴、卷尾猴、吼猴和蛛猴等。它们有可卷曲的尾巴，能够抓握，就像第三只手一样。非洲和亚洲的猴子种类繁多，如栖息在树上的疣猴、长尾黑颚猴、长尾猴和生活在地面上的大型而强壮的狒狒。

↓ 日本猕猴主要生活在日本，它们更喜欢寒冷的气候，主要以水果、种子、嫩枝和树皮为食。

↑ 金丝猴因其浓密的金色长毛而得名。它有一条非常长的尾巴，甚至比整个身体还长。

原猴亚目

　　大多数原猴生活在树上，有良好的视力和听力，能够用灵活的手臂、手、腿、脚与尾巴攀爬和采集食物。目前有大约 100 种狐猴生活在马达加斯加岛上，它们有像狗鼻一样的鼻子，这使它们拥有灵敏的嗅觉。其中比较著名的是环尾狐猴，它们生活在嘈杂和活跃的群体中。生活在非洲的婴猴有一双大眼睛，在夜间活动时，它们可以在树枝间像弹簧一样跳跃。

明亮、闪烁的眼睛

为了更好地抓握，维氏冕狐猴拥有相当于人类大拇指的手指

↑ 眼镜猴是在夜间活动的小型灵长目动物，有大大的眼睛和长长的尾巴。它们的独特之处在于有灵活的脖子，能够旋转 180 度。眼镜猴喜欢吃昆虫，如甲壳虫、蝴蝶等，同时也爱吃蝙蝠。

后肢可以帮助它们跳得又快又远

有力的后肢能够轻松实现较远距离的跳跃

长尾巴用来钩住树枝

↑ 维氏冕狐猴是在马达加斯加的森林中被发现的，它们以响亮的尖叫声而闻名。同时，它们也会通过咆哮和怒吼来进行交流。

类人猿亚目

　　类人猿亚目也叫简鼻亚目，包括跗猴型下目和类人猿下目，人类属于后者。类人猿中的长臂猿大约有 14 种，它们大都生活在东南亚。虽然主要的猿类都来自东南亚，但是黑猩猩和大猩猩来自非洲，人类则分布在全球。

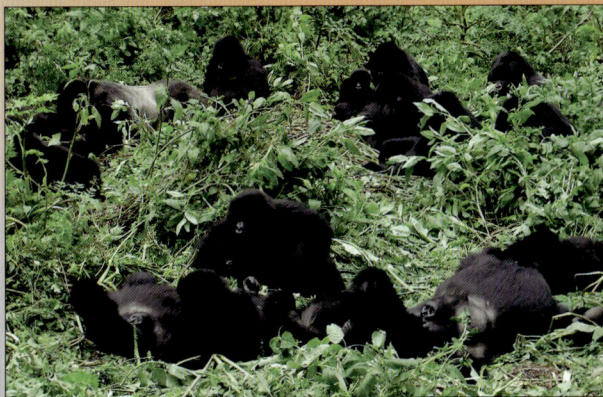
↑ 山地大猩猩比它们在低地的近亲的体形更大，它们有长长的手臂、大大的胸部，而且往往比其他种类的大猩猩毛发更多。

动手一试

不同种类的灵长目动物适合不同的运动方式，你也是灵长目动物，所以尝试一下这些动作吧！哪一个更简单呢？

长臂猿：将手臂挂在低矮的树枝或栏杆上，然后双手交替抓握树枝或栏杆荡来荡去。

婴猴：蹲直，膝关节弯曲，然后迅速伸直双腿向前跳跃。

大猩猩：四肢着地行走，然后停下来，捶胸顿足并咆哮。

人类：用两条腿直立行走，其他灵长目动物都做不到！

发现更多 ▶ 生命的起源 第68~69页　■ 象科动物 第106~107页　■ 特殊哺乳动物 第114~115页

大型猫科动物

大型猫科动物包括狮子、老虎、美洲豹、猎豹、雪豹等，有时也包括云豹。

猫科动物家族有 40 多个种类，它们都是肉食性动物，在体形上也很相似。体形最大的是虎，拥有几个亚种，主要分布在东南亚和东亚。最大的亚种是西伯利亚虎，身长 3 米，体重超过 300 千克。

锋利的爪子

◀ 猎豹是速度最快的陆地动物。它腿长、头小、身体纤细，奔跑时的速度能超过 110 千米／时。

布满斑点的"大衣"

狮子和猎豹

狮子是群居性最强的大型猫科动物，它们的群体被称为狮群。鬃毛蓬乱的雄狮在狮群的领地上巡逻，咆哮并击退闯入者。雄狮和雌狮共同捕猎大型猎物，如羚羊、长颈鹿、犀牛和大象。猎豹更喜欢开阔的旷野，它们以极快的速度捕食较小的猎物，包括瞪羚和野兔。

有力的后肢

↑ 在雌狮带回它们的猎物时，狮群中的雄狮会优先挤进去进食，其次是雌狮，最后才是幼狮。

知识卡

大型猫科动物的习性

· 许多体形较小的猫科动物不喜欢水，虎和美洲豹却是游泳健将，它们喜欢待在凉快的水池里，而且经常潜入水下并在水下捕食。

· 狮子不是唯一的社会性大型猫科动物，通常 2 ~ 3 只雄性猎豹（一般是亲兄弟或者是同父异母的兄弟）会组成一个联盟，它们一起生活和狩猎。

· 如果外来的雄狮挑战狮群并获得了胜利，它将杀掉所有存活的幼狮，因为这些幼狮不是它的孩子。然后它会和雌狮交配，组建自己的大家族。

雪豹有绿灰色的眼睛，而其他所有猫科动物的眼睛都是金黄色的

方形的鼻孔

豹和美洲豹

　　豹是适应能力最强的大型猫科动物之一，主要分布在非洲和亚洲的大部分地方。它是一个优秀的攀登者，可以在树上捕食猎物或储存剩余的食物，它甚至可以靠城镇周围的垃圾生存。与之相对应的是美洲豹，美洲豹也用类似的斑点进行伪装。和其他大型猫科动物一样，美洲豹更喜欢大型猎物，例如淡水龟、巨獭、大蛇和类似凯门鳄的鳄鱼，但饥饿时它也会吃青蛙和老鼠等小型动物。

⬆ 雪豹的行踪诡秘，不容易被看到。它们生活在南亚和中亚的山区，主要捕食野生绵羊、山羊、鹿、野猪和其他较小的猎物。

⬇ 美洲豹又称美洲虎，分布在美洲各地。

粗糙的金黄色皮毛

粗而长的尾巴

小而圆的耳朵上有黑色的耳尖

发现更多 ▶ 熊科动物 第100~101页 ■ 犬科动物 第102~103页 ■ 食物链 第118~119页

熊科动物

虽然世界上只有8种不同的熊，但是你可以在大多数大陆栖息地中找到它们。

熊科动物是陆地上最大的食肉哺乳动物。棕熊和北极熊直立起来大约3米高，体重超过500千克。大多数熊有大大的头、长长的鼻子、小小的眼睛和耳朵以及强壮的身体和短短的尾巴。大多数熊是杂食动物，它们吃各种食物，例如鹿、蘑菇、浆果和坚果。

厚厚的皮毛使它们可以在极地寒冷的天气条件下保持温暖

北极熊生活在北冰洋附近的加拿大、俄罗斯和挪威，它们是凶猛的捕食者和优秀的游泳"运动员"，主要以海豹为食。

幼熊由母熊饲养大约28个月

小小的头

棕熊和北极熊

棕熊广泛分布于北美洲、欧洲和亚洲北部，其种类包括北美灰熊、喜马拉雅棕熊和科迪亚克岛棕熊。它们经常聚集在河边捕捉鲑鱼。北极熊生活在遥远的北方，它们以海豹、死去的鲸和海象为食。

大而尖的鼻子可以帮助棕熊嗅到在很远的地方死去的动物散发的气味

锋利的牙齿可以撕碎猎物

棕熊又被称为灰熊，因为它们毛发的末梢为银灰色

棕熊是杂食动物，主要以浆果、坚果、啮齿动物和驼鹿为食。这种强大的捕食者尤其喜欢鲑鱼，它们经常聚集在一起捕食。

亚洲黑熊和美洲黑熊是近亲，它们的胸部都有白色"Y"字图案这一典型特征。它们和其他熊一样是杂食动物。

有趣的事实

不是所有的"熊"都是熊！

有几种哺乳动物的名字中有"熊"，但它们并不属于哺乳纲的熊科。

· 树袋熊看起来像熊，但实际上它是袋鼠所属的有袋动物或者袋状哺乳动物的成员。它们生活在桉树上，以桉树叶为食。

· 小熊猫也不属于熊科，它是小熊猫科的唯一种，它的近亲是浣熊。

↑ 南美洲的眼镜熊（又叫安第斯熊）是熊群中最擅长攀登的成员之一，也是最爱吃素的一类，主要吃水果和树叶。

↑ 小熊猫主要分布在缅甸、不丹、中国、尼泊尔和印度，是一种独居动物。小熊猫也是濒危物种。

较小的熊

北美洲和亚洲的黑熊体形中等，主要生活在森林里，它们通过爬树来获取果实和巢穴。最挑食的是东亚的大熊猫，它们除了竹子和极少的竹鼠外几乎什么都不吃。南亚的懒熊有长长的皮毛和灰白色的口鼻，主要以白蚁为食。最小的熊是东南亚的马来熊，通常体重不到 50 千克。

↓ 马来熊也叫太阳熊，得名于它们胸前像一轮冉冉升起的太阳的马蹄形金色斑纹。这种夜行动物因其短小的口吻而被称为"狗熊"。

犬科动物

灰狼是犬科动物中最大的成员，犬科动物还包括野狗、家犬、狐狸和豺等。

灰狼又称森林狼，广泛分布在世界各地。它们以狼族的形式聚集生活，由一雄一雌作为狼族领袖。在族群中，只有这些领袖能繁殖。它们食性广泛，从刚被杀死的哺乳动物到腐烂的尸体，还有植物的根、芽和浆果等都可以作为它们的食物。

狐狸

狐狸的大多数种类都有长长的口吻、大大的耳朵和浓密的尾巴。在遥远的北方，北极狐依靠厚厚的白色毛皮整个冬季都生活在无树的苔原上。赤狐是所有哺乳动物中适应能力最强和分布最广的一种，它们生活在美洲、欧洲、亚洲以及大洋洲。北非沙漠中的耳廓狐比一般的宠物猫小，它巨大的耳朵能听清甲虫或地下老鼠等猎物的声音。

长耳朵能更好地收集声音，有助于狩猎

蓝绿色的眼睛

斑鬣狗被认为是食腐的熟手，它们生活在一起，其群体被称为族群。它们通常以其他猎食者的残羹剩饭为食。

灰狼的背部是银灰色的，脖子周围有黑色的皮毛。它们通过发出号叫声和咆哮声来进行交流。

→ 非洲野犬的皮毛上有红色、棕色、黄色和白色的斑点。它们是一种高度濒危的犬科动物。

豺

豺有3种：侧纹胡豺主要分布在非洲中部，黑背胡豺分布在非洲南部，金豺分布在非洲东北部、南亚和欧洲东南部。豺是类似于狼的猎食者，它们除了捕食较小的猎物，还专注于从大型肉食性动物（如狮子）的"战利品"中获取食物。此外，它们也吃垃圾桶和垃圾堆中的食物。

↑ 黑背胡豺生活在开阔的林地和大草原。它们是具有敏锐嗅觉和听觉的夜行性动物。

知识卡

野狗的种类

· 澳洲野狗（澳大利亚）：可能是很久以前家养犬的后代。

· 郊狼（北美洲）：也被称为草原狼，是狡猾的狩猎者和食腐动物。

· 非洲野犬（东非和南非）：可以捕食大型猎物的群体合作的狩猎者。

· 丛林犬（南美洲）：腿和尾巴都很短，以10~15只的规模成群生活。

· 亚洲豺犬（东南亚）：生活在一个很大的群体或部落中，分群进行狩猎。

→ 赤狐十分狡猾，它们生活在荒野中，但也可以适应人类的栖息地。

发现更多 ▶ 熊科动物 第100~101页 ■ 食物链 第118~119页 ■ 栖息地和生态系统 第120~121页

啮齿动物

啮齿动物拥有又长又尖、一直在生长的门牙，用于咀嚼和咬食。每 10 种哺乳动物中就有 4 种是啮齿动物。

松鼠在滑翔时用尾巴当舵

↑ 松鼠几乎随处可见。一些松鼠（如鼯鼠）能够在空中滑翔，看起来就像是在飞行。

大多数人都认识家鼠和褐家鼠，它们是两种较常见的啮齿动物，几乎出现在我们生活的任何地方。此外，啮齿动物还包括豪猪、田鼠、仓鼠、沙鼠、海狸、松鼠和囊地鼠等。南美洲有一种被称为豚鼠的啮齿动物，因性情温顺、讨巧可爱，常被作为宠物饲养。

树上的啮齿动物

许多种类的老鼠都是优秀的攀登者，它们依靠锋利的爪子和长长的能保持平衡的尾巴爬到树上。和其他啮齿动物一样，它们有大眼睛、大耳朵和长鼻子。啮齿动物也有可以抖动的胡须，能帮助它们发现危险和捕食者——啮齿动物是许多捕食者的常见猎物。松鼠是更专业的树栖动物，例如众所周知的灰松鼠和红松鼠，以及可以长到 1 米长的印度巨松鼠。

↓ 仓鼠的头部和肩部长有颊囊，可以用来储存食物。仓鼠是很受欢迎的宠物。

↑ 红树田鼠隐藏在北美针叶树上生活，针叶树和冷杉是它们的食物来源。

仓鼠是夜行性动物，也就是说它们通常在夜间活动

红松鼠会筑很多个巢，每个巢最多可存放 200 个松果。它们甚至能闻到埋在雪下 1 米处的食物的味道。

动手一试

夹碎坚硬的坚果

在下次你用胡桃钳夹碎带壳的坚果（如核桃或松子）时，可以试试像大鼠或松鼠一样打开它们（一定要确保有大人的帮助）。

·第 1 步：试着把坚果尖的或窄的一端放入胡桃钳的钳口处，然后用力夹坚果。

·第 2 步：换较平坦的一侧放在钳口处，再试一试。

·第 3 步：在钳口处放置坚果的其他部位再次尝试。

注意：不要尝试用自己的牙齿打开坚硬的果实，你可不是啮齿动物。

地下的啮齿动物

　　许多啮齿动物在树洞中、石头下和地下洞穴中栖息和繁殖。它们通常在晚上出来觅食，尤其是生活在沙漠中的啮齿动物，因为这样可以躲避白天的捕食者和炎热的太阳。有些啮齿动物会在洞穴里度过更长的时间，例如生活在北美洲的囊地鼠和草原犬鼠、生活在欧洲和亚洲的地鼠，以及生活在亚洲的鼢鼠和非洲的鼹鼠，包括几乎无毛的裸鼹鼠。

旱獭生活在高山上的洞穴里，用响亮的口哨声向其他同类发出信号。

生活在南美洲和巴拿马的水豚是世界上最大的啮齿动物。它们拥有不完整的蹼，可用于游泳，并且能潜水达 5 分钟。

发现更多 ▶ 哺乳动物 第94~95页 ■ 大型猫科动物 第98~99页 ■ 象科动物 第106~107页

象科动物

象科动物（通称大象）是世界上最大的陆生动物，是巨型植食性动物。它们每天都会吃掉大量的植物，这对它们经过的地方有很大的影响。

多年来，人们一直认为世界上现存的大象只有两种——体形更大、耳朵更大的非洲象和背部向上、弓起较多的亚洲象。但是最近的研究显示，非洲象包括两个种群：非洲草原象，体形较大，象牙弯曲；非洲森林象，象牙更直、更小。

象牙非常珍贵，这也是大象被猎杀的主要原因

大象全身的肌肉超过 10 万块

公象（如公非洲象）在 12~15 岁时会离开原本的家庭。年轻的成年公象可能会组成一个单身象群，然后离开原来的家族去冒险。

一头大象（如图中这只亚洲象）每天要吃掉超过 200 千克的食物，包括树叶、芽、树枝、茎，还有果实、植物的根和富含矿物质的土壤等。

在母象头领的带领下，象群全年都沿着常规路线寻找最佳的觅食区和适合饮水、洗澡的水坑。

象牙和饮食

象牙是大象的两颗长长的上门牙，它一直都在生长。发育成熟的公非洲象的象牙最长，这些巨大的大象高约 4 米，体重接近 10 吨，象牙长约 3 米。大象用象牙挖洞来获得水和食物，还用象牙剥树皮和自卫。母亚洲象很少长有明显的象牙，一些公亚洲象也没有象牙。

家庭生活

大象以家庭为单位进行群居生活，象群由一头年长的母象（也就是象群首领），以及其他母象和它们的后代组成。凭借几十年来积累的经验，母象首领会带领象群从一个地方到另一个地方寻找食物、水源和庇护所。公象则倾向于独居，然而，在进入繁殖期时公象会接近当地的象群，从而吸引母象进行交配。

幼象由其母亲和其他有血缘关系的母象（母象的姐妹、表亲或女儿）悉心照料和保护。

知识卡

大象的鼻子长而灵活，和上嘴唇连在一起，能完成很多工作。

· 抓取食物并送到嘴里。

· 识别食物、水、其他大象和危险信号。

· 将水吸入口中饮用，或者喷到身上冲凉。

· 抚摸和爱抚象群中的成员，尤其是幼象。

· 吸取干燥的土壤，然后吹到身上进行沙浴。

· 发出响亮的声音，与其他大象进行交流。

发现更多 ▶ 哺乳动物 第94~95页 ■ 大型猫科动物 第98~99页 ■ 动物行为 第116~117页

偶蹄目动物

偶蹄目动物是脚趾上有蹄的哺乳动物，它们的脚趾上包覆有轻便且耐磨的蹄。偶蹄目动物的种类很多，既有像鼷鹿那样小的，也有像河马那样大的。

偶蹄目动物每只脚上有 2 个或 4 个有蹄的脚趾，其种类超过 210 种。

有些种类的偶蹄目动物有犄角，而其他种类则有茸角

精瘦的腿使瞪羚成为短跑健将

⬆ 一些瞪羚和其他种类的羚羊会做出腿直直向下伸，身体腾空高高跃起的腾跃动作，以显示它们的力量并吸引异性。

⬇ 野牛是最大的偶蹄目动物之一，身高近 2 米，体重达 1 吨。野牛有美洲野牛和欧洲野牛两个亚种。

食物和反刍

几乎所有的有蹄哺乳动物都是植食性动物，其中鹿、牛、羊和骆驼等都是反刍动物，这意味着它们有多个胃室。经过咀嚼，食物被吞咽进入第一胃室——瘤胃，进行初步消化；随后，食物回流到嘴里，进行再次咀嚼，然后被吞咽进入其他胃中。这样，它们就可以从坚硬、多纤维的植物中获取更多的营养。

野猪将犬齿相互摩擦，发出一种震颤的声音，用以警告捕食者

野猪是在美洲发现的类似猪的动物。它们的食物比较杂，不仅有植物，而且也包括蠕虫、蛴螬和其他小动物。

野猪一般以15~50头为一群过着群居生活

群居生活

有蹄哺乳动物通常是大型猫科动物、狼、鳄鱼和大型蛇类等肉食性动物的猎物。为了提高安全性，许多有蹄动物会群居生活，通常它们中的少数成员会利用自己敏锐的感官来观察、聆听和识别危险信号。如果发现危险，它们会警告其他同伴，这使得捕食者难以从四散逃跑的大量有蹄动物中挑出一个捕食目标来。

在非洲，雄性河马用自己巨大的犬齿搏斗，以获得一段河流的所有权，并将其作为与雌性河马交配、繁殖的领地。

知识卡

偶蹄目动物家族

- 牛科：野牛、水牛、羚羊、绵羊、山羊
- 骆驼科：骆驼、大羊驼、羊驼
- 猪科：野猪、家猪
- 西貒科：西貒
- 鹿科：麋鹿、驼鹿、驯鹿
- 鼷鹿科：鼷鹿
- 麝科：麝
- 河马科
- 长颈鹿科
- 叉角羚科

发现更多 ▶ 哺乳动物 第94~95页 ■ 象科动物 第106~107页 ■ 奇蹄目动物 第110~111页

奇蹄目动物

全部或部分脚上有奇数个有蹄脚趾的哺乳动物被称为奇蹄目动物，包括马、犀牛和貘等。

奇蹄目动物通常每只脚都有奇数个脚趾，例如马科中的驴和斑马，每只脚只有 1 个脚趾；貘科动物则每只前脚有 4 个脚趾，后脚有 3 个脚趾。

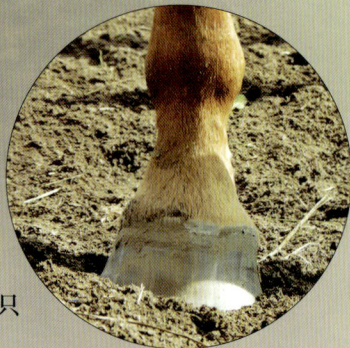

↑ 一匹成年公马带领着由母马和年轻马驹组成的野马群奔腾而过。

斑马的耳朵可以转向任何方向

斑马互相梳理脖子上的毛发

马科

为了安全，马、驴和斑马一般群居生活。它们拥有长而有力的腿，能够以极快的速度逃脱敌人的猎捕，或者用坚硬的蹄踢踹敌人。所有农场马或由人类祖先驯养的马都与普氏野马相似。斑马共有 3 种，且都生活在非洲。野驴也分布在非洲，但并不是全部，野驴还有两个亚洲品种——蒙古野驴和藏野驴。

→ 不同种类的斑马的条纹也不相同。科学家认为，这些条纹起伪装作用，并且能迷惑捕食者。条纹还能帮助斑马识别自己的同伴。

犀牛角主要由角蛋白构成。如果角被破坏或断裂，还可以长出新的

➡ 犀牛生性害羞且胆小，但在受到惊吓时也可能具有攻击性和危险性。图中展示了两头非洲犀牛在热带草原上玩耍。

犀牛拥有敏锐的听觉和嗅觉

犀牛是植食性动物，只吃草、灌木和树叶等

知识卡

奇蹄目动物家族

奇蹄目只有 3 个亚目，包含 16 个物种。

· 马科：马、野驴、斑马（7 种）

· 貘科：貘（4 种）

· 犀科（5 种）

犀科

　　犀科共包括 5 种，分别是印度犀、爪哇犀、苏门答腊犀，以及非洲的黑犀（又叫钩唇犀）和白犀（又叫方吻犀）。它们体形庞大，脚步沉重，拥有厚厚的几乎无毛的表皮，鼻子上方的角不是由骨头而是由被挤压在一起的表皮构成的。除了雄性犀牛和雌性犀牛交配时期或者雌性犀牛照顾自己的孩子时期外，犀牛一般独居。除了南白犀，其他品种的犀牛都非常罕见且面临灭绝的危险。

⬆ 貘用灵活的鼻子从高处和低处获取树叶。

⬆ 苏门答腊犀体重不足 1 吨，是犀科中体积最小、毛发最多的品种。它的前角可以长到 70 厘米长。

发现更多 ▶ 哺乳动物 第94~95页 ■ 象科动物 第106~107页 ■ 偶蹄目动物 第108~109页

海洋哺乳动物

海洋哺乳动物有 3 类：鲸目，包括鲸、海豚和鼠海豚等；鳍足目，包括海豹、海狮和海象等；此外，还有海牛目。

所有哺乳动物都需要氧气，因此海洋哺乳动物需要定期浮出海面呼吸。但它们有专门的肺，能适应长时间潜水，因此有些鲸可以屏住呼吸超过 1 小时。海洋哺乳动物拥有鳍状四肢，作用类似于船桨，帮助它们快速游动。随着时间的推移，鲸、海豚、鼠海豚和海牛的后肢消失，取而代之的是有力的尾鳍，尾鳍可以上下摆动。

⬇ 和许多体形巨大的鲸一样，蓝鲸在温暖的热带水域中产子，然后迁徙至较冷的海域进食。

鲸目

鲸、海豚和鼠海豚属于鲸目。除了须鲸，其他所有鲸类都是肉食性动物，它们利用锋利的牙齿来捕捉鱼类、鱿鱼和其他类似的猎物。蓝鲸、灰鲸和座头鲸等须鲸的上颚悬挂着刷子状的鲸须板，这些鲸须板能过滤水中的小型生物，如磷虾。鲸大多群居生活，数量从三四头到几百头不等。

⬇ 海豹利用胡须探测水中的鱼。

⬆ 海象的牙齿长达 1 米，可以用于战斗、自卫、抓取冰块、求偶以及威慑竞争者。

→ 海豚会发出滴答声、尖叫声和其他声音来与同伴交流沟通，并利用回声定位（分析被猎物反射回来的声音）的方法来寻找猎物。

知识卡

海洋哺乳动物之"最"

· 世界上最大的动物：蓝鲸，最长达 33 米，最重达 190 吨。

· 世界上最重的大脑：抹香鲸的大脑，质量超过 7 千克。

· 潜水最深的哺乳动物：抹香鲸，可深潜至 3000 米。

· 最大的海豹：象海豹，长达 6 米，重达 5 吨。

↑ 海牛是与大象有亲缘关系的海洋哺乳动物。海牛以海草为食，可以在水下停留长达 6 分钟。

鳍足目

鳍足目（鳍状足）动物约有 34 种，包括海象、海豹和海狮等，它们生活在世界各地的海岸边。它们较长的下颚和锋利的犬状牙齿是捕捉鱼类等体表光滑的猎物的理想工具。海豹可以利用腹部在陆地上弯曲爬行而不需要使用蹼。海狮和海狗利用前后鳍在地面上摇摆前行。长牙海象遍布北极。与鲸不同，鳍足目动物喜欢在岸边休息、沐浴阳光并繁育后代。

↓ 最小的海洋哺乳动物是生活在北美洲太平洋沿岸的海獭，它们可以仰面漂浮在海藻上休息。

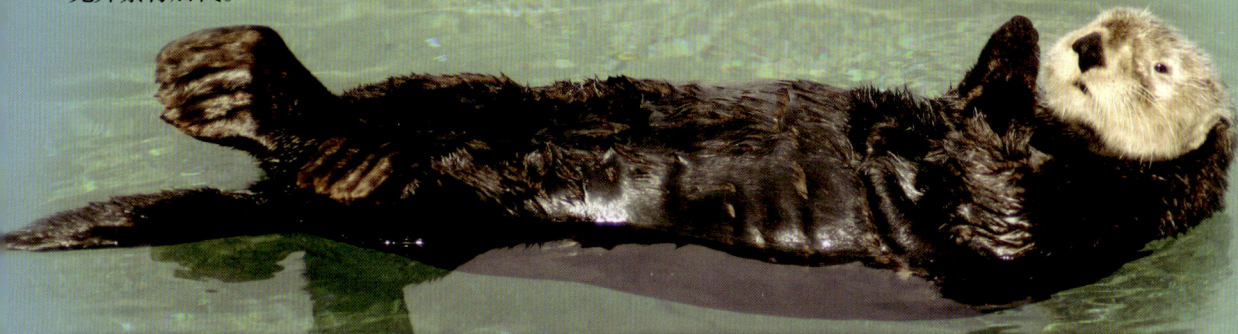

发现更多 ▶ 河流和湖泊 第54~55页 ■ 海洋 第58~59页 ■ 鱼类 第86~89页

特殊哺乳动物

哺乳动物是体形大小最多样的动物群体。例如，一头蓝鲸的体重是小型鼩鼱或蝙蝠的5000万倍。除了体形大小之外，哺乳动物还有许多令人惊奇的地方。

最奇怪的哺乳动物可能是鸭嘴兽。鸭嘴兽看起来像是几种生物的结合体，有较宽的鸭嘴形的喙、蹼足和扁平的像海狸那样的尾巴。几乎与其他所有哺乳动物都不同，鸭嘴兽不是胎生而是卵生，这样孵化出的幼兽比较脆弱，而且体表无毛、眼睛紧闭。随后，幼兽依靠母乳喂养成长，即正常哺乳动物的哺育方式。

空中和水中

猫猴也叫飞狐猴，是一种可以在空中飞行的特殊哺乳动物。它既不能真正地飞行也不是狐猴，而是树鼩的远亲。猫猴可以娴熟地滑行超过100米。儒艮和海牛是水生特殊哺乳动物。这些长着鳍状肢的植食性动物生活在河流、潟湖和海岸边。它们体长可达4米，体重超过1吨，肠道长达30米。

➡ 树鼩吃各种各样的食物，如蠕虫、昆虫、水果和种子等。

海牛的体表覆盖着一层触须状的短小鬃毛，这些鬃毛对水的波动非常敏感

研究表明，海牛的视力不佳，它们依靠触觉在水中前行

⬅ 海牛完全适应了在水中生活，但它不能在陆地上生存。

鸭嘴兽仅存在于澳大利亚东部。它们利用敏感的喙在水中捕获鱼、蠕虫和其他类似的生物。

鸭嘴兽的蹼状前肢方便它们在水中划动

鸭嘴兽利用鸭嘴形的喙从水中"舀"出昆虫、贝类和其他生物

有"铠甲"的哺乳动物

一些哺乳动物用体表坚硬的、像盾一样的表皮来保护自己。犰狳生活在美洲地区，全身遍布骨质般的坚硬盔甲；生活在非洲和亚洲的穿山甲和食蚁兽全身覆盖着菱形的鳞甲；同样，豪猪因体表覆盖着刺（一种长而锋利的毛发）而受到很好的保护。

知识卡

· 最常见、最普通的哺乳动物之一是分布于东南亚的树鼩。

· 树鼩和大部分鼩鼱类动物一样，拥有长长的且可以抖动和有须的鼻子、大眼睛、大耳朵、纤细的身体、锋利的爪子和长长的尾巴。

· 2亿多年前，恐龙时代出现的第一批哺乳动物看起来可能与今天的树鼩相似。

雌性猫猴的体表覆有飞膜。它们并不是真的能飞行，而是可以在树丛间滑行。

发现更多 ▶ 海洋 第58~59页 ■ 两栖动物 第88~89页 ■ 哺乳动物 第94~95页

动物行为

动物表现出各种各样的行为，例如觅食、自卫、寻找领地、群居和长途迁徙。

不管是狮子、红毛猩猩还是小丑鱼，领地对它们来说都非常重要。领地是动物生活、进食、交配和防御其他同类的地方。只有强壮、健康的个体才能赢得领地，因此动物们都希望繁育强壮、健康的后代。

⬆ 北美旱獭又被称为北美土拨鼠，每年从 10 月冬眠到来年 3 月，通过储存在体内的脂肪维持生命。

冬眠还是迁徙？

在某些地区某些季节的自然条件会非常恶劣，如严寒的冬季或炎热干燥的夏季。一种生存策略是进行长时间的深度睡眠（如冬眠）以节省能量，睡鼠、土拨鼠、刺猬和蝙蝠都会这样做。另一种选择是长途迁徙到条件较好的地方。燕子、鸿雁、燕鸥和鹰等多种鸟类，北美驯鹿、角马和庞大的鲸等哺乳动物，以及黑脉金斑蝶等昆虫都是著名的迁徙动物。

⬇ 非洲角马的迁徙场面非常壮观。角马每年都要穿过河流去寻找更绿的草场，但是在这个过程中很多角马会被鳄鱼吃掉。

⬆ 黑脉金斑蝶的迁徙距离超过 4828 千米。它们每年都沿相同的路线迁移，有时还会返回到同一棵树上。

巧用工具

使用工具曾经被认为是人类特有的高级行为，但是现在我们有了更多的认识。

· 黑猩猩会使用工具，例如将石头当作锤子砸碎坚果以及用树枝捅出白蚁。

· 大猩猩也被观察到将树叶等当成盛水的容器。

· 猩猩将宽大的树叶当作挡雨的伞。

· 海豚利用海绵在海床上寻找食物。

· 埃及秃鹫用石头作为砸碎鸡蛋的锤子。

· 啄木鸟用仙人掌刺捉虫子吃。

求偶和繁殖

　　许多动物在交配之前会有求偶行为。物种不同，求偶行为也各不相同，如跳舞、展示身体的彩色部位、发出悦耳的声音或赠送礼物等。在求偶过程中，双方都会注意观察对方是否健康，以便找到合适的伴侣并繁殖出强壮、健康的后代。

⬆ 最令人惊奇的求偶行为之一来自雄性极乐鸟。为了给雌性留下深刻的印象，它们会载歌载舞并炫耀自己的羽毛。

⬆ 灰冠鹤是非洲最常见的一种鹤类，喜欢独居，但繁殖时会进行群居生活。

⬅ 许多森林动物会用响亮的声音警告它们的对手，使对手远离其领地。雄性猩猩会发出可怕的、响亮的"长叫声"。

发现更多 ▶ ■ 鸟类 第92~93页　■ 灵长目动物 第96~97页　■ 奇蹄目动物 第110~111页

食物链

大多数动物是植食性动物，它们通过吃植物存活，而肉食性动物则摄入肉类以维持生命。这些饮食关系构成了食物链和食物网。

植物通过光合作用吸收来自太阳的光能，并从土壤中吸收养分。当植食性动物摄入植物时，它们的身体将吸收植物的能量和营养，肉食性动物捕食也是一样的。通过这种方式，能量和营养物质沿着食物链移动。当生物死亡时，它们的身体在被蠕虫和霉菌等分解者分解后会被循环利用。

食物链和食物网

一条简单的食物链可能如下：生长在非洲大草原上的草被斑马吃掉，然后斑马又被狮子吃掉。但在自然界中，动物很少只吃一种食物。羚羊、瞪羚和其他动物也吃草，而狮子也捕食长颈鹿、老鼠等其他动物。因此，食物链彼此交叉连接，形成食物网。每个食物网都从植物开始，然后是植食性动物，接着是第 1 级肉食性动物、第 2 级肉食性动物……直到顶层肉食性动物。

→ 像毛毛虫这样的食叶动物是许多食物链中重要的植食性动物，它们会被无数小型肉食性动物（如树鼩、鸟类和蜘蛛）捕食。

毛毛虫从植物的叶子中获取营养

↑ 在食物链中，食物永远不会被浪费。如图，食腐动物正在清理动物的骨头。

← 秃鹫是食腐动物，是陆地上的"清道夫"，它们食用动物的尸体并分解有机废物。

食物链有多长?

植食性动物的食物链一般只有两级——植物到植食性动物，然后植食性动物死亡和腐烂。陆地上的大多数食物链只有 3 到 4 级，尤其是哺乳动物和鸟类的食物链，因为它们是恒温动物，需要消耗大量能量。这就意味着，与冷血动物相比，恒温动物能传递给食物链下一级的能量更少。海洋中的食物链一般能达到 6 到 8 级或者更长。

↓ 虎鲸是海洋食物链中的顶级捕食者。

动手一试

你在食物链的哪个位置?

当你吃一顿有很多不同种类的食物的大餐时，可以想想自己在不同的食物链中的位置。

· 吃水果和蔬菜意味着你是植食性动物（素食者）——直接吃植物。

· 吃牛肉或羊肉等肉类说明你是第 1 级肉食性动物。

· 鲑鱼等鱼类会捕食更小的鱼，小鱼会捕食蠕虫和水中的昆虫幼虫，而蠕虫和昆虫幼虫吃水草。因此，吃鲑鱼的你是食物链中的第 3 级肉食性动物。

发现更多 ▶ 大型猫科动物 第98~99页 ■ 犬科动物 第102~103页 ■ 栖息地和生态系统 第120~121页

栖息地和生态系统

栖息地是动物生活的特定地点，如炎热的沙漠、山顶、淡水沼泽和多岩石的海岸。每个栖息地都有自己的特点和适合生存的植物与动物。

面积更小、环境更具体的栖息地被认为是生物群落的基础。例如，池塘、水池、溪流、宽阔的河流和大的湖泊是淡水生物群落的栖息地。这些栖息地的条件可能大不相同，这取决于它们在地球上的位置。生活着肺鱼、鳄鱼和河马等动物的热带湖泊比生活着梭子鱼、白鲑鱼和驼鹿等动物的北部湖泊更温暖。

栖息地的特点

通常我们通过温度、降雨、日照、风、岩石和土壤类型等信息来描述生物群落及其栖息地。例如，沙漠生物群落是非常干燥的。沙漠栖息地包括终年都非常炎热的热带沙漠，以及高山荒漠和冰冻的极地沙漠。一些生物群落和栖息地因其生长的主要植物而得名，例如拥有针叶树的北方针叶林生物群落和阔叶林栖息地。

◀ 湿地和沼泽是典型的沼泽栖息地，其中的植物和动物（从青蛙到鳄鱼）都非常适应水中和陆地的"两栖生活"。

↓ 全年温暖和潮湿的热带雨林是一个生机勃勃的地方，拥有树木、鲜花、昆虫、鸟类和猴子等多种生物。

知识卡

生物多样性

· 栖息地中不同种类的植物、动物和其他生物的分布范围或丰富程度被称为生物多样性。

· 热带雨林温暖而潮湿，最利于生命繁荣生长。这里的生物多样性非常高，有时在学校教室大小的区域内就有大约 10000 个不同的物种。

· 在遥远的北方，相同面积的冻土层中只有不到 25 个物种，因此这里的生物多样性较低。

➡ 冻土层是环境恶劣、寒冷、多风的栖息地，生物多样性非常低，只有少数动物能适应这里的低温环境，例如拥有长而蓬松的体毛的麝牛。

⬆ 生态学家在野外的自然环境中进行了许多实地研究，他们研究植物和动物如何相互作用以及它们与非生命的自然环境之间的作用。

生态系统

许多不同的生态系统共同构成了生物群落。生态学是研究生态系统的科学的一个分支，其主要研究内容是一个地方的各种生物，包括植物和动物，以及空气、土壤、岩石、水和阳光等非生物。生态学家主要研究生物适应性（如植物根系如何获取营养、动物在哪里找到庇护所等）及主要的食物链和食物网等，其目的是了解生态系统中的各部分是如何像生命系统一样一起运作的。

发现更多 ▶ ■ 鸟类 第92~93页 ■ 海洋哺乳动物 第112~113页 ■ 动物行为 第116~117页

骨骼和骨头

颅骨

下颌骨

肩胛骨

肋骨

脊柱

髋骨

水分的质量占人体质量的 2/3。此外，人体还包括血管、神经、肠和肺等柔软的部分，如果没有骨骼，那么所有柔软的人体组织就会堆积在一起。

人体骨骼由 206 块骨头组成，约占身体质量的 1/7。尽管骨头很坚硬，但因为其组成成分中有一半为水，所以可以轻微弯曲以应对压力。骨头的不同形状是为了适应各种不同的任务。手臂和腿部的骨头有助于运动，而肋骨和颅骨则是为了保护脆弱的心脏、肺和大脑。

骨骼的组成

骨骼的轴向部分起中心支撑作用，包括头骨、脊柱、肋骨、骶骨（脊柱的底部）和尾骨等。组成四肢骨骼的骨头可以帮助我们移动身体的不同部位，如肩膀、手臂、手、臀部、腿和脚。超过一半的骨头位于四肢的末端，其中手腕 16 块、手掌 10 块、手指 28 块、脚踝 14 块、脚掌 10 块、脚趾 28 块。

股骨

髌骨

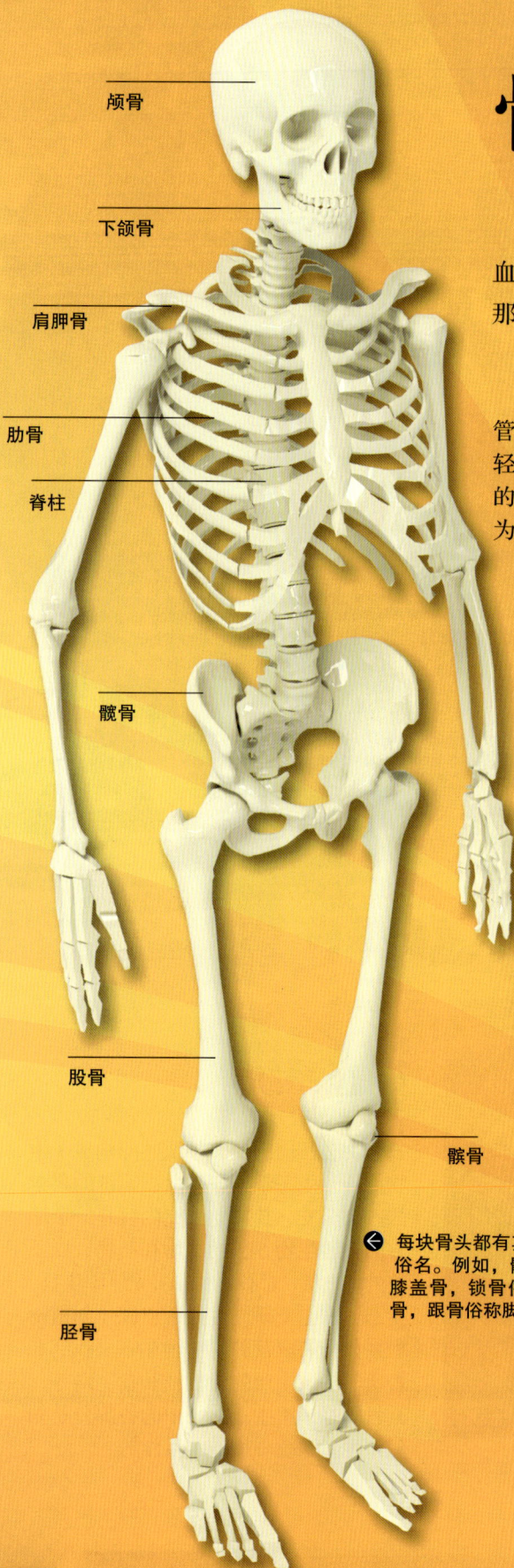

⬅ 每块骨头都有其学名和俗名。例如，髌骨俗称膝盖骨，锁骨俗称锁子骨，跟骨俗称脚后跟骨。

胫骨

知识卡

人体骨骼

· 颅骨由 29 块骨头组成，包括下颌和耳朵。

· 脊柱由 26 节椎骨组成。

· 髋骨是人体最大的骨头。

· 股骨（也叫大腿骨）是最长的骨头，占身高的 1/4。

· 3 块听小骨（或者说耳骨）之一的镫骨是人体最小的骨头，位于两耳的深处。

骨头的内部

你在博物馆里看到的骨头是白色的、易碎的，这是因为它们已经"死"了很长一段时间。在有生命的身体中，骨骼是灰色的、有活力的，附有可以带来营养的血管和可以感知到压力和疼痛的神经。大多数骨头中间有一个腔，里面充满了胶状的骨髓。红骨髓主要存在于像髋骨这样的扁平骨中，每秒可产生超过 200 万个新血细胞。其他骨头中的黄骨髓以脂肪的形式储存能量。

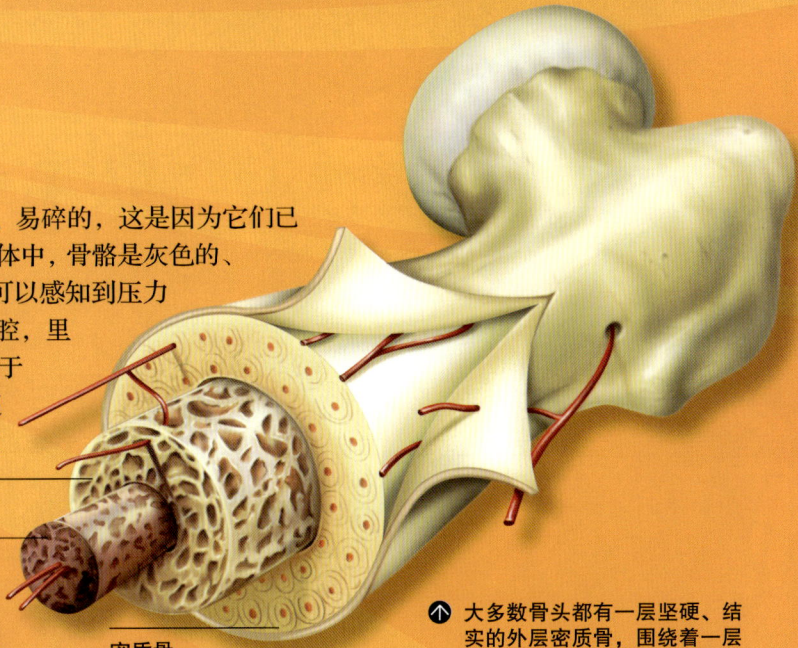

松质骨

骨髓

密质骨

大多数骨头都有一层坚硬、结实的外层密质骨，围绕着一层蜂窝状或海绵状的松质骨，骨髓位于中心。

头盔

虽然起保护作用的骨头很坚硬，但也不是坚不可摧的。突然摔倒可能会导致颅骨破裂而损伤大脑，这就是护具很重要的原因。

手臂的 X 光片

冰球手套

冰球裤

护膝

护腿

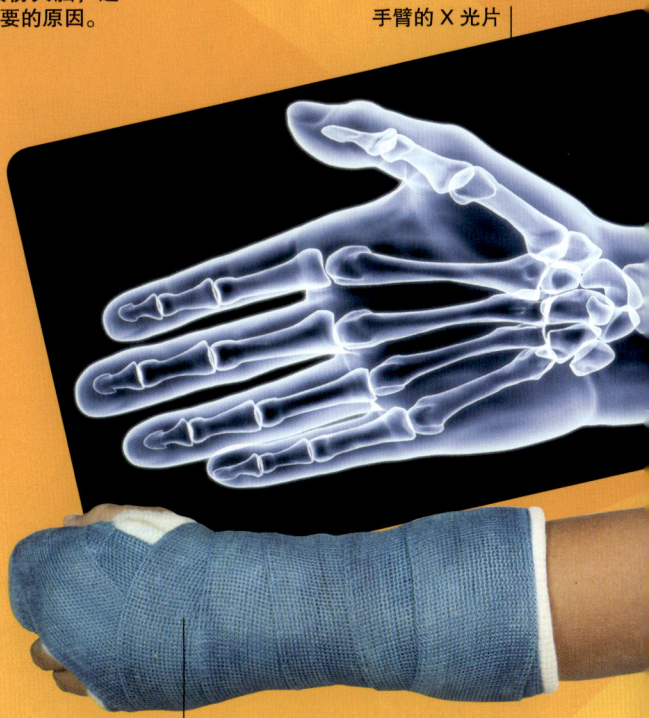

治疗骨折的方法是打石膏使骨头愈合

巨大的外力会使骨头断裂，即引起骨折，骨折部位一般需要几周的时间才能愈合。

发现更多 ▶ 肌肉和运动 第124~125页 ■ 大脑和神经系统 第132~133页 ■ 感官 第134~135页

肌肉和运动

身体进行的所有的运动和动作都由肌肉提供动力。然而，一块肌肉只能拉不能推。那么，我们是如何以这么多不同的方式运动的呢?

人的全身有 640 多块肌肉，对一个健康的人来说，它们的质量约占体重的 2/5。因为大多数肌肉都连接在骨骼的两端，所以它们被称为骨骼肌。随着肌肉的收缩，它们会拉动骨骼使其运动。消化系统、心脏及其他内脏中也存在着不同类型的肌肉。

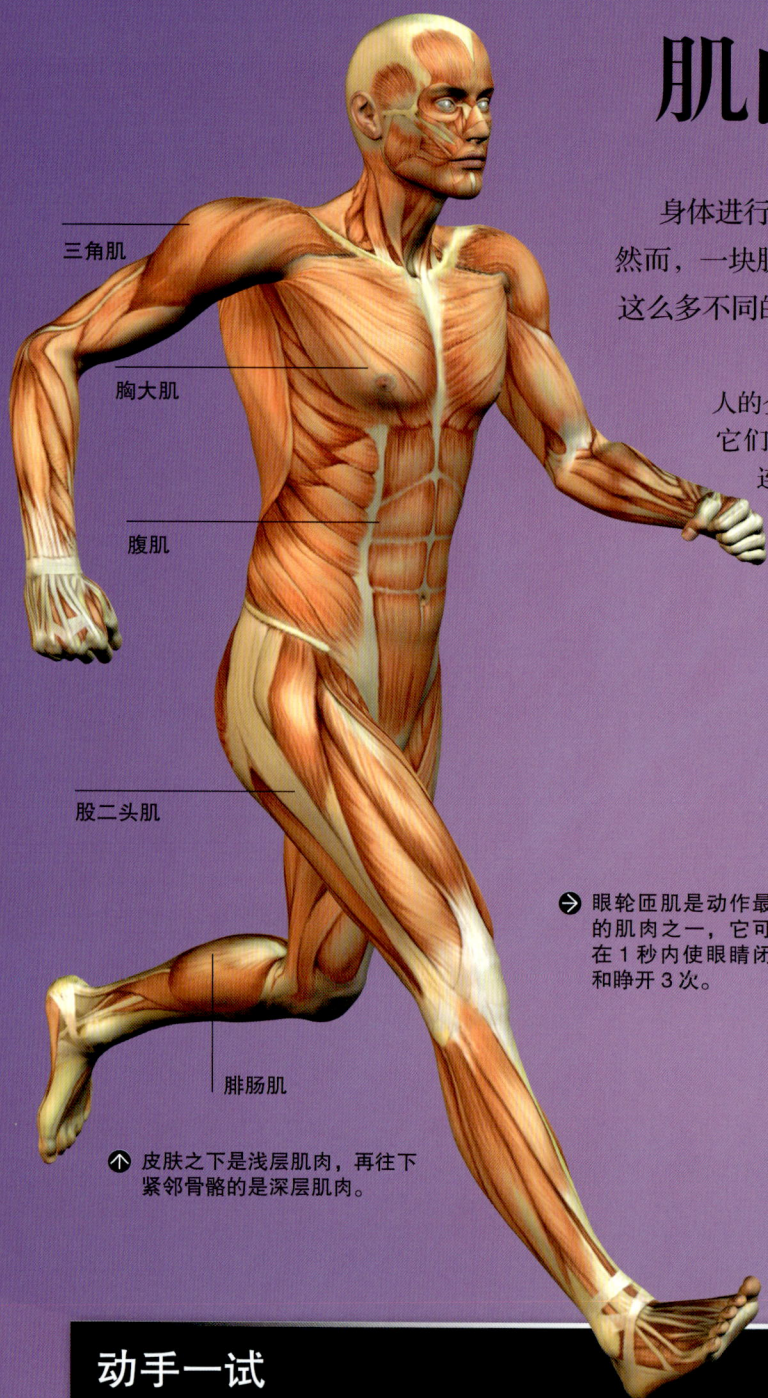

三角肌

胸大肌

腹肌

股二头肌

腓肠肌

→ 眼轮匝肌是动作最快的肌肉之一，它可以在 1 秒内使眼睛闭上和睁开 3 次。

↑ 皮肤之下是浅层肌肉，再往下紧邻骨骼的是深层肌肉。

动手一试

灵敏的肌肉

看看肌肉和肌腱是如何协同工作的。

· 第 1 步：坐在桌子旁，把你的前臂和手平放在桌子上，指关节向下。

· 第 2 步：慢慢地将你的手握成拳头，可以看到靠近肘部的前臂肌肉隆起，这些就是可以使手指弯曲的肌肉。

· 第 3 步：用力握紧拳头，使手指弯曲的前臂肌肉会更加突出，连接前臂肌肉和手指骨骼的细长肌腱也会在手腕上显露出来。

肌肉的内部

人体中最大的肌肉是臀部的臀大肌，它主要为走路、跑步和跳跃等动作提供力量；最小的肌肉是耳朵里的镫骨肌，它比"I"这个字母大不了多少。所有肌肉都有一束比头发丝还细的肌纤维，每根肌纤维都由更薄的肌原纤维组成，肌原纤维含有肌动蛋白和肌球蛋白，这些纤维相互滑动使肌肉收缩。

◀ 人体主要部位的肌肉都被一层坚固的外壳——肌外膜所包裹，其内部由一束束的肌纤维、输送营养的血管和控制运动的神经纤维组成。

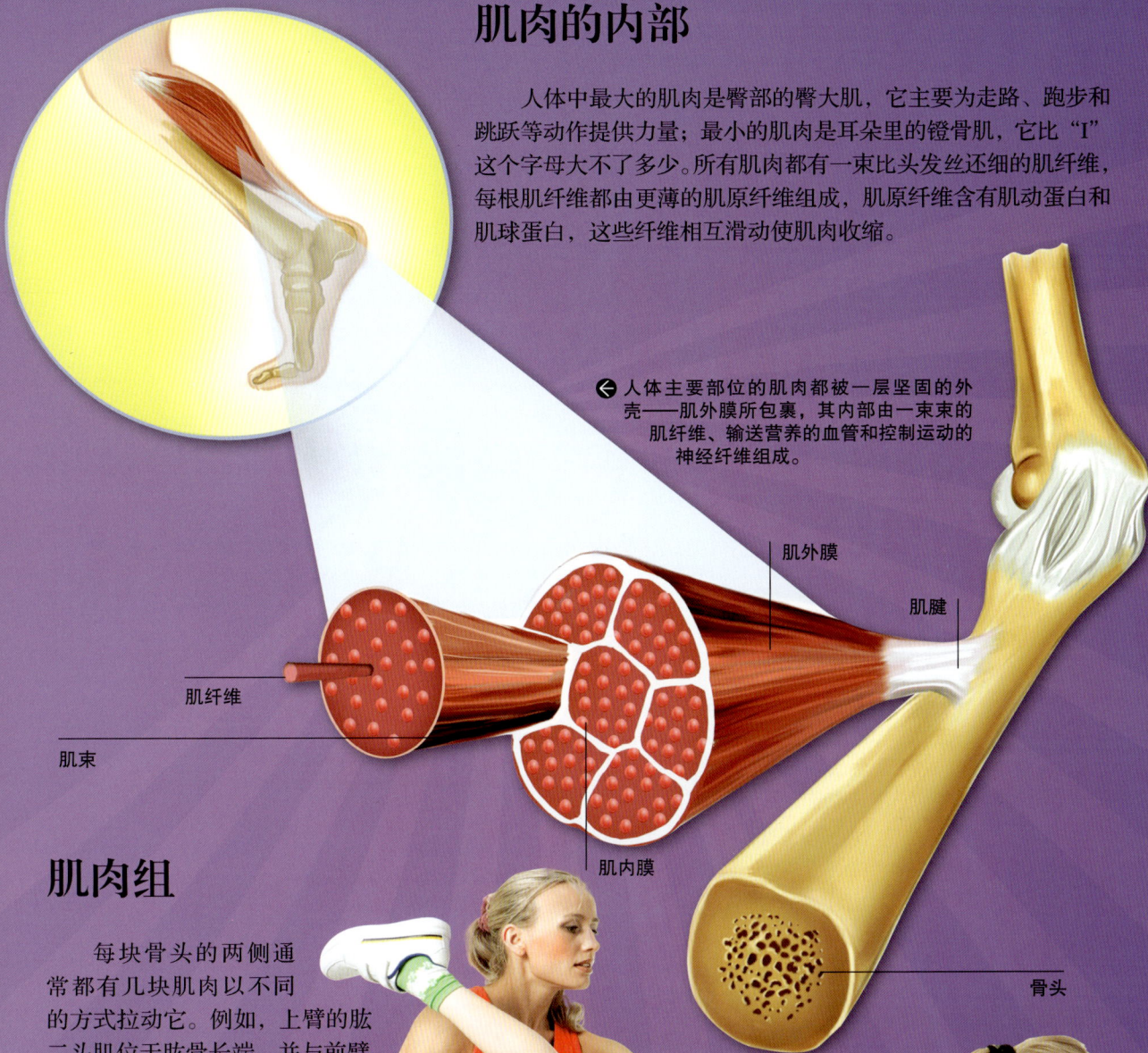

肌外膜

肌腱

肌纤维

肌束

肌内膜

骨头

肌肉组

每块骨头的两侧通常都有几块肌肉以不同的方式拉动它。例如，上臂的肱二头肌位于肱骨长端，并与前臂骨相连，当肱二头肌受到牵拉时会使肘关节弯曲，当肱二头肌放松并且肱三头肌在内侧牵拉时可使肘关节伸直。因为全身的肌肉都是成对运动的，所以我们可以做出平稳且准确的动作。

↑ 健康的肌肉不需要特别大，它们的主要作用是帮助我们进行熟练的动作，让我们拥有持久的耐力以及流畅地活动身体关节。

发现更多 ▶ 骨骼和骨头 第122~123页 ■ 食物和消化 第126~127页

食物和消化

人体需要有规律的食物供应来获取能量，能量是器官生长、维持和修复等生命活动所必需的。

9米长的消化道是消化系统的主要部分。消化系统开始于口腔，然后沿着食管、胃、小肠、大肠和直肠，一直延伸到肛门处结束。消化系统还包括肝脏、胆囊和胰腺，它们的作用是产生和储存消化所需的消化液。消化系统将食物分解成非常小的碎块，然后使食物中的营养以小分子物质的形式进入血液中。

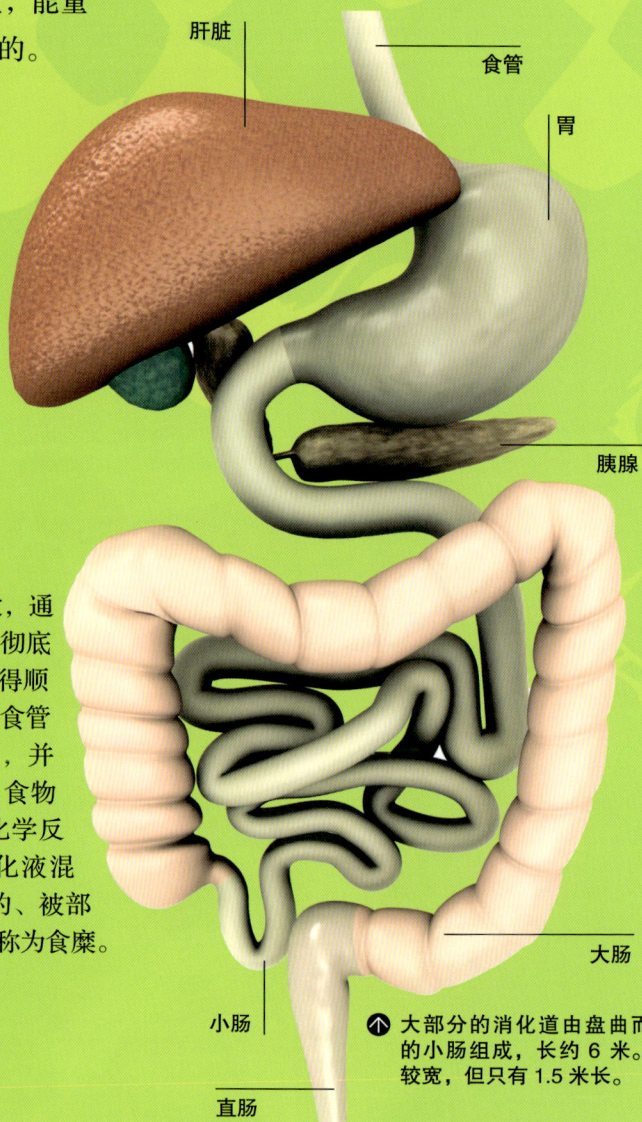

肝脏

食管

胃

胰腺

消化的早期阶段

消化的第一阶段在口腔中进行，在这一阶段，通过牙齿撕咬和舌头搅拌，食物被彻底咀嚼。食物与唾液混合而变得顺滑，从而利于被吞咽进入食管（由肌肉组成的管道），并最终进入胃里。随后，食物与由酸和酶（有助于化学反应的物质）组成的消化液混合，形成了一种黏稠的、被部分消化了的液态物质，称为食糜。

大肠

小肠

直肠

⬆ 大部分的消化道由盘曲而狭窄的小肠组成，长约6米。大肠较宽，但只有1.5米长。

⬅ 我们每天至少要吃5种水果和蔬菜，以保持身体，特别是消化系统的健康。

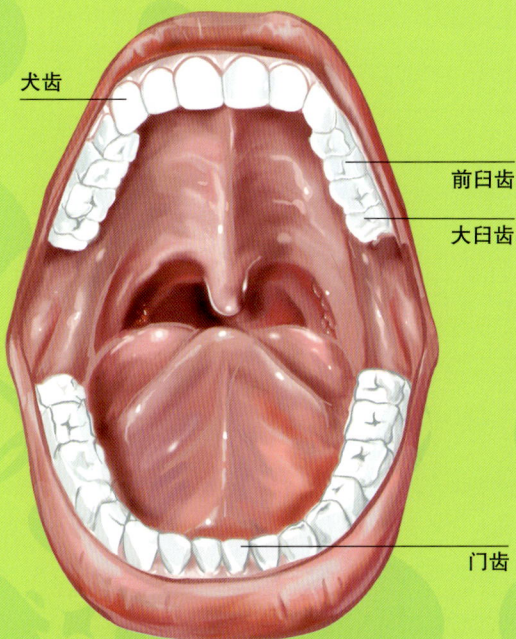

犬齿

前臼齿

大臼齿

门齿

知识卡

健康饮食

· 含淀粉或高碳水化合物的食物（如米饭、意大利面、土豆和面包）提供的能量多于含糖食物。

· 新鲜水果和蔬菜含有重要的维生素、矿物质和纤维，可以帮助人体保持消化系统的健康。

· 肉类、鱼类和奶制品为构建新的身体组织提供蛋白质。

· 摄入过多的动物脂肪会损害心脏、血管和其他身体部位。

· 过多的食物会以脂肪的形式储存在身体内，随着时间的推移会导致我们超重，这可能会引起许多健康问题。

消化的后期阶段

　　胃把食糜排入小肠，小肠中有更多酶参与食物的消化，消化产生的营养物质通过肠道内壁渗透到肠壁的微小血管中。剩下的物质进入大肠，其中有益的水和矿物质继续被吸收进入身体。最后的棕色残余物被称为粪便，储存在直肠中，方便的时候通过肛门排出体外。

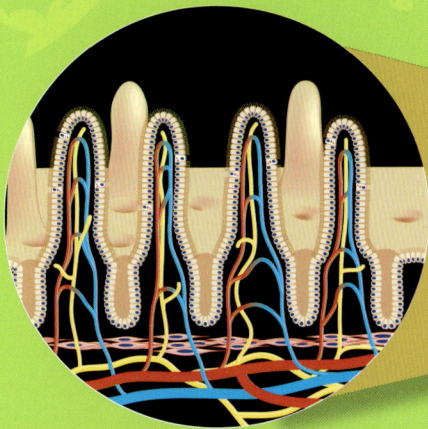

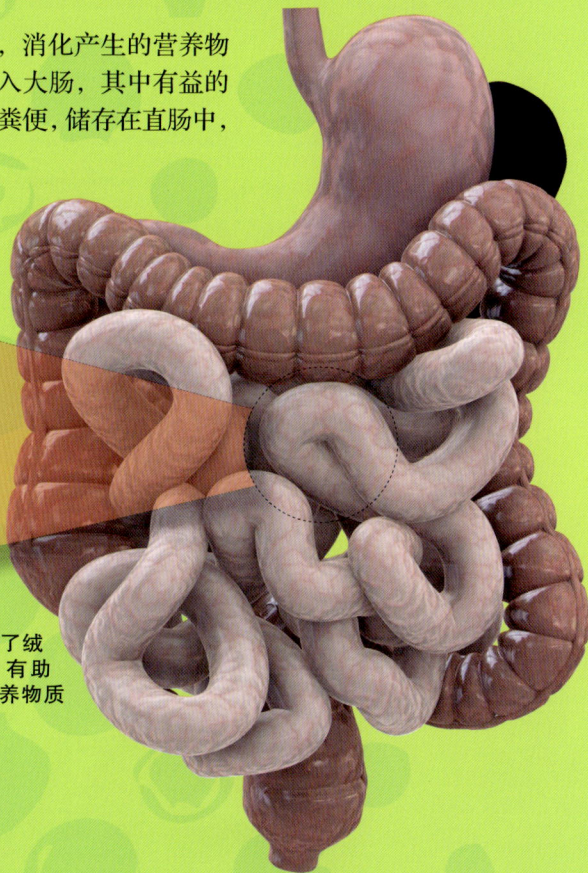

❯ 小肠壁上布满了绒毛状的突起，有助于食物中的营养物质被人体吸收。

发现更多　▶　心脏和循环 第130~131页　■ 疾病和医学 第138~139页

肺和呼吸

人在没有食物的情况下只能存活几天，在没有水的情况下存活的时间更短，没有氧气时只能存活几分钟。呼吸使空气中的氧气进入血液。

呼吸系统由鼻子、喉咙、气管及两个管状支气管等器官组成，它们将空气输送到肺部。呼吸带来新鲜的空气，其中1/5的氧气被带到肺部深处从而进入血液。与此同时，废气二氧化碳以相反的方式从血液进入肺部，并被呼出。

肺部的深处

支气管多次分裂成更窄的细支气管，这些细支气管比头发丝还细，最后形成被称为肺泡的微小空气室。每个肺泡都被一个由毛细血管组成的网络所包围。空气中的氧气很容易通过肺泡的薄壁和毛细血管进入血液，而二氧化碳则要走相反的路径。

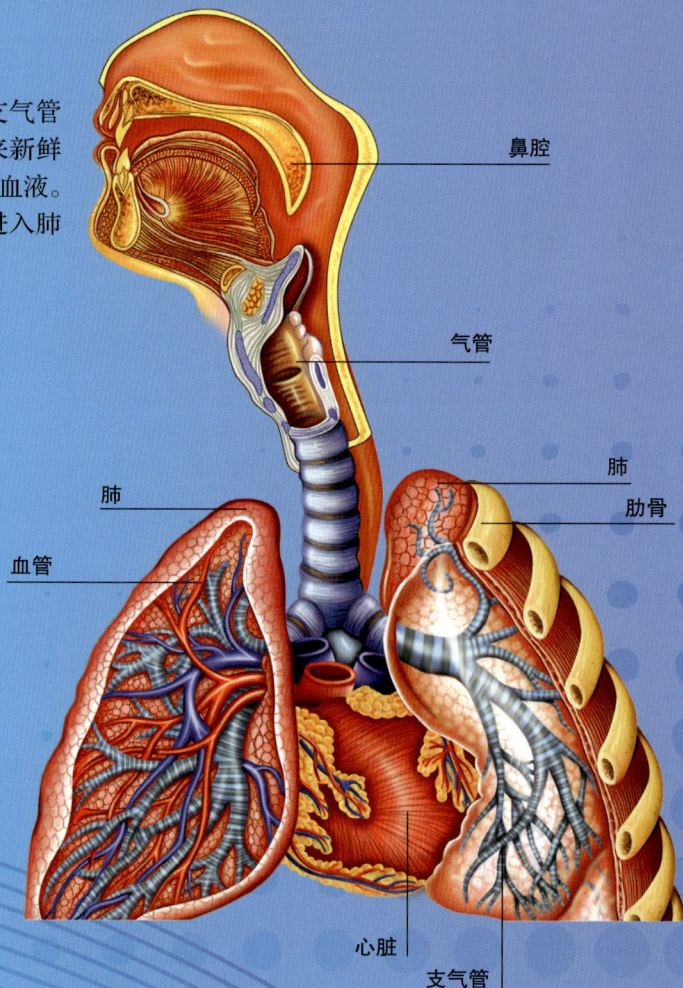

鼻腔

气管

肺
肋骨

肺

血管

心脏
支气管

↑ 肺占据了大部分胸腔，此外还有心脏。气管的管壁上有硬硬的鹰嘴状软骨环，在颈部弯曲时保持开放的状态。

← 在喉腔中部有两个脊一样的结构，被称为声带。当它们相互靠近时，肺部的空气使其振动从而发出声音。

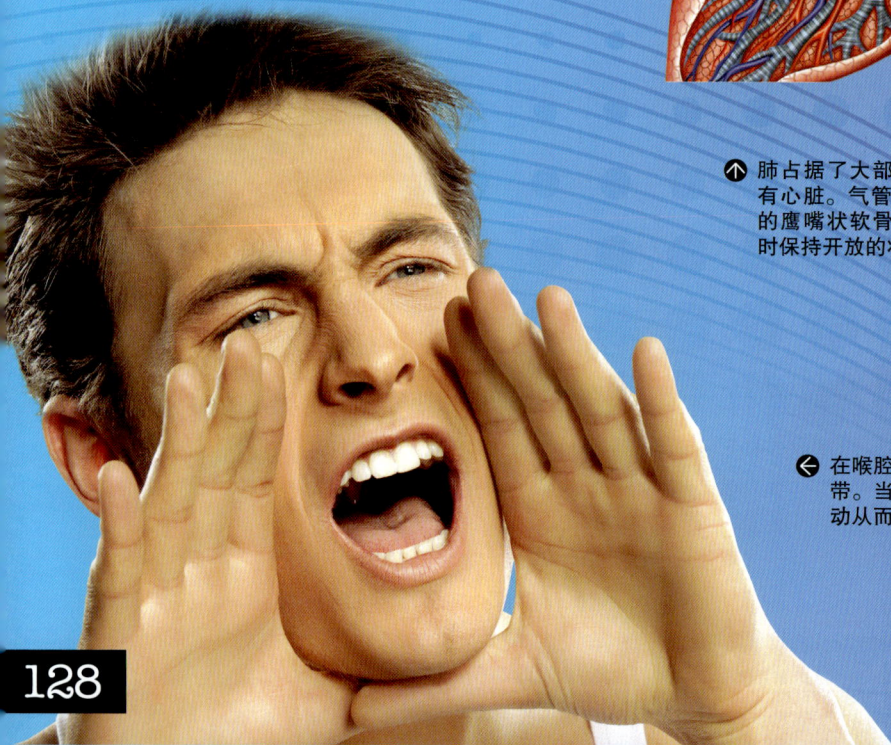

128

呼吸运动

　　吸气时，肋骨之间的肌肉收缩，使胸腔向上或向外摆动，同时，肋骨下的穹隆状肌肉（即膈）使胸廓恢复平坦。这两项运动都能使肺部扩张，将空气吸入气管。呼气时，两组肌肉全部放松，有弹性并且可以被拉伸的肺回弹到原来的大小，将废气排出。

细支气管

肺静脉

肺动脉

肺泡

↓ 除去二氧化碳甚至比吸入氧气更重要。我们可以屏住呼吸一段时间，但是血液中二氧化碳的积累最终会迫使我们呼吸。

← 成人的两个肺通常包含3亿～5亿个肺泡，它们的形状就像一串葡萄。如果被压平，它们的面积可以覆盖一个网球场，因此这是一个可以吸入氧气的巨大表面。

有趣的事实

呼吸新鲜空气

· 在休息时，大多数人每4秒吸入和呼出0.5升空气，也就是7.5升/分钟。

· 在运动时，呼吸速度可达每秒1次，每次2升空气，即120升/分钟。

· 在深吸一口气后，许多人可以吹出超过4升的空气。

发现更多 ▶ 肌肉和运动 第124~125页　■ 心脏和循环 第130~131页

心脏和循环

很久以前，人们相信"心"创造了我们的思想和情感，不过现在我们知道是大脑创造了这些。即便如此，心脏仍然是身体非常重要的组成部分。

心脏的任务是接收回流血液，再用巨大的力量将其泵出。实际上，心脏有两个"泵"，左侧泵从肺部吸收富含氧气的血液并将其输送到全身。而含氧量低的血液通过静脉回到心脏的右侧泵，从这里，低氧血液被注入肺部以获得更多的氧气，然后回到心脏的左侧泵再次开始它的旅程。

← 心脏除了拥有泵血功能以外，它还能分泌一种叫心房钠尿因子的激素，该激素可以调节我们的血压。

心脏

动手一试

检查你的心跳随运动变化的情况。

· 第 1 步：用手指触摸你的手腕脉搏，通过手腕动脉的搏动你可以感觉到每次心跳带来的血液涌动。

· 第 2 步：静坐 1 分钟，计数脉搏，了解你的静息脉搏或心率。

· 第 3 步：在原地跑 1 分钟，再次计数脉搏。脉搏频率变快是因为心脏跳得更快，这样才能为紧张的肌肉提供足够的血液、氧气和能量。

血液

　　成年人的血液总量约为 5 升，其中约一半是一种叫血浆的淡黄色液体，血浆中含有营养物质、体盐和矿物质。除了血浆之外，剩下大部分是携带氧气的红细胞，每微升血液中有超过 500 万个红细胞，并含有约 1 万个白细胞。白细胞的主要作用是对抗细菌和疾病。

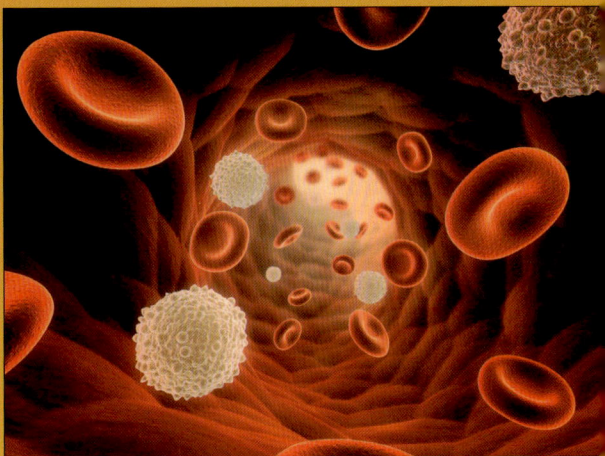

血管

　　动脉血管从心脏引出，它们分裂并扩散到身体的各个部位，形成比头发丝还细的毛细血管。氧气和营养物质从毛细血管中的血液进入组织中。毛细血管连接在一起形成更粗的静脉血管，这些血管使血液回流到心脏。

↑ 甜甜圈形状的红细胞专门携带氧气到身体各处。白细胞在流经血液或身体组织时会改变形状，从而杀死细菌。

主动脉弓

肺动脉

→ 心脏的冠状动脉为心肌壁提供血液，这些动脉在心脏上形成分支。

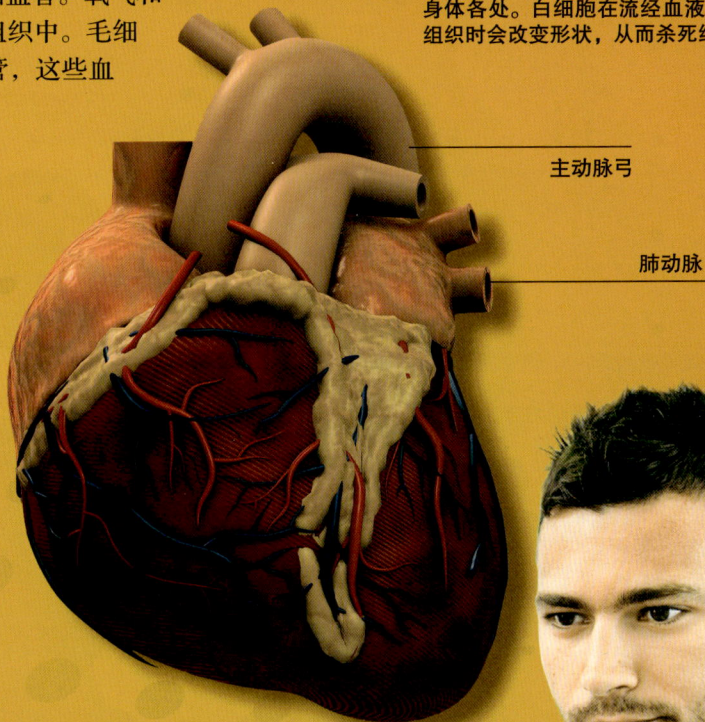

↓ 跳动的心脏会发出微量的电，这些电可以通过胸部皮肤上的听诊膜记录到心电描记器上，并在显示器上显示。

发现更多 ▶ 食物和消化 第126~127页 ■ 肺和呼吸 第128~129页

大脑
标注：
- 大脑
- 小脑
- 脑干与脊髓相连
- 垂体
- 下丘脑

大脑
和神经系统

在头骨保护下的人脑是思考、学习、记忆和制造感情与情绪的地方。它通过神经网络连接身体的各个部位。

人脑的最底层是茎状的脑干，其中包括身体的自主控制中心，可以控制呼吸、心跳和食物的消化。在脑干的背后是有褶皱的小脑，其功能是使动作平稳和精确。大脑是上面最大的隆起部分，有凸起和凹槽，是产生思想和意识的主要场所。

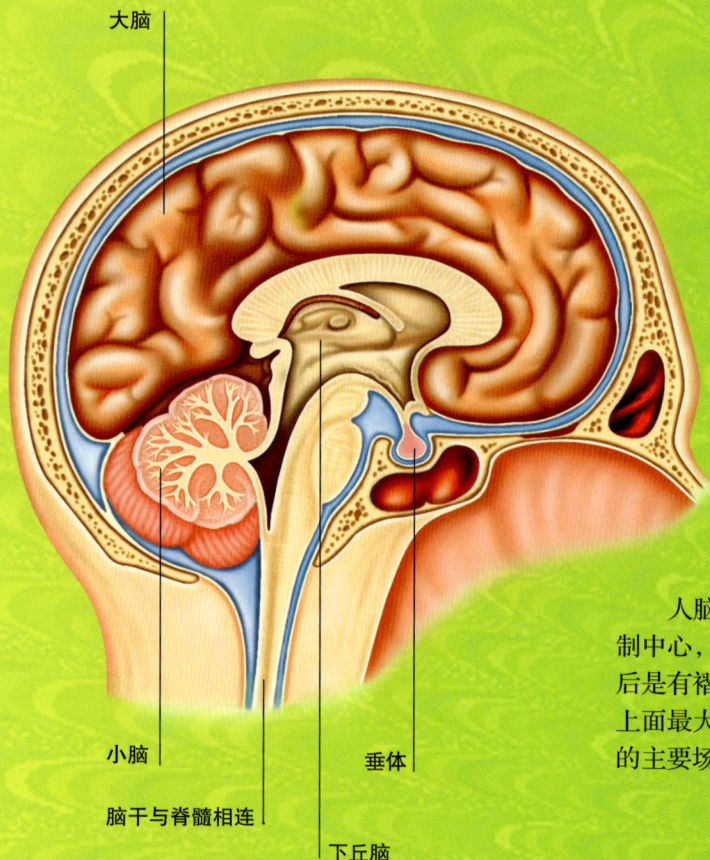

⬆ 成人的脑部质量约为 1.4 千克，隆起的上半部分（即大脑）占总质量的 4/5。它的底部，即脑干下端与脊髓相连。

⬇ 每秒钟有数百万个微小的神经电信号在人脑周围闪烁。它们可以在皮肤上被检测到，并通过脑电图仪以"脑电波"的形式显示在屏幕上。

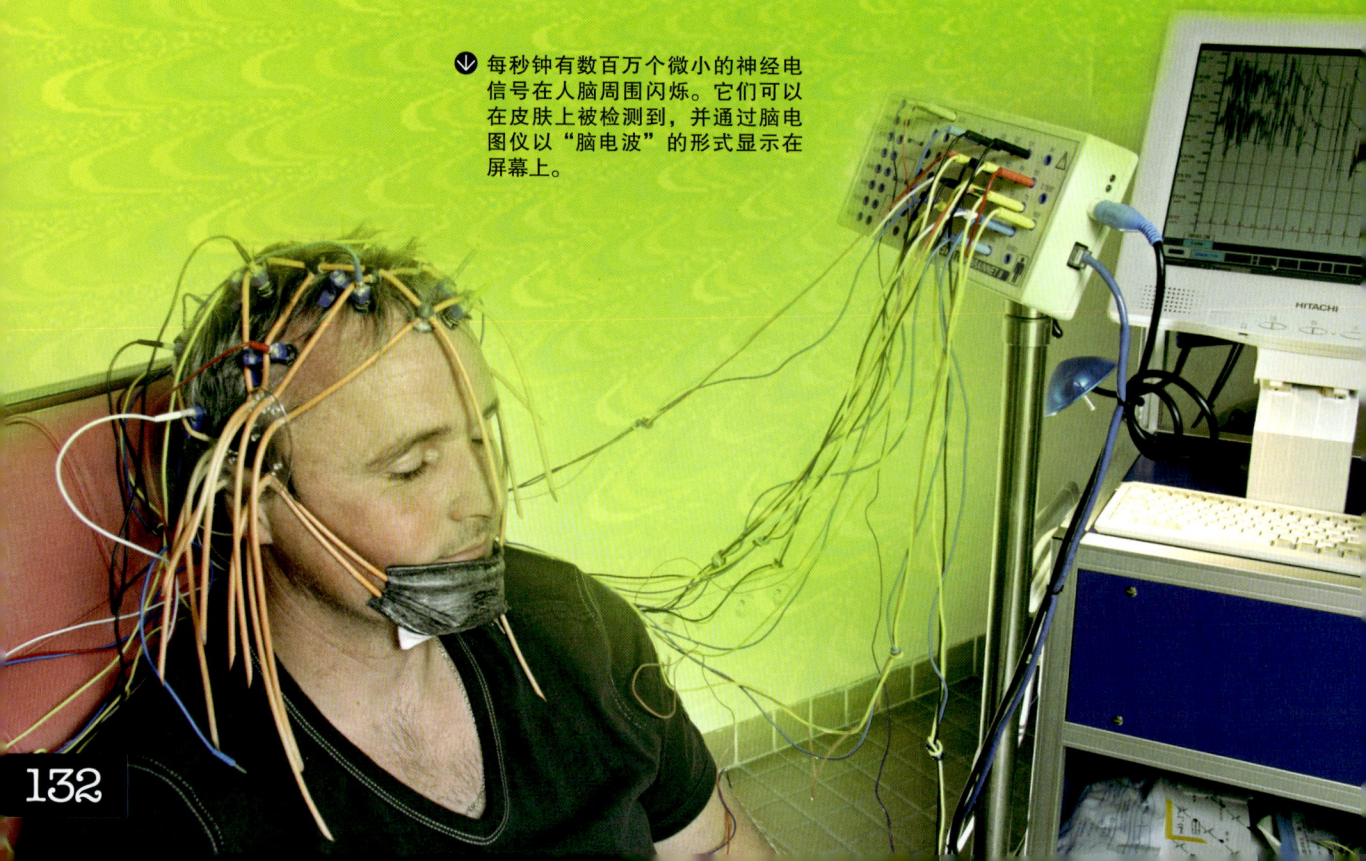

大脑

大脑由左右两个半球组成，其薄薄的灰色外层（大脑皮层）是眼睛、耳朵和其他感官的信息被整理的主要场所。这是使我们认识周围世界的地方，同时也是向肌肉发出指令的地方。

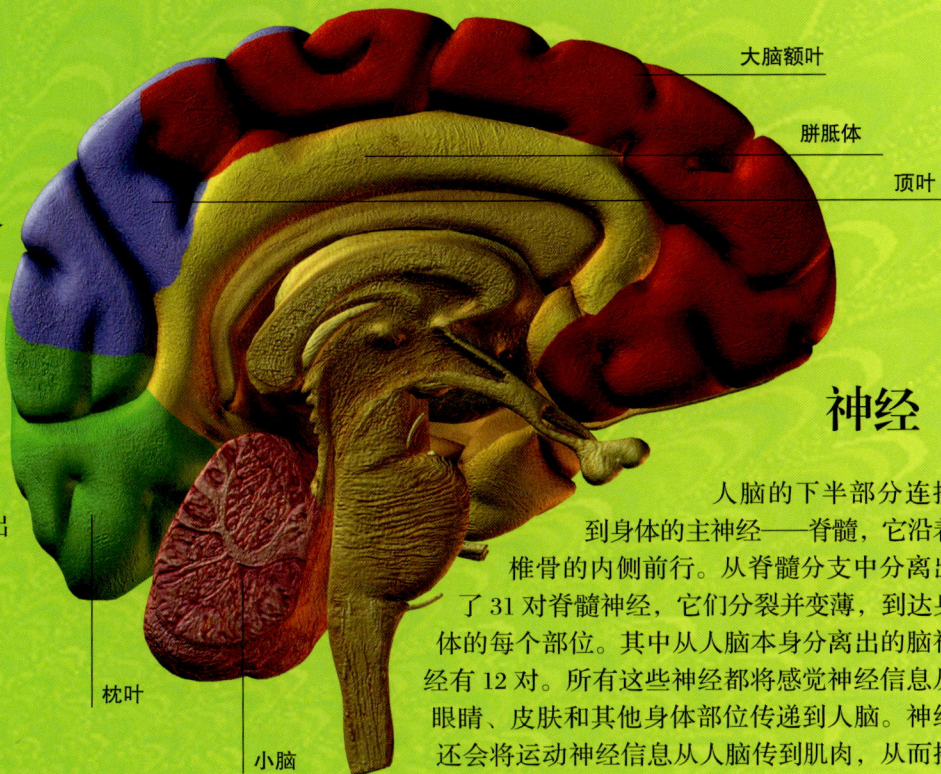

大脑额叶

胼胝体

顶叶

枕叶

小脑

神经

人脑的下半部分连接到身体的主神经——脊髓，它沿着椎骨的内侧前行。从脊髓分支中分离出了 31 对脊髓神经，它们分裂并变薄，到达身体的每个部位。其中从人脑本身分离出的脑神经有 12 对。所有这些神经都将感觉神经信息从眼睛、皮肤和其他身体部位传递到人脑。神经还会将运动神经信息从人脑传到肌肉，从而控制人的动作。

↑ 人脑不同的部分分别执行不同的任务。人脑最大的部分——大脑被分成几叶，大脑与人类的高级功能相关，如逻辑推理、语言和运动。小脑主要负责协调动作和平衡身体。

知识卡

· 大脑和神经系统通过被称为神经信号或脉冲的微小电脉冲发送信息。

· 一个神经脉冲的强度只有 1/10 伏特，持续时间不到 1/200 秒。

· 信息的多少取决于每秒内信号的数量，而不是信号的强度。

· 有些神经传递信号的速度慢到 1 米 / 秒，其他神经则要比它快 150 倍。

→ 对于大多数人而言，右侧大脑更多地与艺术技能、形状、颜色、音乐和思想相关，左侧大脑更多地与处理复杂问题、单词、数字和做决定相关。

发现更多 ▶ 心脏和循环 第130~131页 ■ 感官 第134~135页

感官

我们有 5 种基本感觉：视觉、听觉、嗅觉、味觉和触觉，而我们身体的感知能力要复杂得多。

每种感觉都能检测到周围环境的特征，并向大脑发送微小的神经电信号。皮肤包含数以百万计的微型感受器，可以对触摸、压力、热、冷、运动和疼痛做出反应。在骨骼、肌肉和内脏等部位也有内部疼痛感受器。鼻子的感受器能发现空气中飘浮着的微小带气味颗粒，而舌头上的上万个微小味蕾能让我们感觉到食物和饮料的味道。

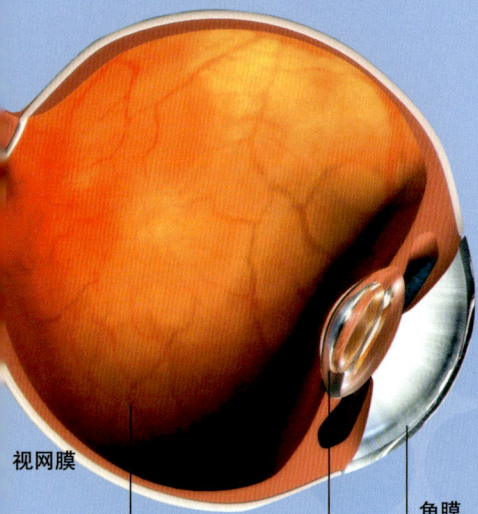

视网膜

角膜

晶状体

玻璃体

↑ 眼睛的晶状体会改变形状来聚焦，以获得清晰的视野，看近处的物体时它会变厚，看远处的物体时它会变薄。

↑ 你看出图案缩小了吗？它不是真的缩小了，而只是一种视觉错觉。视觉错觉的出现是因为为我们眼睛中的不同接收器以不同的速率处理颜色和形状信息，而大脑试图在不同的视觉效果中找到某种连续性，从而产生错觉。

眼睛

光线首先穿过眼睛前部透明的半球状角膜，然后通过一个"洞"，这个"洞"即瞳孔。瞳孔周围有一圈有色肌肉，它被称为虹膜。在昏暗的环境中，瞳孔会变大，以获得更多的光线。光线通过弯曲的晶状体进入后眼球的视网膜薄层上，在这里有超过 1.1 亿个光感受器、视杆细胞和数百万个视锥细胞，它们将光信号转换为神经信号，然后通过视神经传递给大脑。

← → 嗅觉和味觉让我们从食物中得到极大的享受。此外，恶臭和特殊的味道是在警告我们食物可能有毒或已经腐烂。

骨头

耳蜗

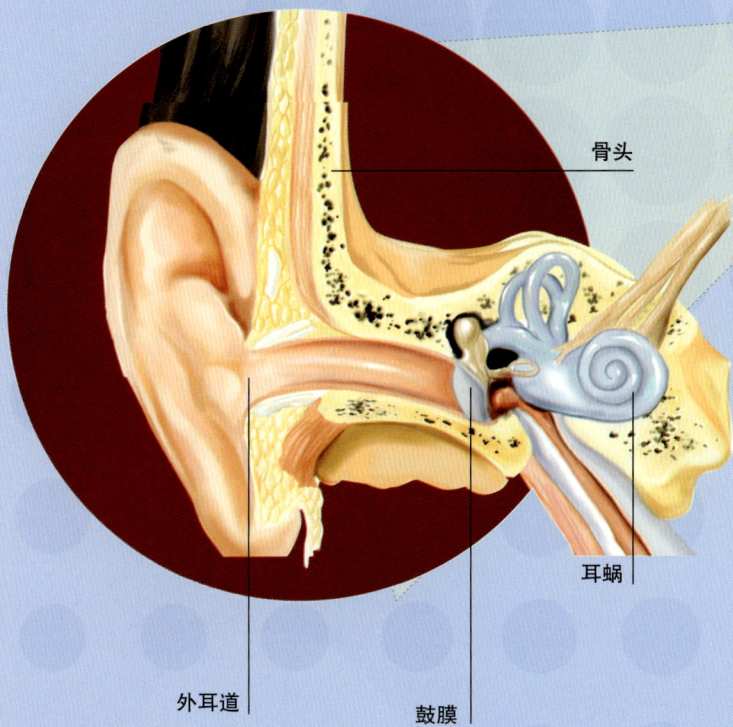

耳朵的大部分脆弱部
位都位于其内部的深
处，由头骨保护。耳
蜗将声音从振动形式
转化为神经信号。

外耳道   鼓膜

耳朵

声波进入耳道并撞击其末端的薄而柔韧的鼓膜，使其振动。振动通过一排由锤骨、砧骨和镫骨组成的3根小骨头进入蜗牛形耳蜗。在这里，振动会使成排的细微毛发颤动，进而使神经信号沿着听觉神经传送到大脑。

盲人可以利用手指读书，他们通过感觉盲文来做到这一点——盲文是一系列代表字母和数字的凸起的点。

发现更多 ▶ 肺和呼吸 第128~129页 ■ 大脑和神经系统 第132~133页

受精和生育

人体有两种——女性的身体和男性的身体，二者最主要的区别在于，用来产生后代的生殖器官不同。

女性生殖器官包括卵巢、子宫、阴道或产道，卵巢中含有数千个微小的卵细胞。男性生殖器官包括睾丸，睾丸每天产生数以百万计的微小精子细胞，并将精子输送到阴茎的附睾中。在性交过程中，精子从男性的阴茎进入女性的阴道，并游向卵细胞。

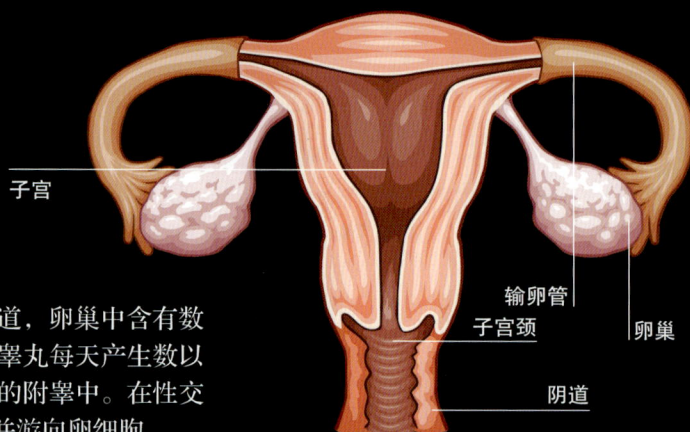

子宫

输卵管

子宫颈

卵巢

阴道

⬆ 女性生殖系统。

受精

卵子和精子的结合被称为受精，这是男性和女性的遗传物质聚在一起培育一个新婴儿的过程。受精卵先分裂成 2 个，然后 4 个，以此类推，最终形成一个细胞团。细胞团继续分裂，逐渐生长并改变形状。开始它看起来像一个逗号，然后像一个小蠕虫，之后胎儿的头部和身体逐渐形成；手臂和腿是以小的副翼开始的，然后变得越来越长。

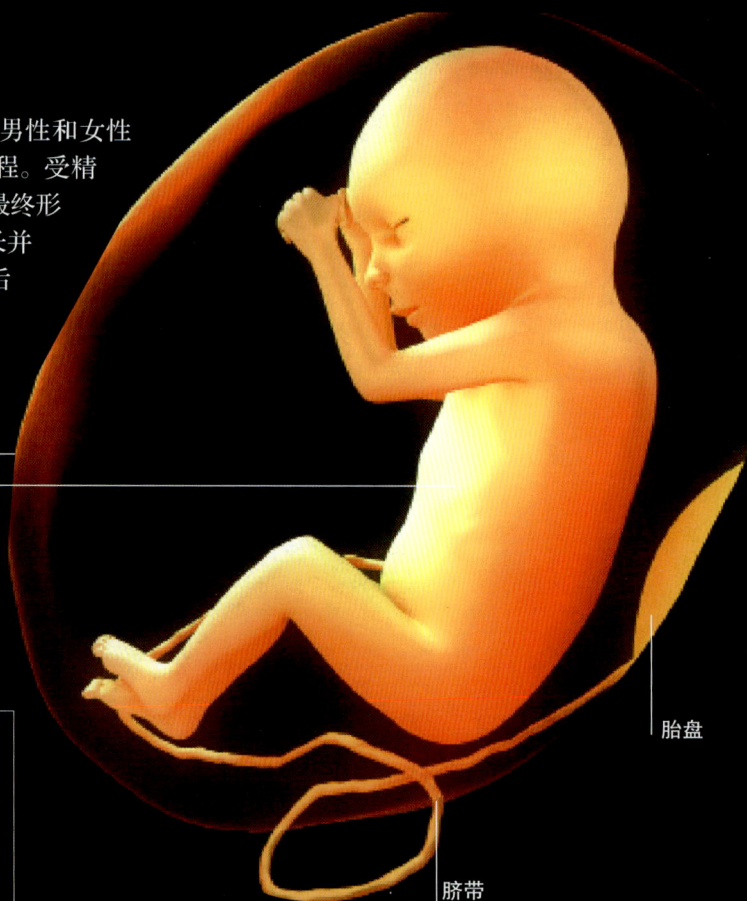

羊膜囊

胎儿

⬇ 未出生婴儿的超声波图像。

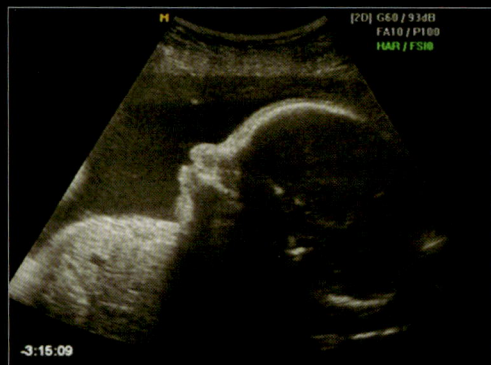

胎盘

脐带

⬆ 受精卵在子宫中两个月后，未出生的婴儿从胚胎变为胎儿。营养和氧气经母亲的血液通过胎盘进入婴儿的血液中。

精子细胞

卵细胞

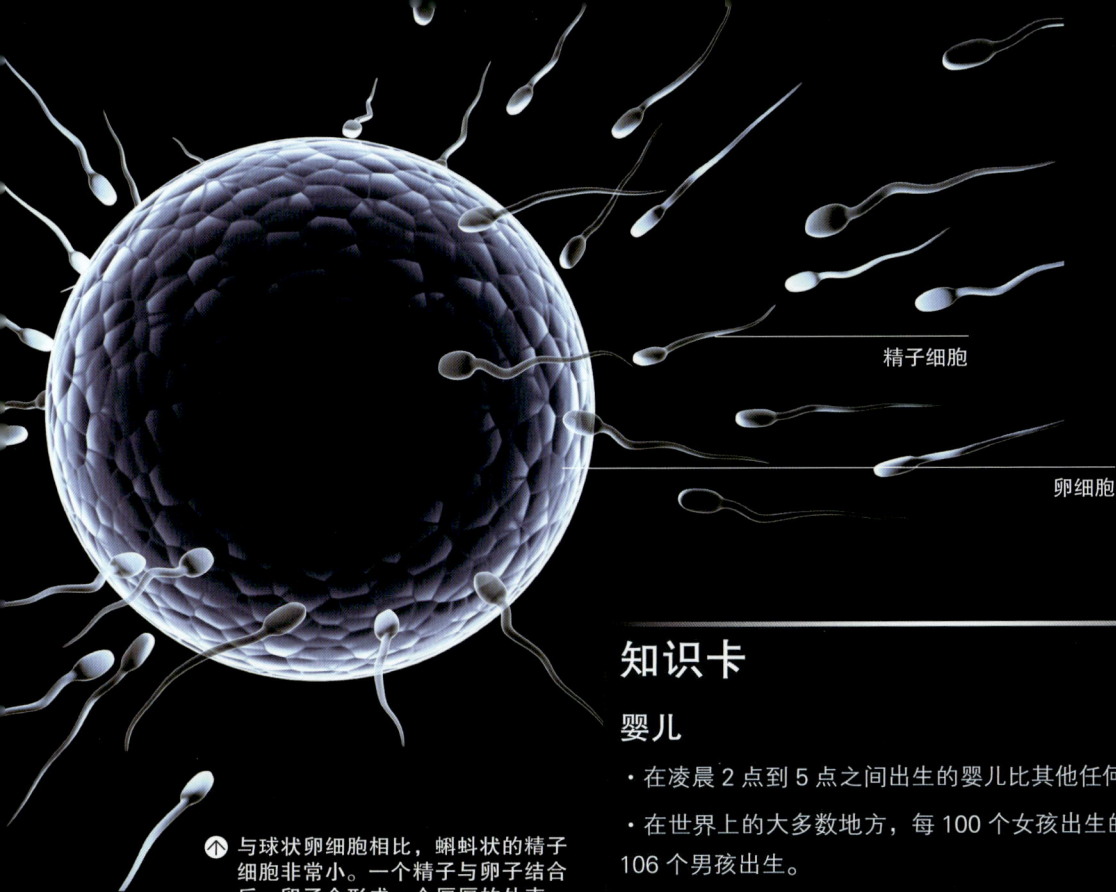

与球状卵细胞相比，蝌蚪状的精子细胞非常小。一个精子与卵子结合后，卵子会形成一个厚厚的外壳，以防止其他精子进入。

知识卡

婴儿

· 在凌晨 2 点到 5 点之间出生的婴儿比其他任何时候都多。

· 在世界上的大多数地方，每 100 个女孩出生的同时大约有 106 个男孩出生。

· 大多数健康婴儿出生时的体重在 3 千克左右。

· 到 1 岁生日时，大多数婴儿的体重是出生时的 3 倍。

出生

受精后两个月，胎儿的主要器官就形成了，但他还没有拇指大，在接下来的几个月里，他会变得越来越大。在 10 个月大的时候，母亲会感觉到子宫壁肌肉强有力的收缩，这种收缩会把胎儿沿着产道推向体外。初生的婴儿会大哭是为了打开呼吸通道，然后准备从母亲那里得到食物或乳汁。

对母亲和婴儿来说，生育的过程是非常累的。第一次喂食后，他们通常需要睡觉。

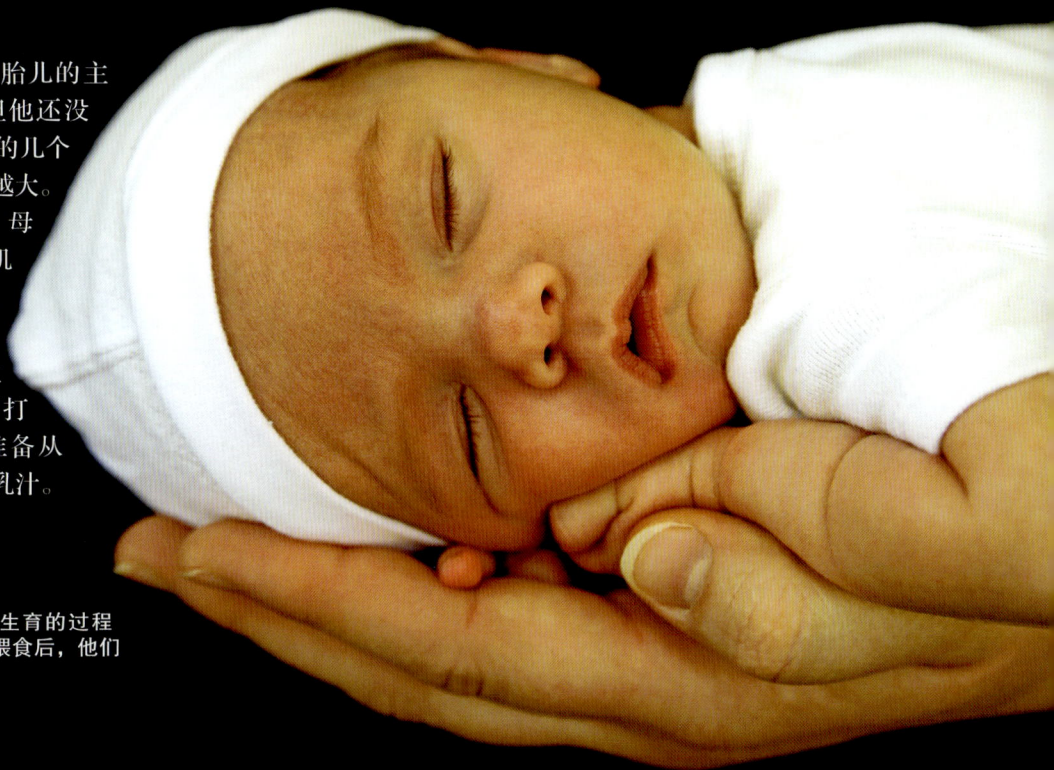

发现更多 ▶ 基因 第72~73页 ■ 大脑和神经系统 第132~133页 ■ 感官 第134~135页

疾病和医学

　　人体非常复杂，但大多数人大部分时间都是健康的，即使疾病发生，现代医学也能治疗大多数疾病。

　　家族中存在有缺陷的基因会导致遗传性疾病，如囊性纤维化，它会影响整个身体，可能导致残疾甚至死亡。胎儿在子宫发育过程中出现问题可能会导致先天性疾病，如腭裂。患自身免疫性疾病（如 1 型糖尿病）的人，其身体会对自身抗原发生免疫反应而导致自身组织受到损害。癌症患者的某些细胞会繁殖失控。退行性疾病（如帕金森综合征）患者的某些身体部位会逐渐停止工作。

医学科学

　　对于疾病，医生有很多种治疗方法。药物可以改变体内的化学反应过程以对抗疾病。化疗使用有效的药物来治疗癌症。外科医生用锋利的解剖刀和类似的工具切割、修补和移除病人的损伤部位。放射性治疗是利用 X 射线等强射线来切除人体病变的部位。预防或减少病痛的最好方法是吃新鲜的食物，做适量的运动，养成健康的生活习惯。

　　← 在世界范围内，导致健康问题的主要原因是食物不足和饮用不干净的水，这会使人们的身体虚弱，从而促进疾病的传播。

感染

当有害细菌等微小生物在人体内繁殖时，我们就会被感染。这些微小生物包括非常小的细菌，小到我们可以将 1 万个细菌放入 "O" 这个字母中。不同的细菌会引起包括肺结核、破伤风、伤寒、脑膜炎、食物中毒、胃溃疡在内的许多严重疾病。病毒比细菌还要小得多，它们会导致流行性感冒、麻疹腮腺炎、狂犬病、黄热病、埃博拉出血热、疱疹和艾滋病等疾病。

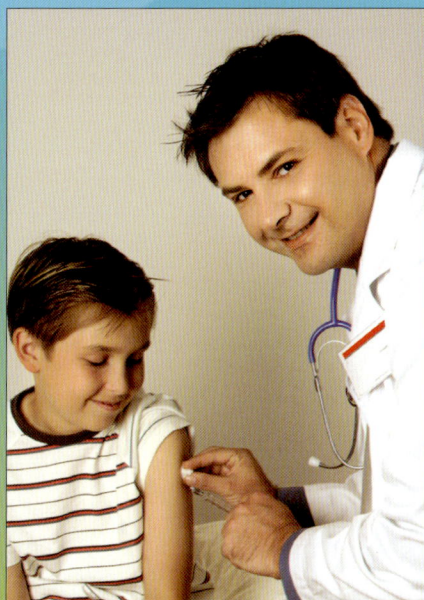

知识卡

免疫接种

· 免疫接种是把一种无害的细菌注入体内。

· 人体的天然防御系统（包括免疫系统的白细胞）可以对抗细菌或其他有害物质。

· 人体具有免疫能力，在真正的细菌和有害物质再次出现并造成伤害之前可随时准备攻击。

· 相比于其他医疗方式，免疫接种及杀死细菌的抗生素类药物挽救了更多人的生命。

免疫接种通常以注射的形式进行，这种方法能够预防破伤风、脊髓灰质炎、百日咳、麻疹、腮腺炎、风疹和脑膜炎等疾病。

在发生意外事故或突发疾病（如心脏病发作）后的最初几分钟是至关重要的。呼叫急救服务是首要任务，这样医护人员可以及时开始挽救生命的治疗工作。

发现更多 ▶ 食物和消化 第126~127页 ■ 肺和呼吸 第128~129页

古代建筑

古代人民中不乏技艺娴熟的建筑师、工程师和建筑工人。古埃及、古罗马和古希腊的人们仅用简单的工具就建造了诸多至今仍然屹立不倒的建筑物，如金字塔、寺庙和剧场等。

金字塔

金字塔是古埃及建筑的杰作，也是古埃及遗留下来的奇迹。古埃及金字塔中最大的胡夫金字塔是法老胡夫的坟墓，建成于公元前2550年左右，在埃菲尔铁塔建成前，它被认为是地球上最高的建筑。胡夫金字塔是10万人耗费230万块石灰石并耗时20年建成的。每块石灰石的质量在1.5吨到50吨之间，人们用绳子、滚轮和木杠杆将石块从斜坡拖到金字塔上，最后用抛光的白色石灰岩作为金字塔的外壳。

↑ 乔卢拉金字塔位于墨西哥普埃布拉州。这座金字塔建于公元3世纪至9世纪之间，是体积最大的金字塔，其体积大约是胡夫金字塔的两倍。乔卢拉金字塔内有长达约8千米的隧道。

↓ 佩特拉是一座建在约旦红色荒漠峭壁上的古老城市。建造工程开始于公元前1550年左右，在建造的过程中，不同的统治者加入了不同的元素，这些统治者包括公元106年的罗马人。这座城市中有一些寺庙和一座剧院，并通过特殊的渠道将水源引入城中。

有趣的事实

位于希腊雅典的巴特农神庙曾是 12 米高的雅典娜女神像的所在地。据说，雅典娜女神像完全由黄金和象牙雕刻而成。

↑ 罗马斗兽场建于公元 80 年，它是一座由石头、砖块和混凝土建造而成的巨大圆形运动场，也是第一座包含了由大量小石块和水泥制成的混凝土的建筑。罗马的水泥是石灰、水、沙和火山灰的混合物，这种水泥非常牢固，可以安置在水中。

↓ 锡拉是希腊圣托里尼的首府。这个小镇坐落在悬崖边上，以其建筑之美而闻名。这里的大多数建筑都是蓝色和白色的，并配有大型日光浴露台。

古罗马人

　　古罗马人是手艺高超的工程师，他们发明了许多建筑技术，罗马拱桥是他们最伟大的发明之一。拱桥受重均匀，可以承受多倍于早期梁桥的质量。古罗马人建造了许多今天仍在使用的长桥、沟渠和水道。古罗马人的另一项伟大发明是地暖，可用于加热公共浴室。

古希腊人

　　古希腊人发明了许多可用于建筑工程的数学系统。古希腊人的几何规则帮助他们建造了结构精巧的寺庙，每座寺庙都献给一位特定的神。寺庙由巨大的大理石、石灰石柱及长三角形屋顶构成。那时的古希腊人还没有建造出拱门和圆顶，所以他们用柱子来支撑建筑物的屋顶。

发现更多 ▶ 建筑材料和工艺 第142~143页 ■ 建筑机械 第192~193页

建筑材料和工艺

纵观人类历史，人们一直在使用当时可用的材料和工具建造建筑物。数千年前，人们完全用泥砖建造房屋、寺庙和宫殿。现在，数百米高的摩天大楼由钢筋、混凝土和玻璃建造而成。

由于没有采矿工具和热炉来制造铝和钢等现代材料，因此古代人使用更简单的建筑材料。早期的人类利用树枝、骨头和动物的毛皮建造住所。第一批农民使用自然材料建造房屋，如石头、木材、黏土、泥土、沙子和植物等。在许多国家，泥砖和木材至今仍然被用于建造建筑物。在发达国家，大型而复杂的建筑物通常由木材、混凝土、钢材、塑料和玻璃等材料制成。

↑ 蒙古包的结构很像一个帐篷，它是游牧民族的家。蒙古包是通过把毛毡覆盖在木质框架上建造出来的，易于搭建和收放。

↓ 与其他建筑相比，节能型建筑耗费更少的能源、产生更少的废料，并且对环境更友好。节能型建筑通常由天然材料建造，使用太阳能发电，并有收集雨水的装置。

用于发电的太阳能电池板

工厂建造的桁架，无须在建筑工地切割木材，可以减少浪费

制造定向纤维板（又叫定向刨花板）不需要大树，此外，它还很耐用，且资源利用率高

建筑构造

现代建筑都是由技术团队建造的，其中包括测量师、建筑师、项目经理和施工者等。通常而言，有两种普遍的建筑形式：一种是建造承重墙支撑屋顶，另一种是建造用于支撑地板和屋顶的建筑框架。木质框架通常用于住房，钢铁框架则用于大多数现代摩天大楼。所有建筑物都是在厚实的混凝土基础上建造的。

有趣的事实

世界上最大的工厂建筑之一是位于美国华盛顿州的波音工厂。该工厂的占地面积为 399480 平方米，相当于 55 个足球场的大小。

◀ 冰屋是由冰砖建造的拥有圆顶形结构的建筑。冰屋可以在两小时内建成，可以当作临时或永久的住所。在冰屋内，仅靠人体发热就可以让室内温度达到比较温暖的 16 摄氏度。加拿大和格陵兰岛的因纽特人建造冰屋的历史已有数百年。

管道与电力

古罗马人创建了水渠，将清洁的水引入城市，并将脏水排出。但连接抽水马桶的现代化管道直到 19 世纪才开始出现。如今，大多数住房都有连接供水系统和当地污水处理系统的管道。此外，还有一些管道用于输送天然气。房屋通常都会安装电线并接入国家电网。

➡ 几千年来，泥砖一直是气候炎热的国家的常用建筑材料。古埃及人用由尼罗河旁的稻草和泥土制成的砖块建造房屋和宫殿。

发现更多 ▶ 电 第26~27页 ■ 采矿 第150~151页 ■ 建筑机械 第192~193页

公路、桥梁和隧道

公路是人们进行陆地旅行时的一种可以快速而便捷地到达目的地的交通要道。隧道和桥梁使道路能够通过丘陵和河流等障碍地形。一些国家的公路总里程长达数百万千米。

古罗马是最早通过建造公路网络将其辽阔国土上的人民联系起来的文明。勘测及绘制路线是修建公路的第一步，接着，工人需要利用运土机器，如挖掘机和推土机等移走泥土，打好道路基础。桥梁、隧道和堤坝是在打路基前就建好的。建好路基之后再铺上一层层砾石、碎石和沙子，并用混凝土和铺路石覆盖。最后，将一层薄薄的沥青铺在路面上，公路就建好了。

⬇ 罗马帝国的公路总长达 40 万千米。罗马帝国的士兵通过修建公路，到达新占领的领土。平坦笔直的公路使军队能够快速地从一个地方去到另一个地方，以保持对新占领领土的控制。

桥梁

桥梁的主要作用是承重（承担施加在桥梁之上的负荷）。目前，主要使用的桥梁类型有 5 种——梁桥、拱桥、悬臂桥、斜拉桥和桁架桥。简单的梁桥使用原木或平坦的石块横跨小溪和河流。一些桥梁较为复杂，如拱桥和斜拉桥，它们可以更均匀地承重。悬索桥使用粗钢索悬挂在塔架上以支撑道路。

↑ 中国青岛的胶州湾跨海大桥是青兰高速公路的重要组成部分之一，大桥规划全长 41.58 千米（已建成通车 36.48 千米）。

← 特拉华渡槽全长 137 千米，有着全世界上最长的隧道。如今，纽约市一半的供水都通过该渡槽输送。

有趣的事实

许多桥梁由于工程质量差、施工工艺差、遭受自然灾害和过度承重而倒塌。1845 年，在英国大雅茅斯的一座大桥上，人们为了观看一个小丑钻进油桶里漂浮的表演而快速过桥，结果承重的突然变化导致桥的悬挂链断裂，大桥倒塌。

隧道

隧道通常指建在地下或穿过障碍物的通道。因为有隧道连接，公路可以连续而不中断。隧道有时也会被用作输水管道。有的隧道是短而浅的，如地下人行道；有的隧道则深达数米，比如连接法国和英国的英吉利海峡隧道。巨大的隧道掘进机被用来建造大型隧道，隧道随后被钢和混凝土支撑起来。

发现更多 ▶ 古代建筑 第140~141页 ■ 金属 第152~153页 ■ 汽车和摩托车 第188~189页

发电站和水坝

住宅、乡镇和城市都有电力供应。我们所使用的大部分电都来自以石油、煤和核能为能源的发电站。水能、风能和太阳能也能发电。

发电站使用巨大的涡轮机发电，涡轮机是在旋转时产生能量的轮子。通常情况下，通过核反应或燃烧石油或煤来加热锅炉中的水，从而产生蒸汽。这些蒸汽使涡轮机转动产生机械能，然后通过发电机转换为电能，再通过电线传送到变电站，最终传送到千家万户。

地热能是地核产生的热能，可以为家庭提供热水并提供发电所需的蒸汽。地热能是一种清洁的可再生能源。目前全球有24个国家使用地热能发电，70个国家使用地热能加热。

水坝

水坝利用水力发电，这是一种利用水从高处落下所产生的势能来产生电力的发电形式。目前，水坝一般用巨大的混凝土块建成，可拦截大量的水。被释放的水在通过大坝上的闸门流向下方河流的过程中带动涡轮机的叶轮转动，从而为发电机提供动能以产生电力。全世界约16.4%（2017年数据）的电力来自水力发电。

有趣的事实

法国是全世界核能利用率最高的国家，全国约80%的电力由核能产生。美国生产的核能总量最多，但核能仅占该国使用的电力来源的19%左右。

可再生能源

由于发电所需的煤和石油即将耗尽，全世界可能很快就会面临能源危机。燃烧煤和石油也会将有害气体排放到大气中。可再生能源是一种替代能源。人们分别利用水坝、风力涡轮机和太阳能电池板将水能、风能和太阳能等可再生能源转化为电能。尽管许多国家正逐渐将可再生能源作为电力来源，但目前它仅提供全球约 26.5%（2017 年数据）的电力。

风车

↑ 风电厂利用风能为风力涡轮机提供发电所需的能量。虽然风能是一种清洁的可再生能源，但它难以被完全利用，大量的涡轮机仅能产生少量的电力。

↓ 虽然核电站不会向大气排放有害气体，但是会产生可能需要数千年才能变得安全的放射性废料。核电站事故会造成其附近居民的死亡，并对幸存者的健康造成长期的有害影响。

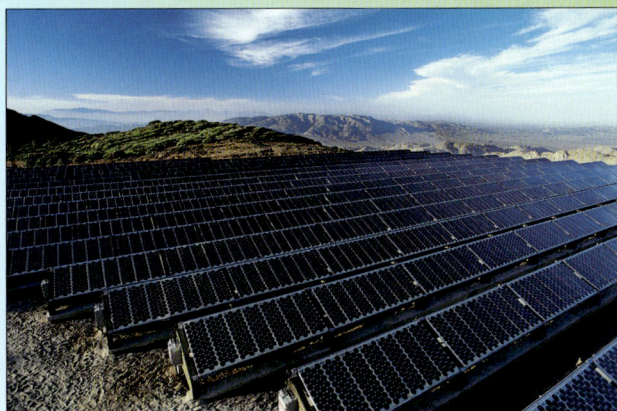

↑ 太阳能是太阳能电池板捕获的太阳的能量，可以用来加热水和发电。太阳能是一种清洁能源，但只有阳光充足的国家才能利用太阳能产生较为优质的电力。

发现更多 ▶ 电 第26~27页 ■ 运动和力学 第36~37页 ■ 河流和湖泊 第54~55页

塔

塔是人们从古代就开始建造的高耸、狭长的建筑物。塔通常能为人们提供眺望远方的良好视野。它可以单独建造，也可以作为大型建筑物的一部分。

早期的塔通常由石头建造，多出于军事或宗教目的。当塔成为城垛的一部分时，它能为人们提供眺望周围地形和观察敌人活动的广阔视野。教堂的尖顶使附近的其他所有建筑物都相形见绌。到了 19 世纪，石塔不再受欢迎，并逐渐被高大的铁质建筑所取代。到了 20 世纪，钢架的应用为摩天大楼的兴起铺平了道路。

军事塔

瞭望塔是一种用于观察和攻击正在接近的敌方军队的防御工事。古希腊人和古罗马人将塔楼作为城垛的一部分建造，这也是几乎所有中世纪城堡的标准特征。城堡内部会建一座主楼，作为最后一个根据地的防御塔，主楼通常还包含一口城堡井。人们可以从城墙的塔楼上发射投掷物，并向攻击者倾倒滚烫的热油。

← 迪拜的哈利法塔高 828 米，是有史以来最高的人造建筑。建成于 2010 年的哈利法塔包含一家酒店、900 间私人公寓、办公室、游泳池、57 部电梯和 2909 级台阶。哈利法塔同一时间可容纳大约 35000 人。

↑ 德国乌尔姆敏斯特大教堂是全世界最高的教堂。教堂始建于 1377 年，完成整座建筑物的建造则花费了 500 多年的时间。

摩天大楼

19 世纪后期，一幢幢高耸的铁质建筑如雨后春笋般出现在世界各地，法国的埃菲尔铁塔便是其中之一。到了 20 世纪，出现了被称为摩天大楼的多层建筑。摩天大楼的骨架被称为上部结构，这一结构由水平钢梁与垂直钢柱组成，在此基础上还使用了玻璃幕墙和混凝土。现在的摩天大楼通常超过 50 层，并包含办公室和住宅公寓。

➜ 台北 101 大楼是位于中国台湾地区台北市信义区的地标性摩天大楼，高达 508 米，共有 61 部升降电梯，地面上有 101 层，地下还有 5 层。

⬆ 纽约的帝国大厦建成于 1931 年，直到 1972 年，它一直是世界上最高的建筑。它的高度为 443.2 米，造价约 4100 万美元。

有趣的事实

为了解决陆地人口过多的问题，人们提出了一种名为"海上大厦"的新型建筑。海上大厦又被称为水上大厦，是一种类似于"漂浮城市"的大型建筑，它可以自己发电和进行农业种植。

发现更多 ▶ 建筑材料和工艺 第142~143页 ■ 建筑机械 第192~193页

采矿

采矿是指从地壳内和地表开采有价值的岩石与矿物的过程。人类有着数千年的采矿历史，一些矿仅有几米深，而另一些则被埋在地下数千米处。

采矿主要有3种方式：露天开采、平硐开拓和竖井开拓。露天开采在地表附近进行，被称为挖掘机的巨型机器从地里挖出铁矿石等矿物；平硐开拓是在山脉或山丘的一侧挖出水平隧道，这种方式一般用于开采石英和锌等矿物；竖井开拓则深入地下，有电梯直达地下隧道并将矿物和矿工运回。

↑ 宾汉峡谷铜矿是一个位于美国犹他州的露天铜矿，该矿自1906年开始运营。矿区中宽约4千米、深约1.2千米的矿坑被认为是全世界最大的人工挖掘矿坑。

对环境的影响

人们依赖许多矿物材料，如用作燃料的煤和用于建筑的金属。但采矿会对当地环境造成巨大的破坏，并对周围的大部分野生动物和植被造成不利影响。被遗弃的采矿场往往十分不美观，废弃的岩石覆盖于地面，这些贫瘠的地方将寸草不生。

↓ 在大多数国家，煤炭一类的矿物材料被用于发电和供热，但地球无法一直为我们提供这些材料。燃烧煤炭所释放的气体对地球的大气也造成了严重的污染。因此，人们正在寻找新的清洁替代能源。

150

→ 采矿是世界上最危险的工作之一。矿工在狭窄的地下环境中工作，经常面临爆炸或隧道坍塌的危险。隧道内通风不良，矿工也因此暴露在充满灰尘、有害气体且温度极高的环境中。

历史

　　人类从远古时代就开始了采矿活动。在非洲国家斯威士兰发现的一个矿区被认为已有 43000 年的历史。人们最初开采的材料是用于制造武器和珠宝的石头、燧石和金属，古埃及人开采黄金，古希腊人开采白银。到了中世纪，欧洲人开采铜、银和铁来制造硬币和武器。英国和美国从 19 世纪 80 年代开始开采为工厂供电的煤矿。

有趣的事实

迄今为止，人类已开采过用途不同的几十种矿物材料，其中较常见的矿物材料如下。

·煤	·铝
·铜	·铁
·金	·黏土
·锌	·钛
·镍	·滑石
·银	·磷酸盐

↑ 由盎格鲁黄金公司经营的位于南非的 Kopanang 金矿是全世界最大的金矿之一（该金矿现为硅谷天堂资产管理集团所有）。

发现更多 ▶ 岩石和矿物 第50~51页 ■ 疾病和医学 第138~139页 ■ 医疗技术 第208~209页

金属

金属是从地下发掘的一种带有光泽的物质。金属通常呈固体状态，可用于制造从罐头到摩天大楼的几乎任何东西。金属是一种重要的材料，因为它既牢固又坚硬，但它也可以被切割、铸造和锤打成许多不同的形状。

所有的金属都来自地球内部。金属要么包含在岩石中，要么以纯态存在。金属有许多不同的类型，但它们有某些共同之处。几乎所有的金属在室温下都是固态的，经过抛光后会发亮，是热和电的良导体。有些金属带有磁性。大多数金属可以承受高强度的压力而不会断裂，但也可以被制成不同的形状。具有可锻性的金属可以通过锤打或轧制变成各种形状，柔软的金属则可以被拉制成金属丝。

人类最早使用的金属是铜、金和银。古苏美尔人在公元前 4000 年左右就能够使用金属制造武器和盔甲，燧石枪是在 15 世纪中期发明的最古老的枪之一——它们都是由硬木和金属制成的。

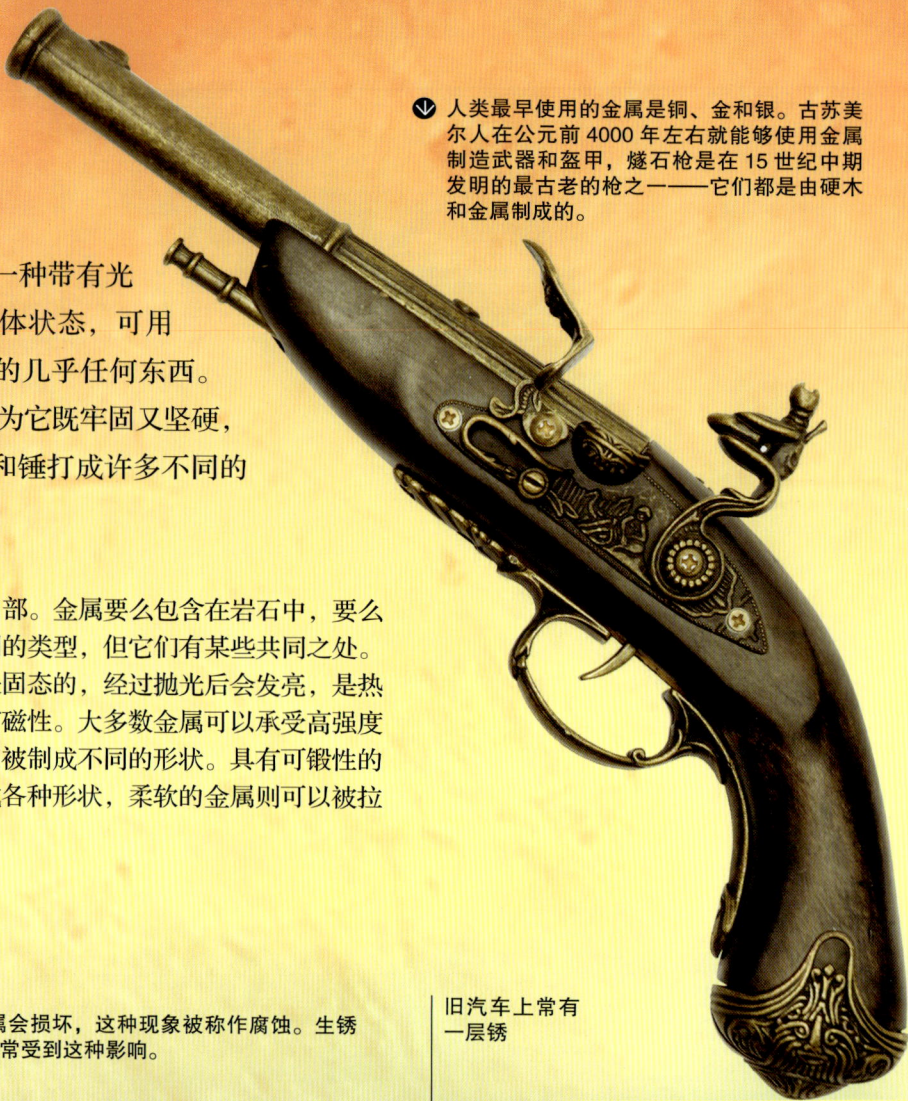

长时间暴露在空气或水中的金属会损坏，这种现象被称作腐蚀。生锈是最常见的腐蚀形式之一，钢铁常受到这种影响。

旧汽车上常有一层锈

金属来源于矿石

　　铂、铜、银和金是纯态金属。其他大多数金属只能从岩石中提炼，这种岩石被称为矿石。通常矿石必须先被破碎成粉末才能提炼出纯金属。像铁和锡这样的金属则是通过熔炼提纯得到的，这意味着需要在熔炉中把它们加热到很高的温度。而像铝这样的金属则需要通过电解提纯才能得到，电解的过程需要通电。

➜ 贵金属是那些以纯态存在的金属，包括铜、银、金和铂。贵金属常被用来制作珠宝饰品，因为它们不易被腐蚀。

金属成型

　　金属可以在热、冷或熔融状态下成型。热状态下金属可以被锤打成某一形状或卷成薄片。像铜这样很软的金属，在冷状态下也可以成型。熔融是将固态金属加热到高温，直到它变成液态。液态金属通常会被倒进一个有固定形状的模具中，待其冷却凝固便可获得零件或毛坯，这个过程叫作铸造。

⬇ 地球上约3/4的元素都是金属元素。地核主要由金属镍和铁构成。

地壳

地幔

地核

动手一试

铜币失去光泽是因为随着时间的推移，金属与空气发生了反应。你可以用以下方法来清洗铜币。需要的材料：一枚失去光泽的铜币、1/4 杯醋、一塑料碗水、一勺盐。

先把醋和盐倒入盛有水的塑料碗中，将它们混合均匀。然后把硬币的一半浸入水中，看看会发生什么。

你会发现，浸入水中的一半硬币变得光亮如新，这是因为醋中的醋酸溶解了铜与空气反应生成的氧化铜。

发现更多 ▶ 电 第26~27页 ■ 地球的结构 第46~47页 ■ 岩石和矿物 第50~51页

铁和钢

铁是一种坚硬的金属，它可以被用来制造一种叫作钢的更坚固的金属。钢铁被用来制造许多坚固的物体，如刀具、汽车和桥梁。

铁来自铁矿石，铁矿石是从地下岩石中开采出来的。铁是在高炉的高温条件下从铁矿石中提取的。在高炉中，将铁矿石、石灰石和焦炭构成的混合物经高温热空气炼制成液体的过程叫作熔炼。钢则是由氧化后的铁水制成的，氧气帮助碳渗入铁中，使铁成为一种更坚硬的物质。

合金

高炉

合金是不同类型金属的混合物，也可以是金属和非金属的混合物。这种混合的结果是合金比组成它的任何一种物质都更坚固。合金受腐蚀的影响较小。合金是多种多样的，钢就是一种用来建造摩天大楼、轮船等的合金。青铜是铜和锡的合金，通常被用来制作雕像和硬币。

动手一试

铁和钢都是可以被磁体吸引的金属。你可以用磁体检查一下家里有哪些金属制品，可以先试试勺子和回形针。千万不要把磁体放在像计算机或电视这样的电子设备附近，否则可能会损坏它们。

由钢铁制成的物品很容易被熔化和再利用。旧汽车和机器上的金属常常被回收。每年有数以亿计的饮料罐被回收利用，然后再制成新的饮料罐。

历史

大约在公元前 2000 年，安纳托利亚产出了第一种铁。到公元前 1000 年，世界上的许多国家都已经掌握了铁的生产技术。中国在公元前 200 年生产出第一种钢。直到 15 世纪，铸铁一直被用于制造武器和盔甲。到了 19 世纪，作为工业革命的一部分，英国生产了数百万吨钢铁。如今，全世界每年生产超过 8 亿吨的钢材。

有趣的事实

每天有数百万个铁罐被巨大的磁体从垃圾桶里吸出来。

铁是在高炉中通过熔炼铁矿石提取的。这个过程中产生的铁叫生铁，生铁需要进一步精炼。

矿渣是炼制钢铁过程中产生的废料，它是二氧化硅和其他氧化物的混合物。几千年前，地中海沿岸的国家把矿渣熔化后制成珠宝和玻璃器皿。

铁水被倒进大铁勺里

发现更多 ▶ 磁体 第28~29页 ■ 岩石和矿物 第50~51页 ■ 建筑材料和工艺 第142~143页

纺织品

纺织品是我们日常生活的重要组成部分。你身上穿的衣服、窗户上的窗帘和脚下的地毯都是纺织品。没有纺织品，你就没有书包、鞋带和内裤。

纺织机是编织纤维的机器。从手摇纺织机到大型工业纺织机，纺织机的类型多种多样，其中工业纺织机能在一周之内生产大量的织物。

纺织品是由天然纤维和合成纤维制成的织物。天然纤维（如棉、亚麻、羊毛和丝绸）来自动植物，合成纤维（如丙烯酸纤维、尼龙和聚酯纤维）则由从石化产品获得的聚合物制成。人们采用编织、制毡、织网或针织的方法将纤维制成纱线，之后纱线可被进一步制成纺织物。纺织物有时要进行完善，如加上防水或防火的工艺才能变得更有用。

在现代，面料是为某种特定目的而设计的。例如，足球衫需要透气、有弹性且坚韧的面料，安全带则必须用坚固、耐用和防爆的材料制成。

156

纺织厂

在18世纪，巨大的机器被发明出来，大规模的工厂生产取代了个体手工生产，这被称为工业革命。人类发明的第一批机器中有一些是用来纺丝和编织织物的，这些机器能在短时间内快速制造出大量纺织物，但它们也暗藏危险。为织布而设计的工业织布机由巨大的皮带驱动，当皮带断裂时会打到工人，甚至造成人员伤亡。

螺纹转动轮是一个小滑轮，它决定了纺纱机旋转的速度

驱动皮带是一条连接飞轮和螺纹转动轮的绳索

飞轮转动并带动其他部件运动

↑ 纺纱是将羊毛或棉纤维纺成纱线的工艺。在过去，纺纱需要用到纺锤，直到13世纪人们发明了纺纱机。

历史

一些最早的纺织品源自古埃及。从公元前3000年起，埃及就开始使用棉、羊毛和丝绸这几种织物。与此同时，印度开始使用棉，中国则开始使用丝绸。到了中世纪，土耳其开始制造地毯、毛巾和毛毯，意大利则产出羊毛、丝绸和天鹅绒。18世纪，大型机器被发明并被用来制造大批量的织物；19世纪末，人们发明了新的合成纤维，如人造丝和尼龙。

有趣的事实

凯夫拉（芳香族聚酰胺纤维）是一种强度为钢的5倍的织物，人们用它来制作防弹背心。

↓ 将不同的纤维混合在一起可以使纱线更结实，手感更好。棉和聚酯纤维的混合物能使衬衫不易褶皱，从而无须熨烫。

发现更多 ▶ 生命的起源 第68~69页 ■ 简单机械 第184~185页 ■ 家用科技产品 第206~207页

塑料

塑料是一种非常有用的材料，因为它几乎可以被制成任何形状。塑料可以像塑料袋一样薄而富有弹性，也可以像自行车头盔那样厚实。我们生活中所使用的许多物品都是由塑料制成的。

塑料通常由原油制成。从原油中提取出分子或微小颗粒，每个分子就是一个单体。将许多单体加热并置于一定的压力下，它们会形成一条被称为高分子的链。许多条高分子链构成了塑料的基本组成单位：树脂。树脂以粉末、颗粒或球状的形式存在。如果将颜料和其他添加剂添加到树脂中，就可以制造出特定的塑料产品，如一只塑料鸭子。

↑ 1851年，英国科学家亚历山大·帕克斯发明了第一种塑料。这种材料被称为"帕克辛"，可以被加热成型。但"帕克辛"易燃，且非常昂贵。1868年，美国发明家约翰·韦斯利·海厄特改进了帕克斯的设计，发明了赛璐珞。赛璐珞后来被用于制作照相机用的胶片。

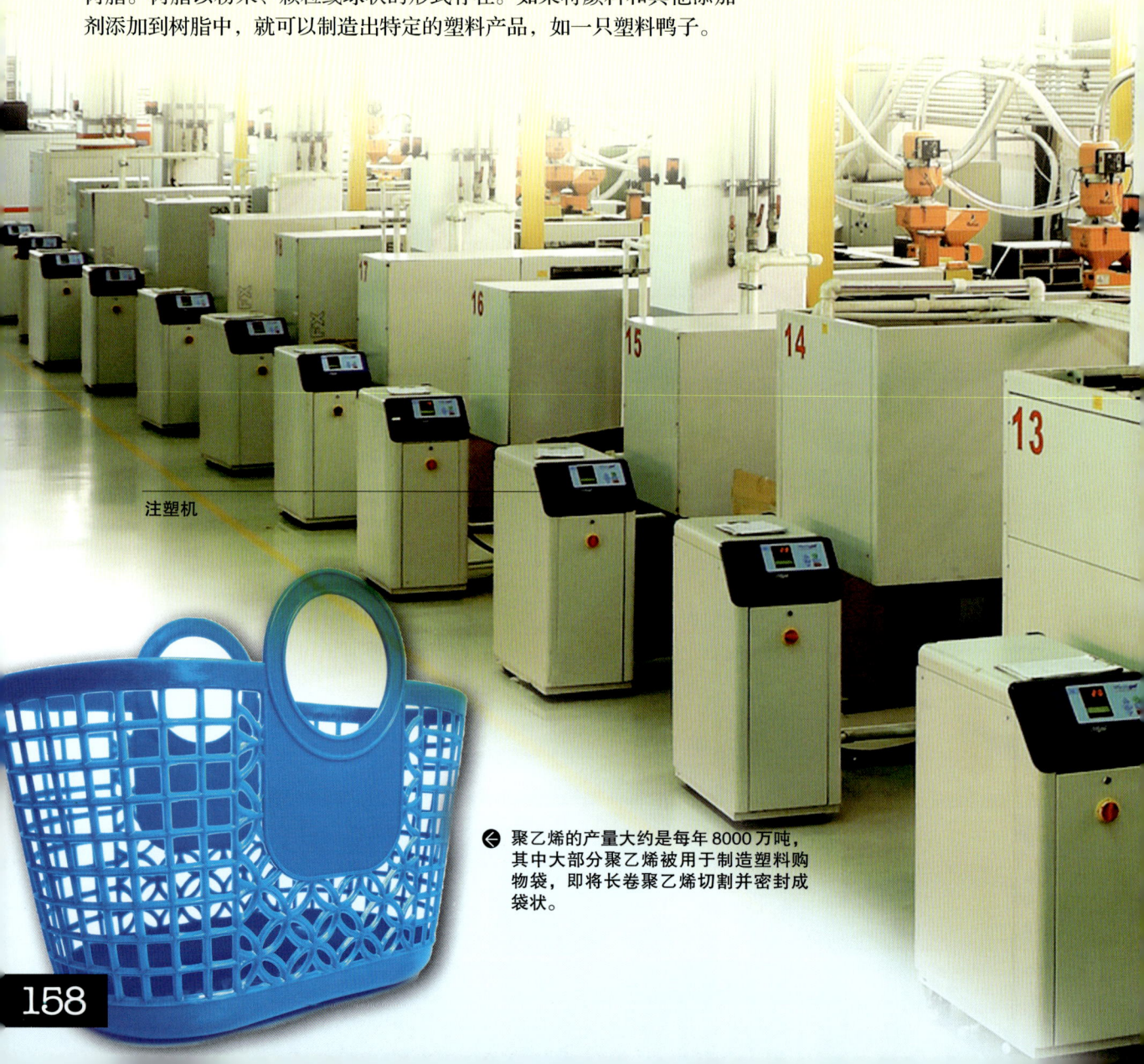

注塑机

← 聚乙烯的产量大约是每年8000万吨，其中大部分聚乙烯被用于制造塑料购物袋，即将长卷聚乙烯切割并密封成袋状。

胶木手镯

种类

根据在高温下的不同表现，塑料被分成热塑性塑料和热固性塑料两种。热塑性塑料受热后会熔化，并可塑成新的形状；热固性塑料则永久固定为一个形状，无法熔化。如果把一块热固性塑料放在高温下，它只会裂开或燃烧。

🔶 酚醛树脂是一种早期的由比利时科学家利奥·贝克兰德发明的深色塑料。在20世纪20年代和30年代，许多物品都是由酚醛树脂制成的，包括电话、汽车零部件和家具等。但与预期不同的是，酚醛树脂的热潮并没有持续很长时间。今天人们没有广泛应用酚醛树脂的原因是，这种塑料易碎且制作工序复杂。

🔽 许多塑料制品都是由注塑的方法制造的——把即将熔化的塑料挤压到钢模中，当塑料冷却时，它就拥有了模具的形状。从微小的塑料零件到大型汽车零件，注塑工艺被用于制造各种各样的东西。

有趣的事实

塑料是一种非常有用的材料，但若不进行回收，就会对环境造成非常大的破坏。因为埋在地下的塑料瓶子需要450年才能降解。

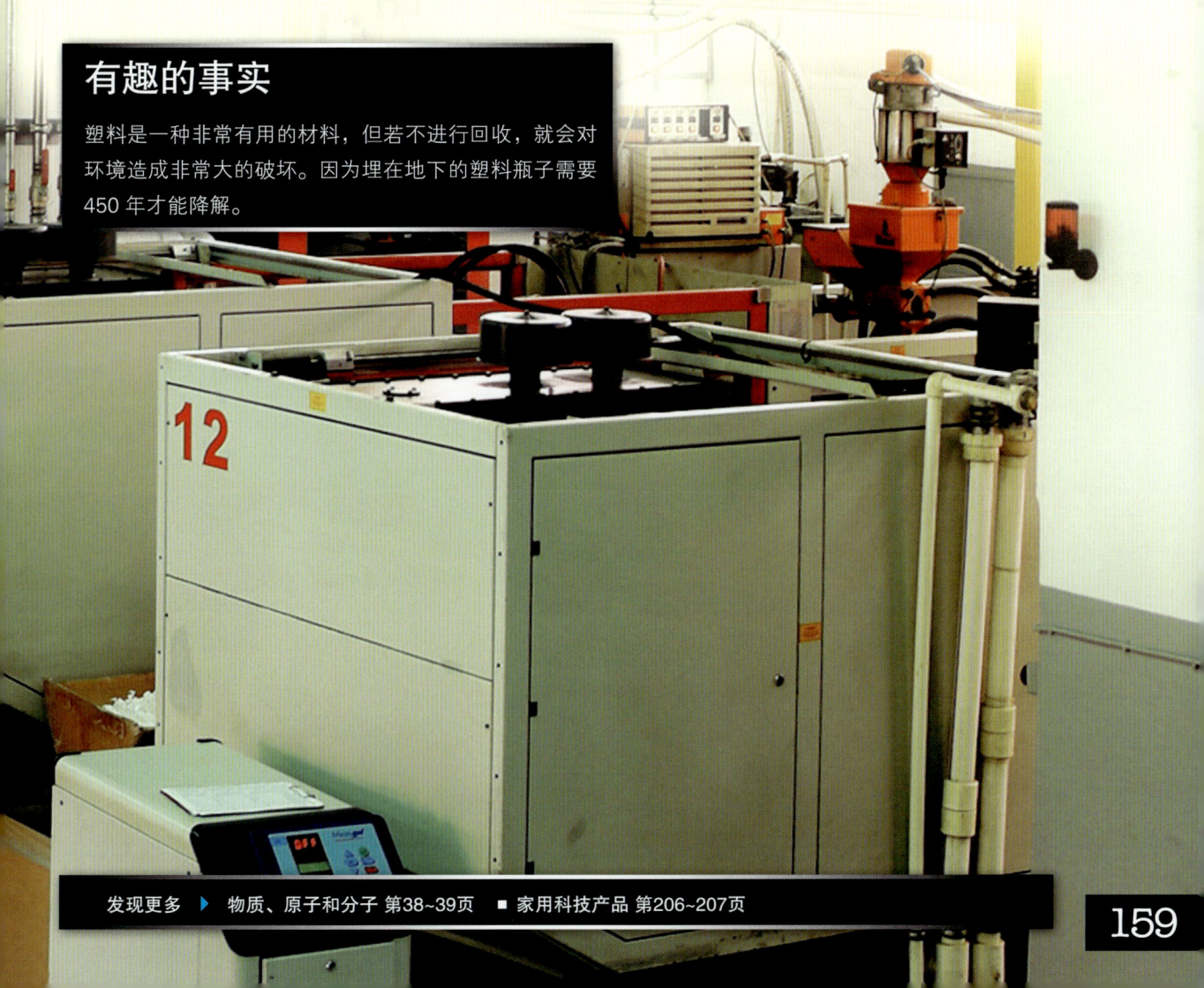

发现更多 ▶ 物质、原子和分子 第38~39页 ■ 家用科技产品 第206~207页

纸

纸发明于古代，现在仍然是我们生活中最重要的材料之一。人们通过纸质的书籍和报纸获取信息，还使用纸钞购买商品。

← 折纸是一种纸张折叠艺术，它是指将一张平铺的纸在没有裁剪和粘贴的情况下折叠成各种小巧有趣的造型。折纸的常见造型有天鹅、纸鹤、青蛙等。

历史

古埃及人首先发明了"纸张"，他们将这种"纸"称为莎草纸——通过捶打纸莎草植物的茎制造而成。公元 105 年，中国人发明了真正的纸，公元 793 年左右造纸术传至如今伊拉克所在的地方。当时的人们用棉花和亚麻布等材料来制造纸浆。造纸术在 12 世纪左右传入欧洲，但直到 19 世纪初，纸才真正开始由木材制造。

→ 古埃及人用一种被称为纸莎草的植物制造"纸"。

再生纸

旧纸可以分解再做成新纸，这不仅能保护环境，而且还可以减少被砍伐树木的数量。首先将用过的纸放入水中制成纸浆，再将经过清洗的纸浆放入造纸机中做成新纸。再生纸通常用来制造新闻纸、纸巾或硬板纸等产品。

➡ 硬板纸是一种常用于包装的比较厚的纸。瓦楞硬板纸可以用来制作装物品的纸箱，"瓦楞"的意思是有皱纹的。

⬅ 混凝纸是一种加入糨糊、经过浆状处理的纸，通常用于制作面具和其他装饰物。

动手一试

很久以来，人们相信一张纸最多可以对折 7 次（当纸的总厚度等于或大于它的宽度时，就不能再折叠了），但后来一名学生设法将一张纸折叠了 12 次。试试看你能折叠多少次？

一大卷纸

⬇ 造纸厂是生产纸的地方。泥状的纸浆被放入造纸机器中挤出水分并用热空气烘干，随后，一大卷平坦的纸就从造纸机器中生产出来了。

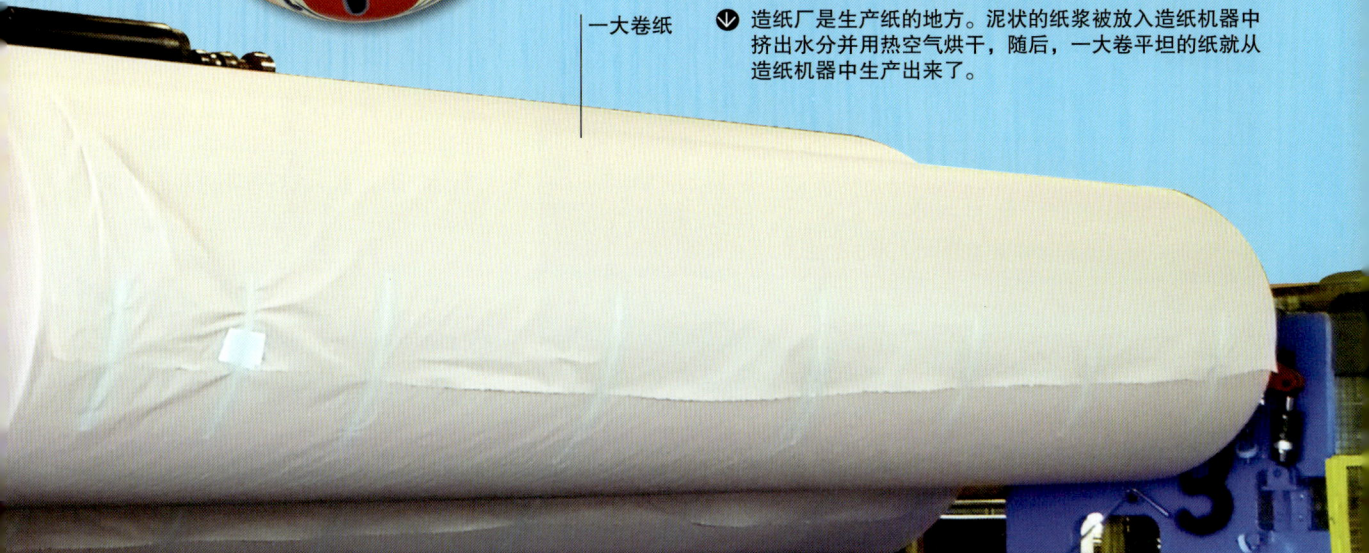

发现更多 ▶ 能量和力 第24~25页 ■ 生命的起源 第68~69页 ■ 印刷 第162~163页

印刷

◀ 数字印刷不需要使用底片和印版，而是将文字和图片直接印在纸上。这是一种快速且便宜的方式，适合印制数量较少的印刷品。

印刷是将文字和图片印制到纸张上的工艺，这通常意味着可以从一份原件复制出许多份精准的副本。印刷可用在几乎任何物品上，无论是麦片盒还是你正在阅读的这张纸。

数量庞大的图书和杂志可以用印版来印刷。首先，在计算机上进行设计，当所有页面都被设计好后，将它们做成底片。将每一张底片与一片金属印版重叠，当光线穿过底片照射在印版上时，图案就被转印到了印版上，就像冲洗照片一样。

胶印

胶印是现代印刷行业使用最广泛的技术之一。先将油墨倒在印版上，接着把印版上的图案转移到一个胶印滚筒上，胶印滚筒上的图案随后会被转移到纸上。凹版印刷是一种成本更高的胶印方式，这种印刷术能直接将印版上的图案转移到纸上。

◀ 印刷彩色图片需要 4 种颜色，即品红、青色、黄色和黑色，所有其他颜色都可以由这 4 种颜色调和得到。

↑ 在活字印刷术发明之前，很多书籍是手写的，由专人抄写的书籍被称为手抄本。

有趣的事实

1899 年，在中国敦煌的莫高窟中发现了一本已知最早的印刷书籍——《金刚经》。这是一个约 30 厘米高、5 米长的关于佛教的卷轴，上面写着这样的题记：咸通九年四月十五日王玠为二亲敬造普施。

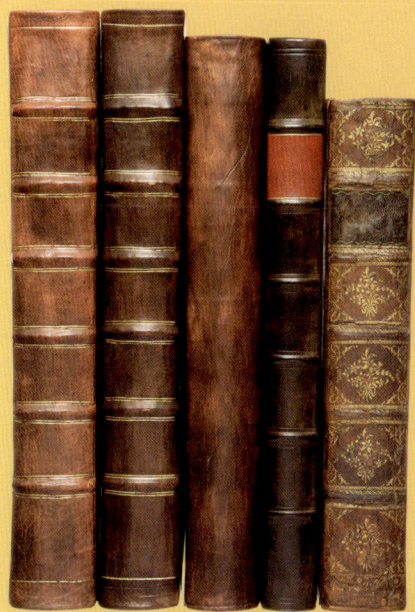

历史

已知的第一本印刷书籍出自公元 868 年（也即咸通九年）的中国。为了制作这本书，需要先将文字和图片刻在木板上，然后蘸取墨水印在纸上。11 世纪，中国人发明了活字印刷术。这种技术是将汉字刻在一块块可移动的胶泥上，从而可以组成不同的语句。公元 1230 年左右，韩国人发明了金属活字印刷术。到了 15 世纪，德国人约翰·古登堡发明了使用金属活字的印刷机。如今，印刷一本书已变得十分简单。

← 装订车间是完成书籍等印刷品的后续工艺的地方，包括将打印好的一大卷纸进行裁切并按正确的顺序进行排列，然后用胶水、缝线或订书针装订成册等工作。

发现更多 ▶ 化学反应 第42~43页 ■ 纸 第160~161页 ■ 互联网 第182~183页

玻璃

玻璃是一种坚硬、透明的材料，可用于制作瓶子、窗户和汽车挡风玻璃等多种常见的物品。玻璃可以被制成不同的形状和颜色，如珠子或花瓶。它还可以与塑料混合，从而制成一种叫作玻璃纤维的强化材料。

大多数玻璃都是以砂、纯碱和石灰石的混合物为原料，在熔炉中加热到 1700 摄氏度后制成的。其他材料也可以用来制作不同种类或颜色的玻璃。随着玻璃变得越来越热，它将呈现液体状态，可以被倾倒、吹制、压制或模制成特定的形状。玻璃通常由机器塑形，但也可以手工塑形。玻璃必须以极慢的速度进行冷却，否则容易破裂。

↑ 在现代，机器可以在没有人类帮助的情况下吹制玻璃。当空气将熔融状态的玻璃推到金属模具的边缘时，就形成了一个瓶子。

← 时至今日，艺术家们仍在使用古老的玻璃吹制技术创作作品。

一根长长的钢管

用以塑造玻璃外形的棍子

熔融状态的玻璃

164

历史

玻璃最初被古埃及人用来制作珠子和珠宝。大约公元前100年，叙利亚的工匠发明了玻璃吹制技术。到了11世纪，德国人用玻璃吹制技术制造出了平板玻璃，用铅条把小玻璃片连接起来就制成了窗户。在15世纪的意大利，人们发明了一种水晶玻璃，可以用来制作酒杯。.

有趣的事实

世界上最大的熔炉每天能生产400多吨玻璃，可以制造约100万个瓶子。

⬆ 彩色玻璃是10世纪在欧洲兴起的。在熔化的玻璃中添加一些金属氧化物，玻璃就会呈现出蓝色、绿色或红色。很多教堂会将小块的彩色玻璃拼成美丽的图案来进行装饰。

吹制玻璃

玻璃吹制技术最早由叙利亚的腓尼基人发明。他们把熔融状态的玻璃放在一根长长的钢管的一端然后吹气，熔化的玻璃就会像气球一样膨胀起来。接着，他们用一根长棍子把玻璃制成不同的形状。腓尼基人还发现，可以将熔化的玻璃吹入模具中，以制成理想的形状。20世纪初，人们发明了吹制玻璃的机器，可以用于制作包括窗户在内的大块平板玻璃。

➡ 玻璃纤维是一种坚韧而轻盈的材料，几乎可以被塑成任何形状。玻璃纤维可以用于制作曲棍球棍、冲浪板和赛艇等物品。

发现更多 ▶ 冷和热 第34~35页 ▪ 化学反应 第42~43页 ▪ 透镜和面镜 第166~167页

透镜和面镜

　　透镜是一块表面为球面的一部分的透明玻璃或塑料，可使光线弯曲。面镜是一块可以反射光线的玻璃。透镜与面镜经组合可以制作出许多有用的设备，例如望远镜和照相机。

　　透镜有两种类型，它们形状不同并能以不同的方式使光线弯曲：一种是凸透镜，它中间较厚，光线透过它后向内弯曲，这使得通过凸透镜看到的物体比实际大，凸透镜可用于制作放大镜；另一种是凹透镜，它中间较薄，光线透过它后向外发散，通过凹透镜看到的物体比实际小，凹透镜可用于制作近视眼镜。

◀ 望远镜使用透镜和面镜来放大数千米之外的物体。反射望远镜有两个面镜：一个用于收集光线，另一个用于聚焦物体。折射望远镜有两个透镜：一个用于收集光线，另一个用于放大物体。折反射望远镜使用面镜和透镜的组合。空间天文台有像这样配有多个透镜和面镜的巨型望远镜。

有趣的事实

·1608 年，汉斯·利伯希发明了第一台望远镜。一位名叫伽利略的著名科学家使用望远镜证实了地球是一颗围绕太阳运转的行星。

·昆虫的复眼含有数百个微小的"透镜"。

太阳辐射被太阳能电池板捕获并转化为电能，这是一种清洁能源。大型平面镜被用于收集来自太阳的能量，能量随后被转换成蒸汽，最后变成电能。

眼睛

　　人类眼睛里的"凸透镜"（晶状体）帮助我们看到物体——来自物体的光线穿过眼睛前部的晶状体到达眼睛后部的视网膜上。物体在视网膜的成像是上下颠倒的，而大脑可以将其反转并正确显示。对近视者来说，远处的物体会成像在视网膜的前方，他们需要凹透镜来矫正视力。对远视者而言，近处的物体会成像在视网膜的后方，他们需要凸透镜来矫正视力。

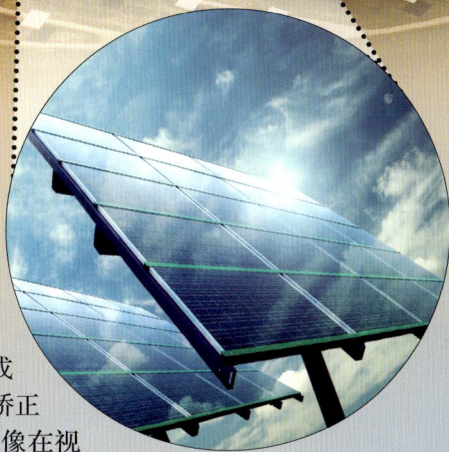

面镜的类型

　　大多数面镜都是一块背面是金属的玻璃。许多面镜是平的，比如浴室里的镜子和汽车的反光镜。平面镜直接反射光线，这使得物体看起来与实际相比大小相同、距离相等。凸面镜向内反射光线，使所有东西看起来比实际要小，店主常常使用凸面镜来观察整个商店。凹面镜向外反射光线，使所有东西看起来比实际要大，剃须镜通常都是凹面镜。

　　显微镜可以将因为太小而不能被肉眼看见的微小物体放大，其中最常见的是光学显微镜。这种显微镜使用两个透镜和一盏灯来放大被放置在载玻片上的微小物体。

发现更多　▶　能量和力 第24~25页　　■ 光和光学 第30~31页　　■ 航空器 第198~199页

电子设备

在我们的日常生活中，电子设备几乎无处不在。我们使用计算机办公，用手机上网，观看电视上的节目放松身心。通过控制电信号在这些设备的电子电路上的传输，我们可以控制电子设备的工作状态。

电子电路由相互连接的元器件组成，这些元器件控制着电路中电流的流向和大小，这些电流被称为信号。信号携带着信息，比如图片或声音，可以供我们观看或收听。电子电路通常安装在一块有许多孔和铜轨的塑料板上，部件有支脚，可以穿过孔洞并连接到塑料板的另一侧。

↑ 1904 年，科学家约翰·安布罗斯·弗莱明发明了第一只二极管，为电子技术的发展奠定了基础。1906 年，发明家李·德弗雷斯特创造了第一只现代电子管，即真空三极管。1947 年，由硅制成的晶体管诞生。1958 年，人们发明了集成电路，为现代数字电子技术的发展开辟了道路。

元器件

安装在电路板上的不同元器件可以发挥不同的作用，有这样几种常见的部件：晶体管是一种电子开关，它能放大电流或控制电流的通断；电阻器可以减弱电流，以使其他部件获得合适的电量；二极管是一个单向阀，只能在一个方向上导电；电容器能存储和释放电量，让电流流动得更稳定。

有趣的事实

计算机只有一种真正的能力：分辨高电平脉冲和低电平脉冲。低电平脉冲以"0"来表示，高电平脉冲以"1"来表示。这种简单的能力是计算机其他所有功能实现的基础。

内存插槽

AGP 插槽

CPU 风扇

PCI 总线插槽

⬆ 主板是所有计算机的中央电路板。所有关键的计算机部件，如显卡和声卡等都插在主板上，这其中最重要的部件是计算机的大脑——中央处理器（CPU）。

电子电路的类型

电子电路有两种类型：模拟电路和数字电路。模拟电路使用连续的电流，数字电路则使用电脉冲。数字电路上的元器件控制着这些脉冲在电路板上移动时的强度和方向。声音和图片等信息以二进制代码的形式被包含在脉冲中。由数字1和0组成的二进制代码为现代电子设备所采用，例如 MP3 播放器和计算机。

➡ 集成电路又被称为微芯片，它小到可以刻在一小块硅片上。集成电路中包含数以千计的元器件，几乎存在于当今所有的电子设备上。

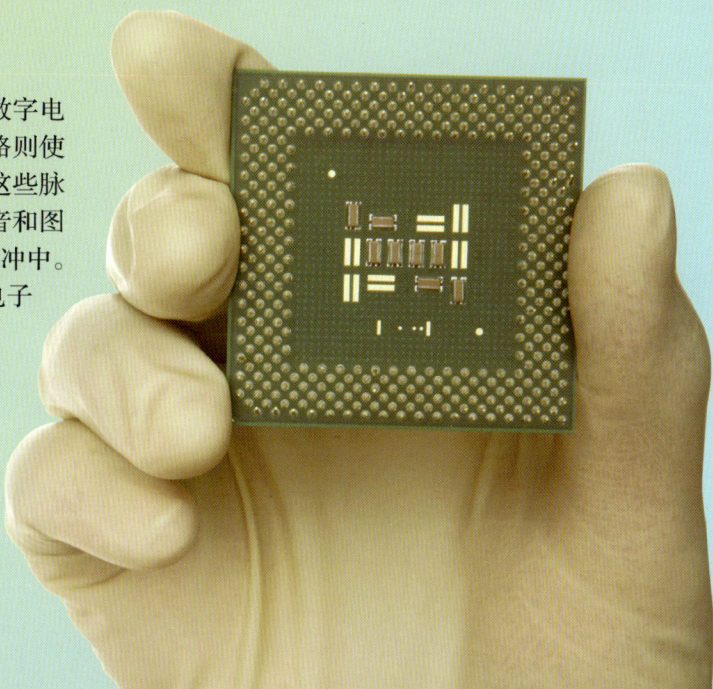

发现更多 ▶ 电 第26~27页 ■ 运动和力学 第36~37页 ■ 航空器 第198~199页

电话

电话是使用非常广泛的通信工具之一，全球有50亿人拥有电话。

当你对着电话的话筒讲话时，传声器将声音转换为电信号，并通过电话网络发送到你正在呼叫的电话上。当被呼叫的电话接听时，传声器将电信号转换回原始声音，即你的声音。大多数电话都有一个可以通话的听筒、一些拨号的按钮和一个能让你知道有人打电话给你的振铃器。

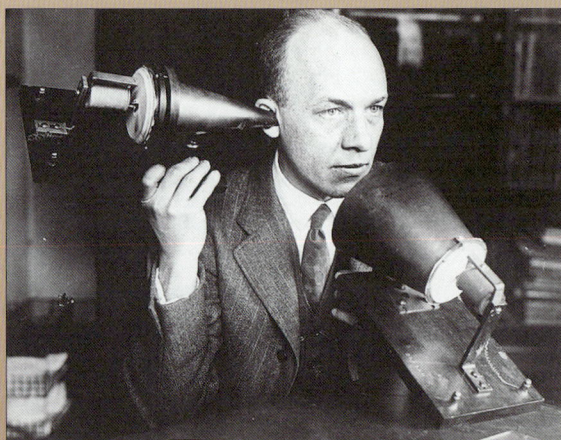

↑ 亚历山大·格拉汉姆·贝尔于 1876 年发明了电话。贝尔的第一个电话打给了他在另一个房间里的助手。他说："沃森先生，快来呀，我需要你！"

连接呼叫

全球性的电话网络能让人们根据电话号码给世界上的任何一个人打电话。固定电话的呼叫通过铜缆发送给主电话网络的本地电话交换机，随后通过光纤电缆、卫星、微波或海底电缆发送给其他电话交换机，最后到达你正在呼叫的电话上。

← 旋转号盘电话是现代键盘手机的前身。要使用这种电话，用户必须将手指放在相应数字的指孔中并顺时针旋转拨号盘。

↓ 1844 年，美国发明家塞缪尔·莫尔斯对外发送了世界上第一条电子信息。莫尔斯发明了电报，这是一种可以沿着电线发送脉冲的通信方式，这种脉冲又被称为莫尔斯电码。很快，人们就开始使用莫尔斯电码进行远距离通信。

智能手机采用触摸屏技术，该技术使手机可以感应到屏幕上手指或触笔的移动，并做出相应的反应。

触屏手机

移动电话

移动电话又被称为手机，它不像固定电话那样使用电话线，而是通过由基站组成的蜂窝网络发送无线电波。当人们用手机拨打电话时，手机先向最近的基站发送无线电波，再由主电话网络将呼叫请求发送到离被呼叫电话最近的基站。

动手一试

制造一个你自己的双工电话。

所需材料：2 个纸杯、1 根 2 ~ 3 米长的线、1 支铅笔、1 位小伙伴。

· 第 1 步：用铅笔尖在 2 个纸杯的底部分别戳一个小孔。

· 第 2 步：将线的一端通过小孔穿过纸杯，在纸杯里打个结。

· 第 3 步：在另一个纸杯中重复第 2 步的操作。

· 第 4 步：让线保持紧绷，对着一个纸杯讲话，让你的朋友把另一个纸杯举到耳边，看他 / 她是否能重复你说的话。

当你对着纸杯说话时，你的声音会传到杯子的底部，而声音所产生的振动会传送到被拉紧的线上。

传统电话业务网络

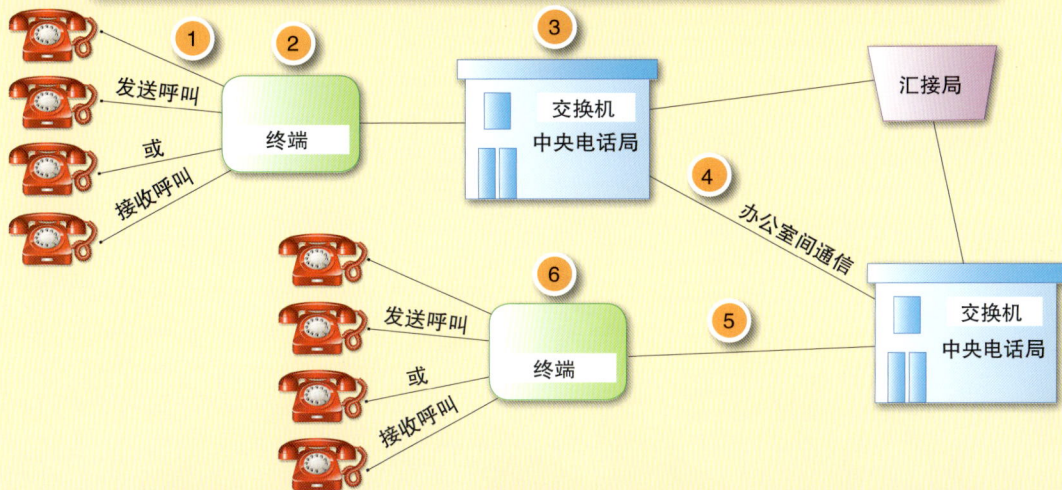

① ② ③

发送呼叫

或

接收呼叫

终端

交换机 中央电话局

汇接局

④

办公室间通信

⑥ ⑤

发送呼叫

或

接收呼叫

终端

交换机 中央电话局

发现更多 ▶ 声音和声学 第32~33页 ■ 简单机械 第184~185页 ■ 潜艇 第196~197页

无线电

每天有数百万人通过收音机收听新闻和娱乐节目，这些广播信号通过无线电波进行传输。无线电波以光速进行远距离传播，不需要电线或电缆。

为了将声音进行广播，首先必须用传声器把声音转换成电信号，电信号随后与被称为载波的无线电波混合，这一过程称为调制。接下来，经过调制的无线电波通过大功率发射机发出。接收到无线电波的无线电天线将其转换回电信号，再通过扬声器转换成原始声音。

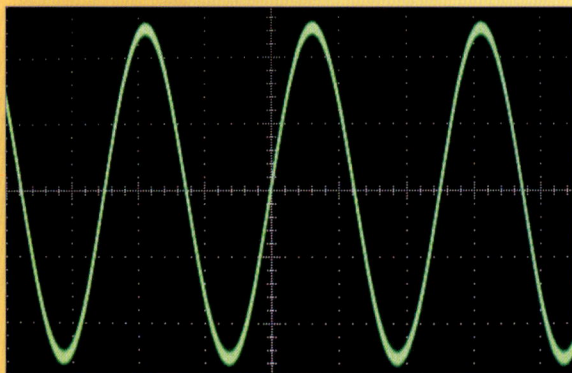

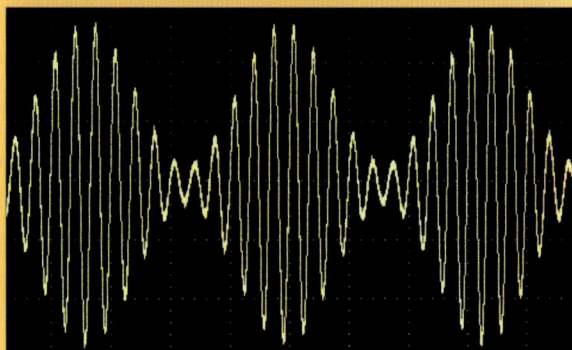

⬆ 人们用频率或波长来度量无线电波。波长是指从一个波峰到相邻的另一个波峰的距离。频率是指单位时间内完成周期性变化的次数。

⬇ 调制是一种利用含有信息的信号改变载波信号的某个参数的过程。常用的调制方式有两种：频率调制（也叫调频）是利用调制信号改变载波的频率，振幅调制（也叫调幅）是利用调制频率改变载波的振幅。

频率极高的波通过大气层

高频波在被反射之前传播得更远

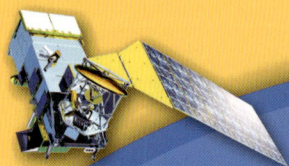

低频波被反射

"跳过"

电离层

电离层

历史

1896 年，伽利尔摩·马可尼成为第一个发送远距离（2.4 千米）无线电信号的人。他用风筝和热气球使信号到达了更高的高度和更远的距离。1901 年，马可尼发送了一个横跨大西洋的无线电信号，现代无线电广播就此诞生。马可尼发送的信号从大气层的最高层——电离层被反射回来，尽管当时并没有人意识到这一点。

⬇ 现在的很多广播节目都是数字广播，即利用地面发射站发射数字信号来达到广播和数据资讯传输的目的。

无线电的类型

许多不同形式的通信都会用到无线电。例如，救护车、警察局和消防站等提供紧急服务的设施或单位采用的是双工无线电，手机从通信杆接收无线电波，电视则利用无线电波接收图像和声音。

有趣的事实

世界上最古老的广播节目是美国纳什维尔的《乡村大剧院》，1925 年，这一节目首次播出了乡村音乐和西部音乐，并且至今仍在播放。

天线

刻度盘频率指示器

扬声器

OFF VOL   AM·FM   TUNING

音量和开关控制器

调频控制器

唱片

许多声音被人们用设备记录下来，以便后人也可以听到这些声音。音乐家们在录音室中录制他们的歌曲，然后这些歌曲被复制到 CD、MP3 等载体上，供人们购买和欣赏。

要记录这些声音，首先必须将它们转换成电信号。麦克风通过一个被称作振动膜的金属圆片来拾取声音，再用电磁铁将它们转换成电信号。然后，电信号便可以被记录下来，也可以通过扬声器回放。扬声器就像一个反作用的麦克风，它通过电磁铁将电信号转换成声波，使声音听起来就像最初被录制时那样。

⬆ 激光光盘是扁平的银色圆盘，通常用于存储音乐。把它插入 CD 播放器中，经激光扫描后便可读取其中的二进制信息。

⬇ 大多数专业唱片都是在录音室里录制的。每一种乐器的声音或人的声音都是单独录制，有自己的音轨。唱片是由录音师把许多不同的音轨混合在一起制成的。

唱片发展史

发明家托马斯·爱迪生于 1877 年发明了历史上第一台留声机，它将声音记录到锡箔圆筒上。在 20 世纪 20 年代，人们发明了磁带，为音乐作品的录制、复制以及售卖打下了基础。1931 年出现了黑胶唱片，20 世纪 60 年代出现了盒式磁带，20 世纪 80 年代出现了光盘。

◀ 爱迪生于 1877 年发明了留声机。留声机拥有一根唱针，它通过在锡箔纸上创建凹槽来记录声音。回放时，把唱针移动到录制时创建的凹槽上即可。留声机是最早用来录音的设备。

数字录音

数字录音是指把电信号转换成数字信号，即一系列的 1 和 0 的过程，即数字化。通过数字录音可以制作精确的音乐副本，并且可以重复播放而不影响音质。数字录音的内容经常被复制到 CD 上，然后人们可以从唱片店购买，或者也可以通过互联网购买和传送 MP3 音乐文件。

唱片　　唱头 / 唱针　　唱臂

平盘

回转台

▶ 黑胶唱片是在转盘上播放的扁平圆盘，声音被记录在唱片两侧的凹槽中，通过用唱针在其上移动来实现播放。除了盒式磁带外，在 20 世纪的大部分时间里，黑胶唱片是最流行的音乐播放方式。

模拟录音

模拟录音是指对麦克风产生的电信号进行复制，并将其以磁信号的形式记录在磁带上的过程。在 20 世纪的大部分时间里，所有的录音方式都是类似的，音乐经常被复制到流行的盒式磁带上。模拟录音的使用时间并不持久，因为磁带在每次播放时都会磨损，最终使声音变得模糊和扭曲。

有趣的事实

· 自 20 世纪 80 年代 CD 被发明以来，全球已经卖出了超过 2 亿张 CD。

· 2009 年，数字下载音乐占音乐总销量的 1/4。

· 2009 年，美国卖出了 300 万张黑胶唱片，比前一年增长了 100 万张。

· 2009 年，英国仅售出 8000 盒盒式磁带。

发现更多 ▶　声音和声学 第32~33页　■ 电子设备 第168~169页　■ 无线电 第172~173页

照相机

照相机是一种记录静止或运动的图像的设备，最初的照相机是用胶片拍摄黑白照片的大而沉重的木箱。如今，高分辨率的小型数码相机和彩色照片已十分常见。

内置闪光灯

拍摄模式拨号

快门释放按钮

主体

聚焦环

透镜

➡ 有些照相机和摄像机一样，通过快速拍摄许多静止图像的方式来记录运动的图像。电视和电影摄像机可以记录运动的图像以供传播，也可将其储存起来以备将来使用。随着科技的进步，我们现在可以用专门的设备在水下拍摄视频和静止图像。

把照相机对准一个物体并按下快门按钮就可以拍照。照相机的镜头通过收集并聚焦光线来记录被拍摄的物体。数码相机的工作原理是：先由一个图像传感器把物体记录下来，将光线转换成电荷，再由照相机内部的模 / 数转换器芯片将电荷转换成数字信息。这些信息存储于一个设备上（如记忆棒），可随时被传输到计算机上。

历史

照相机这个名字来自暗箱，暗箱是一个可以让光线通过凸透镜进入的巨大且黑暗的空间。早期的暗箱是一个带有镜头的像帐篷一样的箱子，直到 1685 年，人们才发明了便携式暗箱，当时的摄影图像只能暂时记录在底片上。1826 年，约瑟夫·尼塞福尔·尼埃普斯用木箱照相机拍摄了第一张永久照片。19 世纪末，赛璐珞胶片取代了底片，胶卷主宰了摄影，直到 20 世纪 90 年代数码相机问世。

有趣的事实

早期拍摄人像时，人们被要求静坐 20 分钟，以确保足够多的光进入照相机。

⬇ 进入照相机的光量必须是准确的，这样照片才不会太暗或太亮，这个过程被称为曝光。光圈决定了进入照相机的光量，快门控制了光线进入照相机的时间。

外部闪光灯

照相机镜头

f/16   f/11   f/8

f/5.6   f/4   f/2.8

胶卷

传统照相机记录图像的过程与数码相机一致，只是被拍摄对象的图像是被记录在胶卷而非图像传感器上。一卷胶卷通常可拍摄24张或36张照片，一旦全部用完，胶卷将被从照相机中取出，然后在暗室中使用化学药品进行冲洗。光通过冲洗后的胶卷照射到相纸上，从而冲印出一张照片。

← 为适应不同的拍摄条件和满足不同的拍摄要求，照相机可以安装不同的镜头。长焦镜头可以放大远处的物体，广角镜头可以把更多的物体放进一个画面中。大多数数码相机无须更换镜头就能变焦。

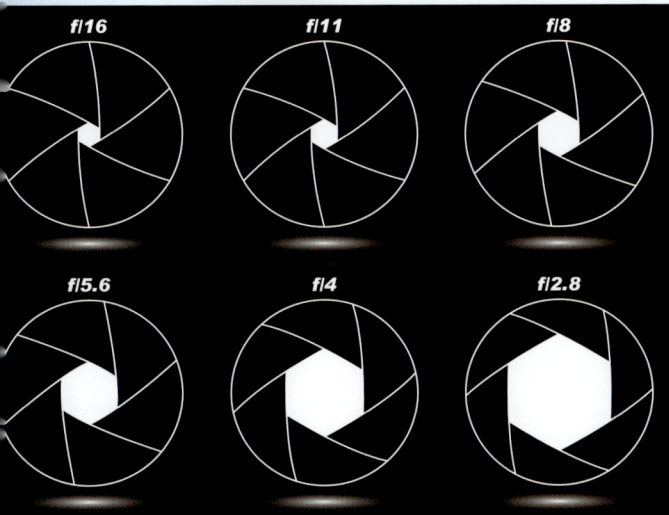

发现更多 ▶ 光和光学 第30~31页 ■ 透镜和面镜 第166~167页 ■ 电视 第178~179页

电视

电视使用无线电波在全球范围内传播动态画面。只需按一下按钮，我们就可以观看来自世界各地的新闻、体育和娱乐节目。

电视摄像机捕捉拍摄现场的光和声音，并将光分解成条形，计算出每一条中红色、绿色和蓝色的比例，然后将这些信息编码成电信号。接着，电信号被传送到电视上并转换成声音和红、绿、蓝 3 束光。光束在屏幕上以像素为单位进行排列，从而还原原始场景，电视的扬声器则重现声音。

↑ 阴极射线管是一个带有电子枪的真空管，电子枪可以发射一股电子流，在荧光屏上产生图像。早期的电视和计算机显示屏采用的就是这种材料，但到了 21 世纪，阴极射线管就基本上被等离子体和液晶显示器所取代了。

有趣的事实

美国小孩每年花在学校的时间平均为 900 小时，而看电视的时间则为 1500 小时。

喇叭形馈源　　碟状抛物面

地面电视、有线电视和卫星电视

　　电视可以通过无线电波、电缆或卫星进行广播。对地面电视（又叫天线电视）来说，无线电波由发射机发送并被电视的天线所接收，数字电视也采用了这样的方式；有线电视通过地下巨大的电缆群直接向电视机发送信号；卫星电视则是由太空中的卫星将信号反射到与家庭相连的小型卫星天线上。

◀ 碟形卫星天线是一种外观为碟形的天线，可以发送和接收信号。信号通过中央的喇叭形馈源进入碟形卫星天线后，经过碟状抛物面的反射，以窄光束的形式发送给碟形天线接收器。

历史

　　许多发明家都为我们现在所熟知的电视机的发明和完善做出了贡献。1884 年，德国科学家保罗·尼普科夫发现了一种将图像转换成电信号的方法。尼普科夫发明了一种扫描圆盘，它可以把一幅图像转换成电信号，并通过电线进行传输，另一端的接收机再将电信号转换回原始图像。1924 年，苏格兰发明家约翰·罗杰·贝尔德首次用一张扫描圆盘传送了一些真正的电视图像，虽然这些图像既模糊又闪烁，但仍可以辨认出一张人脸。

▲ 一个动态画面由一幅又一幅快速运动的静态图像组成。如果近距离观看影片，你可以看到动态画面中静止的部分。

◀ 在现代，电视已经演变为家庭娱乐系统的一部分。人们能够观看高清晰度或数字图像的宽屏电视，并感受环绕立体声音效。人们还可以利用录像带、DVD、VCD 和蓝光光碟等广播电视之外的媒介进行娱乐。

发现更多 ▶ 　光和光学 第30~31页　■ 运动和力学 第36~37页　■ 透镜和面镜 第166~167页

计算机

70 年前的计算机重达数吨，体积有一个房间那么大，同一时间只能完成一个计算任务。如今，计算机拥有更强大的功能和更便携的体积，可处理从预订酒店到设计火箭等几乎任何事情。

计算机由硬件和软件两部分组成：计算机的硬件是它的实体部件，如屏幕、键盘和鼠标等；计算机的软件是一组告诉计算机该做什么的程序，其中最重要的程序是操作系统，它能确保软件和硬件正常工作。计算机还能运行应用程序，包括游戏、互联网浏览器和文字处理器等。

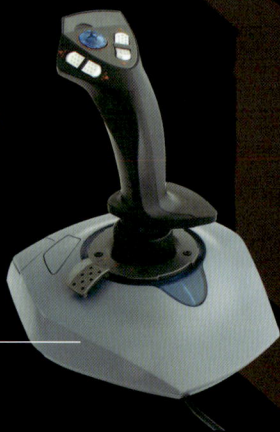

游戏操纵杆

历史

第一代计算机诞生于 20 世纪 40 年代，它体积巨大，能将整个房间填满，并且需要耗费大量电力才能完成按现代标准来说非常基础的计算。直到 20 世纪 40 年代，人们发明了晶体管，计算机的功能才变得更加强大。而集成电路的发明则为个人计算机的普及铺平了道路。

有趣的事实

1943 年，时任国际商业机器公司 (IBM) 总裁的托马斯·沃森认为全世界的计算机需求只有 5 台。如今，全世界共售出了 10 亿多台个人计算机。

⬇ 电子数字积分计算机（ENIAC）是第一台通用的数字计算机，它是 1946 年由美国物理学家约翰·莫奇利和美国工程师约翰·埃克特设计的。这台被称为"巨型大脑"的机器重达 30 吨。

运行

每台计算机都有一个微处理器，它通常被称为中央处理器（CPU）。中央处理器就像计算机的大脑一样执行所有计算并运行所有程序。计算机处理的所有计算都使用二进制代码，即只使用"0"和"1"两个数字。每个1或0被称作1位（也称作比特），8位被称作1个字节。计算机每秒能够处理的字节数量被称为带宽。

扫描仪

网络摄像头

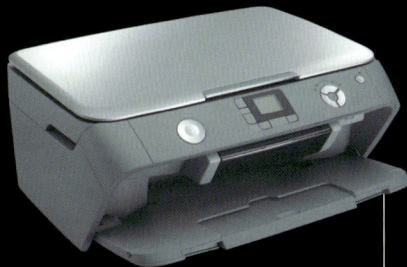
打印机

➲ 外围设备是指可插入计算机的外部硬件设备，包括打印机、扫描仪、网络摄像头和游戏设备等。

内存

计算机将大部分信息存储于硬盘上，当计算机关机时，这些信息不会被删除。另外，计算机还有一个被称为随机存储器（RAM）的短期存储器。随机存储器只在计算机开机时使用，关机后信息即被删除。另外，信息也可以存储在外接硬盘、通用串行总线（USB）闪存盘、CD或DVD上。

⬆ 计算机病毒是可以感染并损坏计算机的程序。病毒可自我复制并传播到尽可能多的计算机上，通常它通过像互联网一样的网络进行传播。每月有超过6000种新的计算机病毒被释放。

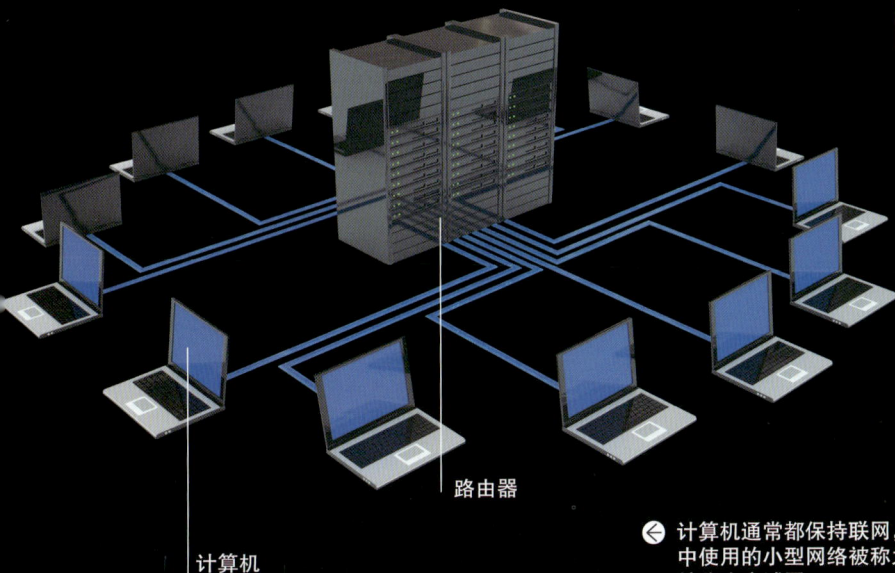
路由器

计算机

⬅ 计算机通常都保持联网，因此信息可以在它们之间共享。办公室中使用的小型网络被称为局域网，像因特网一样范围更广的网络被称为广域网。

发现更多 ▶ 电 第26~27页 ■ 互联网 第182~183页 ■ 家用科技产品 第206~207页

互联网

互联网是一个将全世界数十亿台计算机连接在一起的全球性网络。个人以及公司、组织和政府等机构的各个网络之间的联系构成了互联网，人们将信息放在互联网上供他人查询。

计算机有多种方法可以接入互联网，其中一种是用电话线将你的计算机和调制解调器连接起来，后者使用电话线将计算机连接到被称为互联网服务提供商（ISP）的大型主机上，以登录互联网。随后，你可以在浏览器中输入一个网址，这时你的 ISP 会向存储该网页的计算机发出请求，该计算机再将网页发送回 ISP，ISP 再将信息发送给你。所有这些都发生在几秒之内。

万维网

万维网是一个可以通过互联网进行访问的巨大的网站系统，人们可以在万维网上查看带有文本、图像和视频的网页。万维网是相互连通的，因此，你可以轻松地从一个主题跳转到另一个主题。

一个网页的统一资源定位符（URL）是它在万维网上的地址。

http://www.ptpress.com.cn/p/z/1523255307009.html/

http://　协议名，使浏览器显示文件。

www.ptpress.com.cn　网站及其所在的服务器的名称。

1523255307009.html　说明该文件是用超文本标记语言 (HTML) 编写的。

.com　网站名称的最后一部分通常是 ".com" 或类似的形式，不同的结尾代表着不同的含义。

.com: 代表一家公司；

.edu: 代表一所学院或大学；

.gov: 代表一个政府机构；

.org: 代表 一个组织。

家用计算机　调制解调器　电话网　调制解调器池　ISP 端口服务器　路由器　路由器

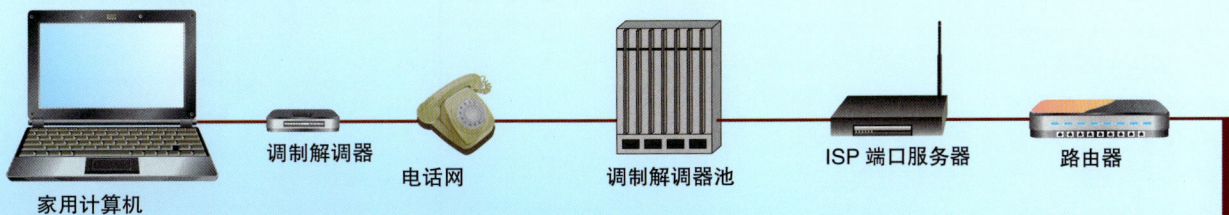

互联网由许多大大小小的相互连接的网络组成，路由器决定你的计算机和互联网服务器之间的传输路径。

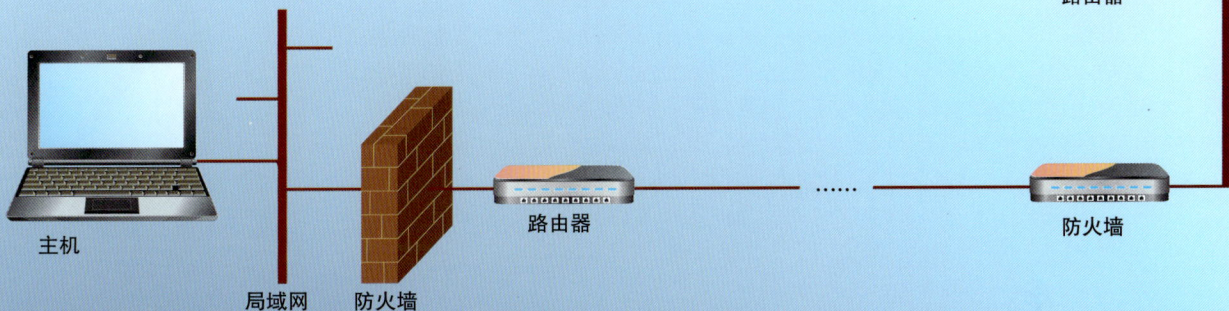

主机　局域网　防火墙　路由器　防火墙

电子邮件

电子邮件是一种通过互联网发送和接收信息的方式。每个用户必须有一个电子邮件地址，包括名称和域名，这通常也是你的 ISP 名称。电子邮件就像一封信，你可以附加如文档或音乐文件等形式的内容。电子邮件一旦被发送出去，首先会到达你的 ISP，然后到达接收人的 ISP，最后被接收人接收。

协议

协议是所有使用互联网的计算机必须遵守的一套规则，协议还为计算机提供显示信息的正确格式。例如，超文本传输协议规定了人们如何浏览网站，也就是网址开头的 "http" 所代表的意思。

如今，大多数企业在研究、编写文档和举办会议等方面非常依赖互联网。互联网打破了距离和时间对人们的限制。

有趣的事实

微软股份有限公司创始人比尔·盖茨曾在 2004 年预言：到 2006 年，垃圾邮件将不复存在。显然，他错了。

呼叫中心依靠互联网向全球消费者发送新产品和服务的相关信息，并为用户提供查询服务。

发现更多 ▶ 电 第26~27页 ■计算机 第180~181页 ■家用科技产品 第206~207页

简单机械

设计机械的目的是为了使人类的体力劳动变得更容易。杠杆、楔子、轮轴、滑轮和螺钉这5种简单机械可以组合成复杂的机械。

简单机械帮助我们以更小的力来举、推、拉或转动物体。楔子又被称为缓坡，它是一个很好的例子。缓坡用来把重物推到更高的地方，因为把重物推上缓坡要比直接提起重物容易得多。独轮车让人们将货物推上坡道变得更加容易，而独轮车使用了另外两种简单机械：滑轮和轮轴。复杂机械部分或全部由简单机械组成，比如自行车由轮轴、杠杆和滑轮等组成。

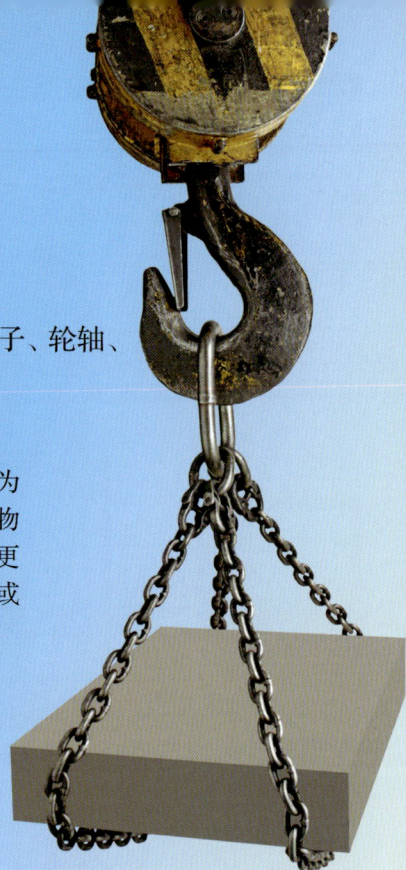

滑轮

滑轮是一种使用轮子和绳索来拉起重物的简单机械。它的工作原理是：用一根绳子环绕一个或多个轮子，然后向下拉绳子以提起重物。这意味着一个人可以举起非常重的物体，比如洗衣机。复杂的滑轮使用多个轮子来提起重物，轮子越多，举起重物所花费的力气就越少。

↑ 起重机使用一系列的简单机械来升降物体。起重机的杠杆提供平衡，而滑轮则提供升力。

杠杆

杠杆是最古老且最简单的机械之一，人们用杠杆来跷起重物。所有的杠杆都有一个支点，它决定了举起重物所需要的力的大小。跷跷板就是一种杠杆，你必须坐在离支点较远的地方才能跷起比你更重的人。不同杠杆的支点位于不同的位置，比如坚果钳的支点就位于末端，而不像跷跷板那样位于中间。

有趣的事实

人们在公元前3500年左右的美索不达米亚的雪橇上发现了已知最早的轮子。

← 跷跷板的工作原理是：将支点置于杠杆的中心，使跷跷板保持平衡。如果把跷跷板的支点移到任何一边，跷跷板就会失去平衡。

楔子

　　楔子是一种边缘很薄的三角形物体，通常由木头或金属制成。转动楔子的一侧可以形成一个缓坡，用来将重物向上推。由于楔子的边缘很薄，所以人们可以用楔子向下发力。例如，螺丝刀有一个用来拧紧螺钉的楔子，斧头有一个用来劈开木头的楔子。

← 斧头是楔子的一种。楔子可以用来分离、提起或固定物体。

→ 螺钉通过把旋转运动转化为直线运动，从而将物体固定于界面上，这是最常见的简单机械之一。

车轮和轮轴

　　早在公元前 400 年，古希腊人已经知道如何使用复式车轮了。车轮还被认为是人类的一项伟大发明。车轮是一个与较小圆形部件相连的较大圆形部件，而较小的圆形部件就是轮轴。转动车轮能在轮轴上产生强大的旋转力，旋转力作用在轮轴上，使其只转动较短的距离就能让车轮转动更长的距离。

螺钉

　　螺钉是将物体固定在一起的简单机械。螺钉的平头带有凹槽，可以带动脊轴转动。将被称为螺丝刀的楔子插入凹槽并转动其头部，所产生的巨大的力能将螺钉的脊轴旋入物体中。轴上的螺纹可确保螺钉不会掉下来。

↓ 汽车的车轮依靠简单的轮轴转动。第一个车轮在转动时带动了轮轴的转动，因为轮轴与第二个车轮相连，所以也带动了第二个车轮的转动，从而使汽车向前移动。

车轮

轮轴

发现更多 ▶ 能量和力 第24~25页 ■ 运动和力学 第36~37页 ■ 电子设备 第168~169页

发动机

发动机用来驱动机动装置，包括汽车、飞机和火车等交通工具。利用燃烧煤或汽油等燃料产生的热量，发动机能使机动装置的零件动起来。

发动机共有两种类型：外燃发动机和内燃发动机。前者在发动机外部的腔室中燃烧燃料，后者在发动机内部燃烧燃料。发明于1705年的蒸汽机是一种驱动船舶和火车等机动装置的外燃发动机。内燃发动机发明于1859年，现今大多数道路交通工具都靠它燃烧汽油和柴油来驱动。

⬇ 喷气发动机是驱动飞机的动力极强的内燃发动机。空气被吸入发动机前部并与燃料混合，由此产生的热气体从发动机的后部被挤出。

垂直安定面

前起落架

机翼

水平安定面

舵片

汽油和柴油

内燃发动机使用汽油和柴油来驱动汽车、摩托车、卡车和公交车等机动装置，并利用内部腔室和火花塞来点燃少量燃料，由此产生的热能会推动活塞在汽缸内做上下运动。活塞推动曲轴转动，从而带动汽车的车轮转动。由于柴油发动机将柴油加热到了极高的温度，因而无须火花塞来点燃。

➡ 多数道路交通工具使用类似如右图所示的四冲程内燃发动机。

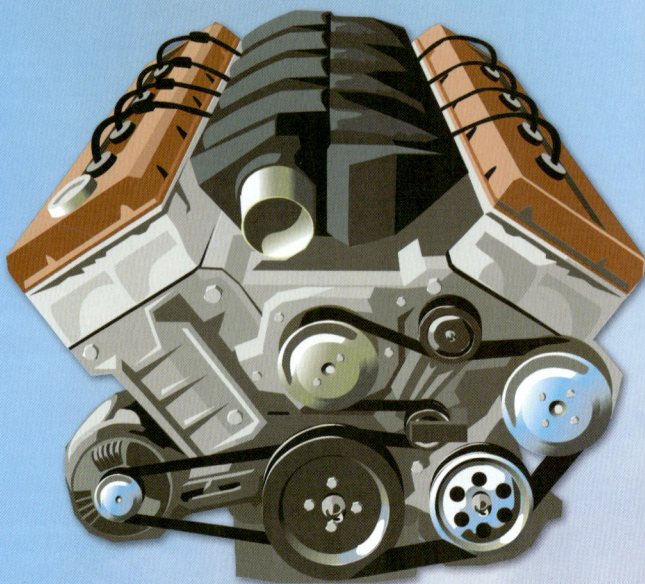

蒸汽

　　蒸汽发动机通过燃烧发动机外部腔室的煤或木材等来驱动。燃烧燃料产生的热量使水沸腾，从而产生蒸汽，蒸汽行进至汽缸，推动活塞上下运动并使机器的轮子转动。现代社会中的蒸汽动力主要用于发电，现代汽轮机贡献了全世界约 80% 的电力。

火箭

航天飞机

↑ 18~19 世纪，蒸汽动力主要以煤炭为燃料来驱动巨型工业机动装置。第一辆由蒸汽驱动的铁路机车由理查德·特里维西克于 1803 年建成。

➡ 火箭发动机产生热气体的方式与喷气发动机相同，不同的是，火箭的燃料会与液氧而非空气混合，这有助于将火箭推入太空。火箭所携带的液氧可以在太空中为其补给燃料。

有趣的事实

火箭发动机中的气体温度高达 3371 摄氏度，因而发动机必须采用特殊材料制作，否则高温会将其熔化。

发现更多 ▶ 能量和力 第24~25页 ■ 运动和力学 第36~37页 ■ 汽车和摩托车 第188~189页

汽车和摩托车

　　汽车和摩托车是常用且便捷的陆上交通工具，两者都有车轮和一台汽油、柴油或电动发动机，通常还有足够的空间（可容纳 1 ～ 8 人）。全世界共有超过 8000 亿辆汽车和摩托车。

　　德国发明家卡尔·本茨因制造了第一辆汽车而被人们铭记，但直到 1908 年，企业家亨利·福特才向公众推出了首款价格合理的大规模生产的汽车——福特 T 型车。第一辆摩托车于 1885 年在德国被发明出来，当时被称为"骑式双轮车"。

◄ 竞技摩托车的发动机十分强大，它的速度比大多数汽车都要快。

摩托车

　　摩托车是全世界最为常见的内燃机车之一，从长途旅行到泥地赛车，摩托车几乎能应付一切路况。大多数现代摩托车都拥有一个汽油发动机和一个钢质或铝质的外壳。摩托车发动机中燃烧室的尺寸决定了它的动力。像轻便摩托车这样车速较慢的摩托车，其燃烧室仅有约 50 立方厘米；车速更快的摩托车被称为超级摩托车，燃烧室约有 1500 立方厘米。

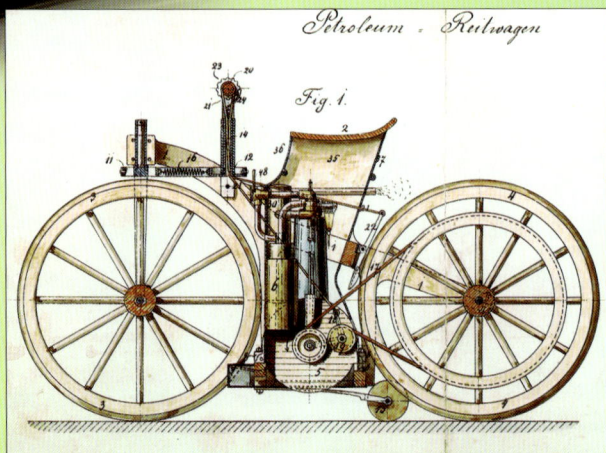

↑ "骑式双轮车"是使用燃烧汽油的内燃发动机的摩托车，1885 年由戈特利布·戴姆勒和威廉·迈巴赫在德国制造，且只制造了一辆，其速度可以达到 16 千米 / 时。

有趣的事实

1924 年，一台福特 T 型车的售价为 265 美元。它被人们称为"廷·利齐"，"利齐"一词是行话，在当时代表的是一个可靠的仆人！

◀ 卡尔·本茨的奔驰一号车有 3 个轮子，最高速度为 16 千米/时。这辆车噪声巨大，散发着浓重的汽油味，司机可以感受到汽车在马路上行驶时发生的每次颠簸。1888 年，卡尔·本茨的妻子贝瑞塔成为首位驾驶奔驰一号车的人。

汽车

内燃发动机开启了汽车革命，然而首款汽车噪声巨大、颠簸且价格昂贵。如今的汽车安静、可靠并且易于驾驶。大多数汽车使用四冲程发动机，通过燃烧柴油或汽油在汽缸中推动活塞上下运动。活塞通过运动推动汽车的曲轴和齿轮，从而带动车轮转动。差速器是另一种齿轮系统，可以让车轮以不同的速度旋转，这使得汽车能够有效地转弯。

▼ 全世界数量巨大的汽车导致了严重的污染，对环境造成了破坏。电动汽车使用以电池供电的发动机来代替汽油发动机，电池可重复进行充电。电动汽车不会释放有毒气体，因此不会污染空气。

发动机盖　前照灯

发现更多 ▶ 能量和力 第24~25页 ■ 运动和力学 第36~37页 ■ 公路、桥梁和隧道 第144~145页

火车和卡车

火车和卡车拥有强大的发动机，可以在陆地上运输重物。卡车牵引着拖车，可运载食品和汽油等货物；火车拉动着车厢，可运载煤炭、汽车和旅客。

第一辆初具现代蒸汽机车基本构造特征的蒸汽机车于1829年在英格兰建成，它被称为"火箭"，可沿铁轨以47千米/时的速度行驶。蒸汽火车在19世纪和20世纪初占主导地位，后来逐渐被使用柴油和电力的火车所替代。德国发明家戈特利布·戴姆勒于1896年设计了第一辆卡车。

↑ 许多大城市利用地铁网络来帮助人们在城市中便捷出行。这些网络通常使用电轨，并由4条或多条互连的线路组成。伦敦拥有全世界最古老的地铁系统，它诞生于1863年。

火车

大多数火车沿铁轨行驶，由柴油发动机提供动力，或由架空电线提供电力。单轨列车沿着单轨行驶，磁悬浮列车凭借其下方的强力磁体悬浮在轨道上方。载客列车牵引着多个供人们乘坐的车厢，而载货列车则牵引着可装载货物的车厢。许多现代火车使用高速轨道，例如日本的子弹列车，其速度超过320千米/时。世界上最快的火车之一是法国高速列车（TGV），其速度曾达到574.8千米/时。

↓ 磁悬浮列车使用磁悬浮（简称磁浮）技术，通过强力磁体让列车悬浮在轨道上方。它们比有车轮的火车更快、更平稳，且更安静。人们认为磁悬浮列车将主导未来的铁路网络，并可能成为有史以来最快的火车。

↑ 半挂车和铰接式货车都属于大型货运卡车之列，这些卡车都牵引着一辆或多辆拖车，它们通常用于长途运输。

卡车

现代卡车有各种形状、尺寸和类型，包括消防车、汽油罐车和皮卡车等。所有卡车均由汽油或柴油内燃机提供动力。许多卡车用于商业用途，例如运载货物。几乎所有卡车都建造在一个被称为底盘的车架上，拥有一个被称为驾驶室的驾驶隔间，以及一个存放货物或装载设备的区域。许多卡车会牵引一辆或多辆拖车以运载更多的货物。

← 消防车的主要用途是让消防员快速到达火场。大多数消防车都配有警报器、阶梯和软管，拉响警报器可让道路上的其他车辆合理避让，阶梯用于抵达建筑物高层，软管用来浇灭火焰。另外，车上还有斧子、切割工具、探照灯和呼吸设备等多种设备。

有趣的事实

全世界最长的铁路是横跨俄罗斯的西伯利亚大铁路，走完全程需要 7 天 7 夜的时间。

发现更多 ▶ 电 第26~27页 ■ 运动和力学 第36~37页 ■ 公路、桥梁和隧道 第144~145页

建筑机械

世界上一些较大的机械是用于建造建筑的。从移动数千吨的土到抬起巨型石块，建筑机械坚固而力量强大，可以处理各种繁重的工作。

建筑机械通常根据其作业类型进行分类，例如吊装、挖掘、运输和钻孔。所有刚动工的建筑工地首先要做的事情是挖掘土方。几乎所有建筑物都是在坚固的钢筋混凝土地基上建造的，这些地基通过一个个洞深扎于土地中。推土机协助斗式链轮装货机将土堆铲起并倾倒在自卸卡车上，自卸卡车载着土驶出工地，这样就创造了一个地基洞。起重机等起重设备也会被用来抬起作业过程中使用的重型材料。

➡ 隧道掘进机通过切割岩石和土壤的方式来建造深隧道，例如英国和法国之间的英吉利海峡海底隧道。它拥有一个旋转切割轮和一个将其向前推动的推力系统。

⬇ 越野自卸卡车用于抬起和移动重型建筑材料。根据负载从倾卸车上被卸下的方式，它们被分为底卸卡车和侧卸卡车。利勃海尔 T 282B 是世界上最大的自卸卡车，重达 230 吨。

液压机械

大多数建筑机械，包括推土机、轮式装载机和起重机在内，都由液压装置提供动力。液压机械由压迫液体通过管道而产生的高压液体提供动力，高压液体通常也能推动缸体中的活塞。液体的推力为机械进行抬起、推动和挖掘工作提供了强大的动力。除了像挖掘机铲斗这样的控制机械工具外，液压装装置也可为履带或车轮提供动力。

↑ 巴格尔 288 是有史以来最大的斗轮挖掘机，也是世界上最大的履带式机械。它高 95 米，长 215 米，重 13500 吨。

有趣的事实

为了在美国西雅图建造太空针塔，467 台混凝土搅拌机必须在 1 天内填充深 9 米、宽 36 米的地基洞。这是美国西部历史上最大的连续混凝土浇筑工程。

履带

建筑机械需要利用专门的轮胎或履带穿过崎岖不平的建筑工地。最常见的履带被称为连续履带，它由连接在一起的多个履带组成，赋予机械牵引力的同时，每个履带都能分担车辆的重量，使其不会下沉或卡在软土中。根据不同的地形条件，如坚硬压实的地表、松软的地表和多岩石的地表，共有 6 类轮胎可供建筑机械选择。

→ "Thialf 号"是世界上最大的半潜式起重船，其双重起重机的联合起重能力为 14200 吨。

发现更多 ▶ 运动和力学 第36~37页 ■ 建筑材料和工艺 第142~143页

船舶

几千年来，人们用船舶在全世界的海洋、河流和湖泊中航行。最开始的小船依靠桨和帆在水中航行，如今，大型船舶由发动机和螺旋桨驱动。

迄今为止，人们所发现的最古老的船是大约8000年前的独木舟。公元前4500年，古埃及人制造出了简单的纸莎草芦苇船和木质帆船。到了公元前500年，古希腊人发明了有两面船帆的船舶。16世纪，人们使用大型帆船来探索新世界。19世纪，帆船逐渐被使用蒸汽发动机和螺旋桨的船舶所替代。

◀ 乘坐维京长船的维京人侵略了欧洲的许多沿海村庄，任何人看到它们都会感到无比恐惧。维京长船最多拥有30只船桨和船帆，是当时速度最快的水上交通工具。

大型船舶

现代船舶由发动机驱动，能跨越海洋进行长距离的航行。世界上较大的船舶是用来运输石油的超级油轮和运输大型集装箱的货柜船，这些巨型船只需要使用小型拖船将其引导至港口。游轮是承载游客在海上度假的巨型船舶。最大的游轮可以搭载超过6000人，游轮上还有餐厅、商店、游泳池、电影院和花园等设施。

◀ 气垫船使用空气垫在水上航行。气垫船通常作为渡轮使用，且只能进行短距离航行。气垫船由大型螺旋桨驱动，它既能在水上航行，也能在陆地上行驶。

皮艇是中间挖空的小艇，适合 1 ~ 2 人使用。皮艇是用一根长桨来驱动其在水中行驶的。几千年前，因纽特人就开始使用皮艇在北极海域捕鱼。

动手一试

你可以做个实验，让火柴棍在水面上运动。

需要的工具：一瓶洗洁精，一些火柴，一个装满水的塑料碗。

· 第 1 步：扔一些火柴棍到水里。

· 第 2 步：在碗的中心位置倒一点洗洁精，可以看到火柴棍将远离这片区域。

火柴棍这样运动的原因是，洗洁精在水的表面形成了一层薄膜，可以将火柴棍推离这个区域，这被称为表面张力。一些由电脉冲驱动的船就是利用了表面张力。

中国帆船是一种以竹子做桅杆的帆船，大约是在公元前 200 年发展起来的。如今，中国帆船依旧被普遍使用，特别是在中国沿海区域，常常被用来运送食物和货物。

小型舟艇

舟艇通常是用于在湖泊、河流和沿海水域中航行的小型交通工具，也有些舟艇可以远航至海中，比如渡轮和渔船。小型舟艇的主要部分是船体，它能让舟艇保持浮于水面的状态，舟艇也有甲板和被称为船舱的封闭空间。最开始的舟艇由原木、芦苇和兽皮制成。最近 100 年来，大多数舟艇都由钢铁、铝和玻璃纤维等材料制作而成。

发现更多 ▶ 运动和力学 第36~37页 ■ 海洋 第58~59页 ■ 导航 第200~201页

潜艇

潜艇是一种既可以在水下行动，又可以漂浮在水面上的舰艇。潜艇大小各异，从小型潜水器到可在水下潜伏数月的巨型潜艇，不一而足。

潜艇通常用钢或钛制造，外形酷似长形雪茄。小型潜艇有由电力或电池驱动的发动机，大型潜艇则由核动力驱动。潜艇通过螺旋桨进行前后左右的移动，利用压载舱进行上浮或下潜。注满水的大型压载舱可以让潜艇潜入水下，若注入压缩空气则可让潜艇上浮。船员通过一个垂直的圆柱体结构进出潜艇，通信装备和潜望镜通常也位于此处。

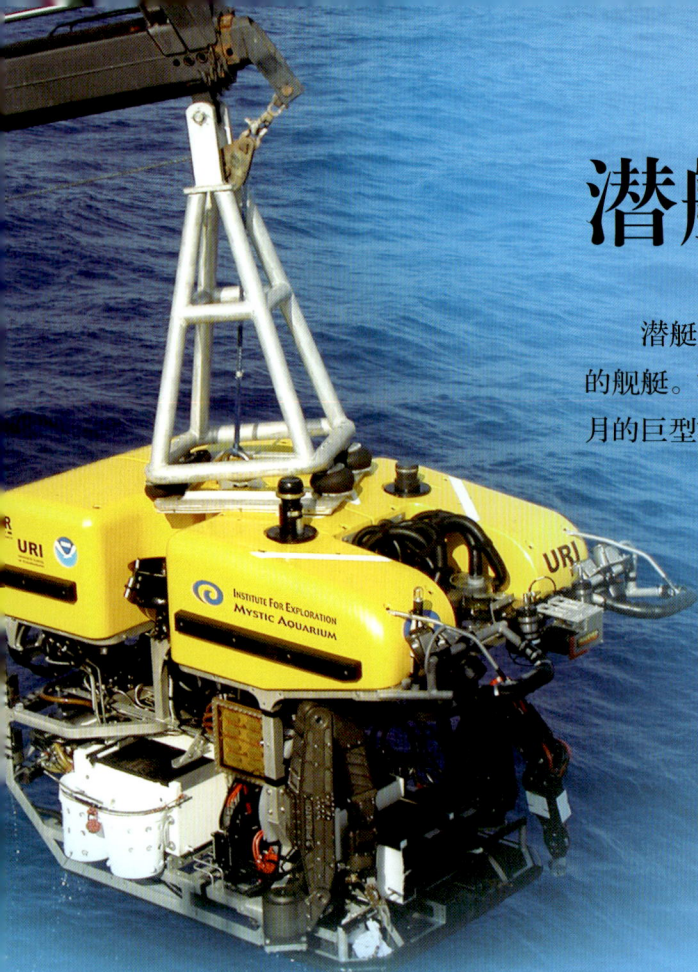

⬆ 潜水器用于以研究为目的的活动，如探索珊瑚礁或沉船。潜水器通常只能容纳1~2人，可进行遥控操作。很多潜水器通过一条系绳与船舶相连。

可搭载 ASDS 和 DDS 双系统

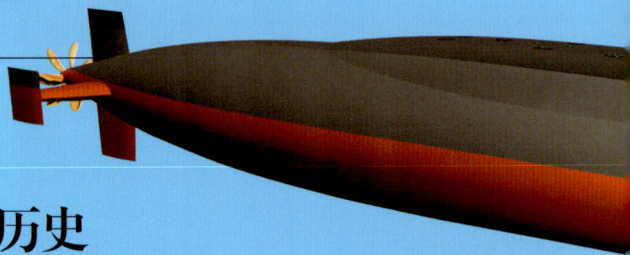

历史

1620年，科尼利斯·德雷尔发明了第一艘潜艇，当时的潜艇还是由桨叶驱动的。1775年，大卫·布什奈尔发明了由螺旋桨驱动的单人潜艇——海龟号。更多的潜艇在美国南北战争时期被投入试验，但直到1875年，爱尔兰工程师约翰·霍兰才成功建造出第一个潜艇模型——使用电力发动机的霍兰号。第一次世界大战和第二次世界大战见证了装载鱼雷的潜艇舰队的兴起。1954年，全世界第一艘核动力潜艇——鹦鹉螺号诞生。

◀ 苏联的台风级弹道导弹核潜艇是迄今为止人类建造的最大潜艇，它最长可以在海中待120天。此外，它还可以下潜至500米深，击破冰层，携带150名船员水平旋转180度。172米长的台风级弹道导弹核潜艇可以装载20枚射程超过12000千米的弹道导弹。

战争工具

由于潜艇在水下时通常无法被敌人勘察到，因此它成了一种可怕的战争工具。大多数潜艇都是出于战争目的而被建造的。两次世界大战期间，潜艇被用于在水下铺设水雷、用鱼雷摧毁船只以及击沉其他潜艇。如今，许多潜艇以核动力驱动，并可装载核武器，可在其鱼雷舱发射携带核弹弹头的弹道导弹，袭击数千千米外的目标。

➡️ 想要寻找敌人的潜艇或某一目标需要使用声呐（用于声音导航与测距）。潜艇的声呐在水中发射声波，声波在遇到障碍后会被反射回来。人们可以利用声波反射回来所用的时间计算潜艇到障碍物的距离。

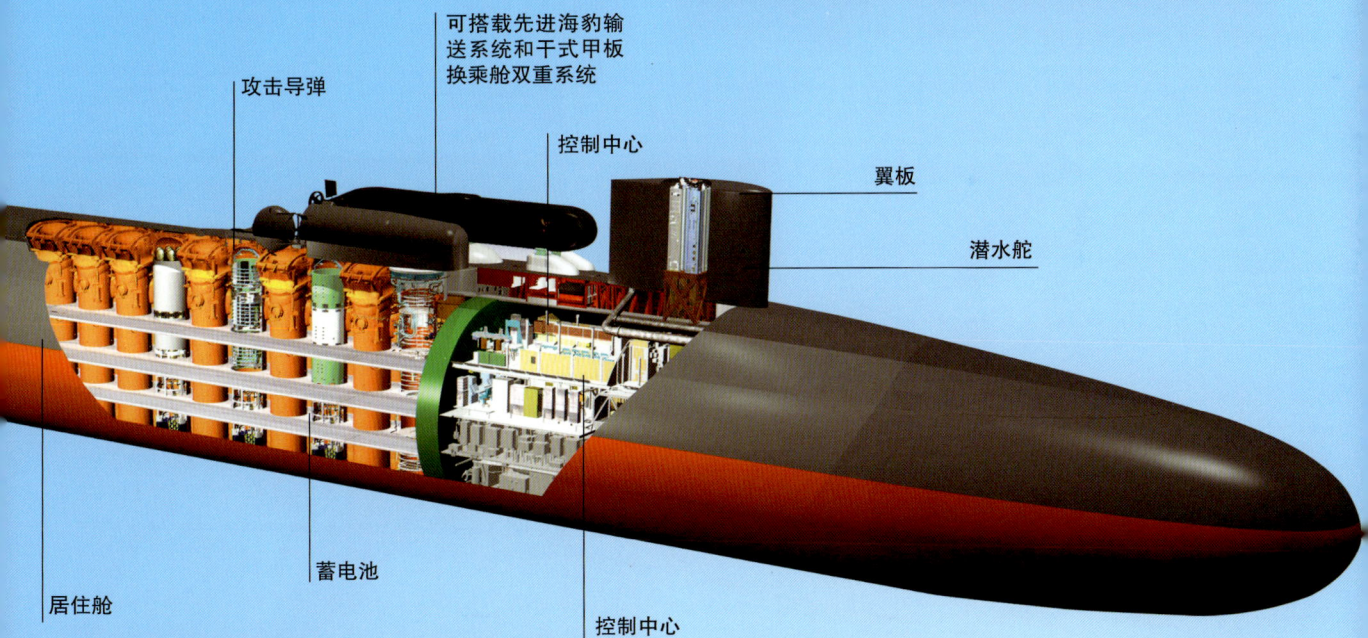

可搭载先进海豹输送系统和干式甲板换乘舱双重系统

攻击导弹

控制中心

翼板

潜水舵

居住舱

蓄电池

控制中心

⬆️ 潜艇中的氧气来自氧气筒、氧气罐或氧气发生器，氧气发生器可以使用海水制备氧气。潜艇可以从海水中提取淡水，用以冷却潜艇中的各种设备并供船员饮用。

有趣的事实

世界上第一艘核动力潜艇——鹦鹉螺号曾被一张渔网捕获，并在不知不觉中被渔船拖动了数千米。

发现更多 ▶ 引力和相对论 第22~23页 ■ 海洋 第58~59页 ■ 导航 第200~201页

航空器

天空中到处都是各种可以快速运送乘客或货物到远处的航空器。目前，世界上有许多不同种类的航空器，例如长途客机、直升机和热气球。

航空器可以飞行是因为它们有特殊造型的机翼，即机翼顶部呈曲线形，下方则是平的，鸟类的翅膀也有这种特征。当空气溢过机翼时将其抬升。螺旋桨或喷气发动机能让飞机高速飞行，这确保了机翼上方有稳定的气流。飞机有被称为机身的金属外壳，一个被称为垂直稳定翼的尾翼，一个供飞行员乘坐的驾驶舱，以及被称为起落架的轮子。

机身

⊗ 空客 A380 投产时是世界上最大的客机，最多可搭乘 853 人。空中客车公司的飞机常用来飞长途航线，所以又被称为远程客机，它们在加满油的情况下可以不间断飞行超过 12000 千米。

水平安定面

喷气发动机

机身

垂直安定面

驾驶舱

旋翼

直升机

直升机靠旋翼而非机翼飞行。旋翼充当机翼，旋转时可将直升机抬升。旋翼的桨叶向前倾斜，能让直升机往前运动。直升机尾部的小型旋翼能帮助直升机保持平衡，并帮助其转向。直升机可以向上、向下、向后、向前和向两侧飞行，还能悬停在空中保持不动，这些优点让直升机成为救援行动的理想工具。

尾翼

◄ 由于直升机可以在空中盘旋并来回移动，因此它十分适合执行救援工作。

滑橇式起落架

历史

几百年来，人类一直在寻找能像鸟儿一样飞翔的方法。1783 年，法国的蒙特哥菲尔兄弟在热气球上完成了人类的第一次自由飞行。1852 年，工程师亨利·吉法尔发明了由蒸汽驱动的飞艇，并进行了第一次轻于空气的动力飞行，飞行距离达 27 千米。莱特兄弟设计并建造了第一架飞机，该飞机被称为"飞行者 1 号"。1903 年，奥维尔·莱特进行了第一次重于空气的人工动力飞行，时间持续了 12 秒。第一次世界大战期间，人们使用了战斗机和轰炸机。到了 1929 年，喷气式发动机的发明为大型现代航空器的创造铺平了道路。

► 热气球由热空气驱动，热气将气球中的空气加热，使气球升起。乘客坐在气球下方的篮子中，篮子里还放有燃料箱，篮子的上方有一个被称为燃烧器的开放火焰。

SP-3099

◄ 滑翔机没有发动机，它利用气流在空中飞行。滑翔机在被释放前，通常由一根系在飞机上的拖拽缆绳拖至空中。滑翔机的最长飞行距离纪录超过了 965 千米。

发现更多 ▶ 太空探索 第20~21页 ■ 引力和相对论 第22~23页 ■ 发动机 第186~187页

导航

导航是用于知晓你所在的位置及规划到达目的地的最佳路线的工具。几千年来，水手们依靠星星进行导航。如今，船只、飞机和汽车都使用卫星进行导航。

尽管电子设备和卫星常被用于导航，但人们仍然会使用更为传统的方法。罗盘是最简单的导航工具，一根被磁化的针始终指向地磁北极。陀螺罗盘是一种更精确的自动化罗盘。水手们经常根据他们最后的已知位置和船速来确定他们当前的位置。

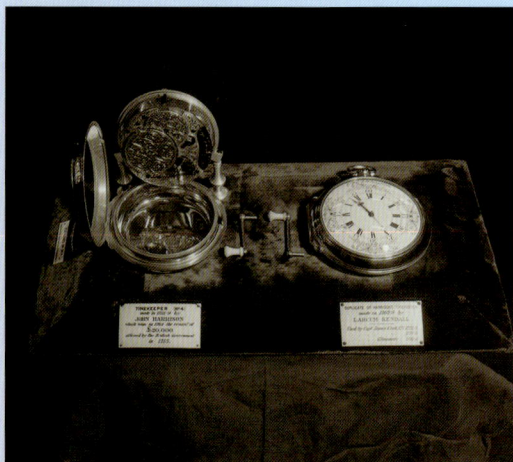

↑ 1759 年，约翰·哈里森发明了航海天文钟，它可以在不受天气或海洋活动的影响下确定船上的准确时间。随后，船只的经度可由时间和恒星、行星或太阳的位置计算得出。

历史

第一批领航员是水手。他们在白天航行，以熟悉的地标来辨别方向。水手们还利用太阳、北极星和星座来计算他们所在的纬度。指南针、航海图和海岸地图都发明于 13 世纪。在 15 世纪，人们发明了测量距离的工具，如直角器和六分仪。到了 1759 年，航海天文钟被发明了出来。航海天文钟能确定准确时间，这使得水手可以在地球仪上确定他们所在的经度。20 世纪，人们发明了用于导航的电子设备。

↓ 航位推算法是一种导航方式，人们可以根据船只最后被记录的位置和行驶速度计算出船只当前的位置，它还可以帮助确定日出和日落的时间以及船只到达的时间。

动手一试

你可以尝试制作一个简单的指南针。

你将需要：1 根缝纫针，1 块磁铁，1 块软木塞和 1 杯水。

· 第 1 步：将针在磁铁上朝一个方向摩擦多次。

· 第 2 步：将针穿过软木塞。

· 第 3 步：将软木塞放入水杯中。

根据你所居住的位置，软木塞将指向离自己最近的北极或南极，这是因为地球拥有磁场，并对所有磁性物体施加力。

⬇ 六分仪是一种供水手使用的装置，可以测量两个物体（如太阳和地平线）之间的角度。六分仪上显示的数字有助于确定船只在航海图上的位置。

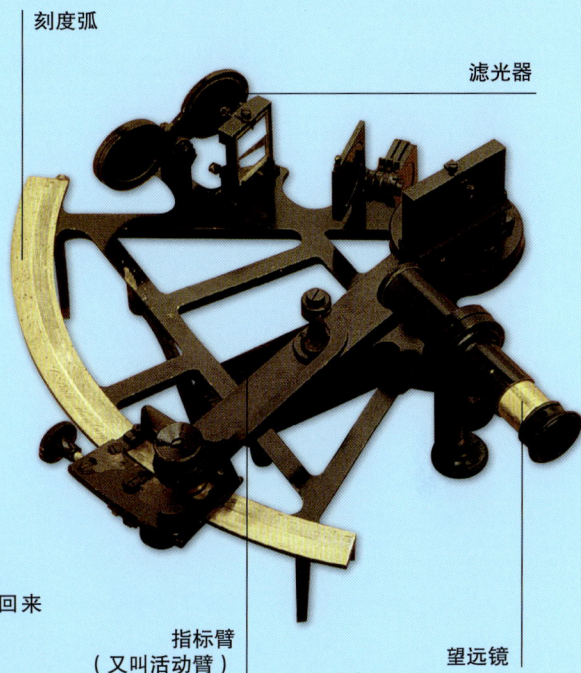

刻度弧

滤光器

指标臂（又叫活动臂）

望远镜

从雨滴反射回来的无线电波

⬇ 雷达（无线电探测和测距）通过发送无线电波来定位物体，返回的信号有助于确定物体的大小、位置以及移动的速度等。

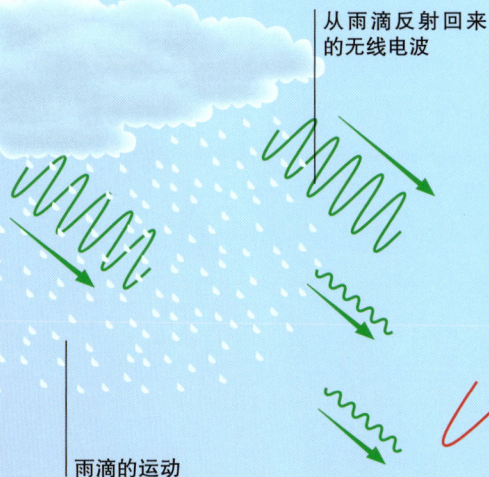

雨滴的运动

来自雷达的无线电波

全球定位系统（GPS）

　　GPS 是在现代世界中人们最常用的导航方式。许多汽车已经安装了 GPS。GPS 最初由美国政府于 1973 年开始创建，共使用了 24 颗卫星。GPS 设备接收来自绕地球轨道运行的卫星传送的信息，从而确认物体的准确位置。卫星之间共享信息，因此它们可以定位位于地球上几乎任何位置的 GPS 设备。

发现更多 ▶ 太空探索 第20~21页 ■ 声音和声学 第32~33页 ■ 火箭和宇宙飞船 第202~203页

火箭和宇宙飞船

火箭有强大的发动机，产生的冲击波可以帮助火箭穿过地球的大气层进入太空。航天器有很多种类型，如搭载宇航员的航天飞机，以及飞入太空的无人探测器等。

火箭由燃料箱和有效载荷组成：燃料箱大约占火箭机身的 3/4；有效载荷是火箭搭载的货物，比如人造卫星。当发动机将液氧与燃料混合，给火箭一个巨大的向上的推力时，火箭就会被发射出去。火箭的燃料箱分阶段用完后就会脱落。火箭需要达到 4 万千米 / 时以上的速度才能冲破地球大气层进入太空。

前进控制装置

飞行甲板

负载门

货舱

航天飞机

航天飞机是将宇航员、探测器和卫星送入太空的宇宙飞船。一架航天飞机在两个巨大助推火箭的帮助下起飞，助推火箭发射后在一段时间内就会脱落。与火箭不同，航天飞机是可重复使用的，这意味着它们可以像飞机一样自行返回地球并着陆。航天飞机经常进入太空发射卫星或进行维修工作；航天飞机也与国际空间站对接，宇航员可在空间站执行长时间的太空任务。

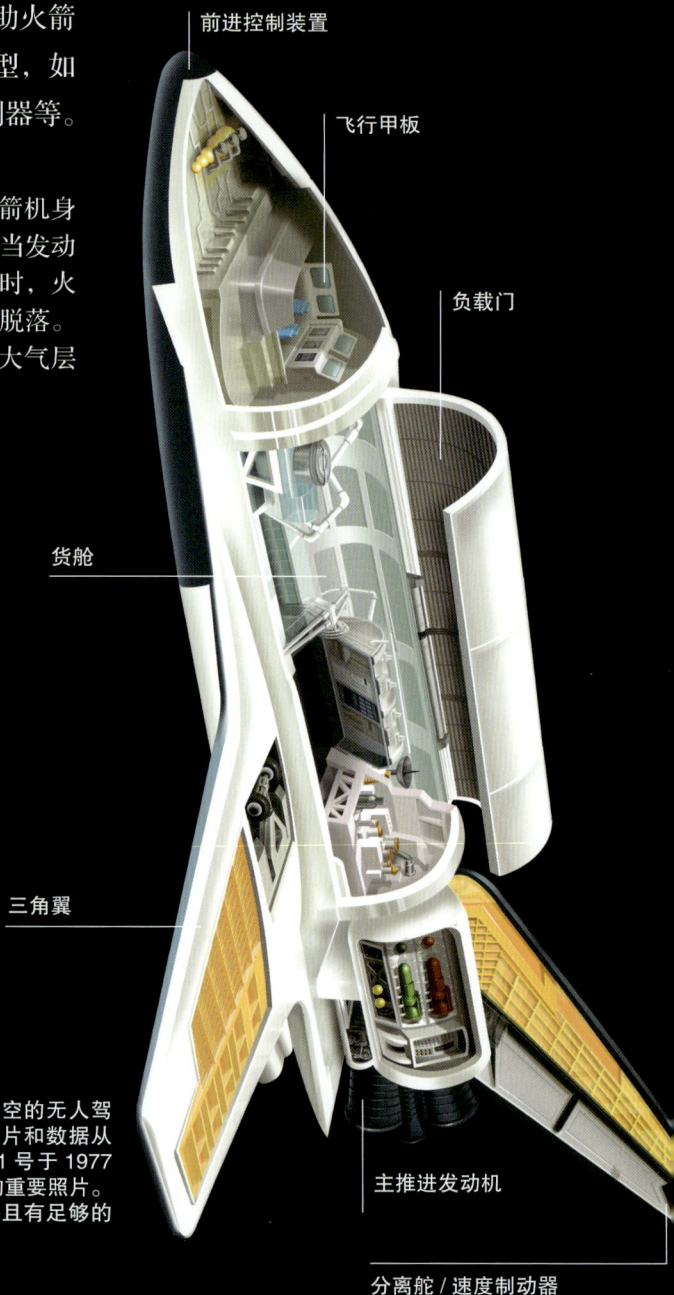

三角翼

主推进发动机

分离舱 / 速度制动器

太空探测器是用于探测行星和深空的无人驾驶航天器，探测器把收集到的图片和数据从某一个地方传回地球。旅行者 1 号于 1977 年发射，成功拍摄了木星和土星的重要照片。它是离地球最远的人造物体，并且有足够的能量运行到 2025 年。

国际空间站是太空中最大的人造物体，一直围绕地球运行。空间站可用于进行一些实验，例如，人体如何适应长时间的太空活动。在国际空间站，宇航员每次最多可以居住 1 年。

太空竞赛

1957 年，第一枚火箭被送入太空，同时搭载的还有人造卫星斯普特尼克 1 号（也被称为伴侣号）。这引发了苏联和美国之间的太空竞赛。1961 年，苏联将第一个进入太空的地球人尤里·加加林送上了东方 1 号飞船。美国也不甘示弱，于 1969 年发射了阿波罗 11 号，将人类送上了月球。

有趣的事实

人们可以自费去太空旅行。自 2001 年以来，已有 7 名太空游客进入太空，他们中有的在国际空间站停留了 15 天之久。每张"船"票的价格在 2000 万到 3500 万英镑。

人造卫星是被送入太空的绕地球轨道运行的小型飞行器。人造卫星通常都有特殊的功能，如向地面发送天气信息或地球的勘测图像等。人造卫星也被用于全球定位和向世界各地发送电视广播。

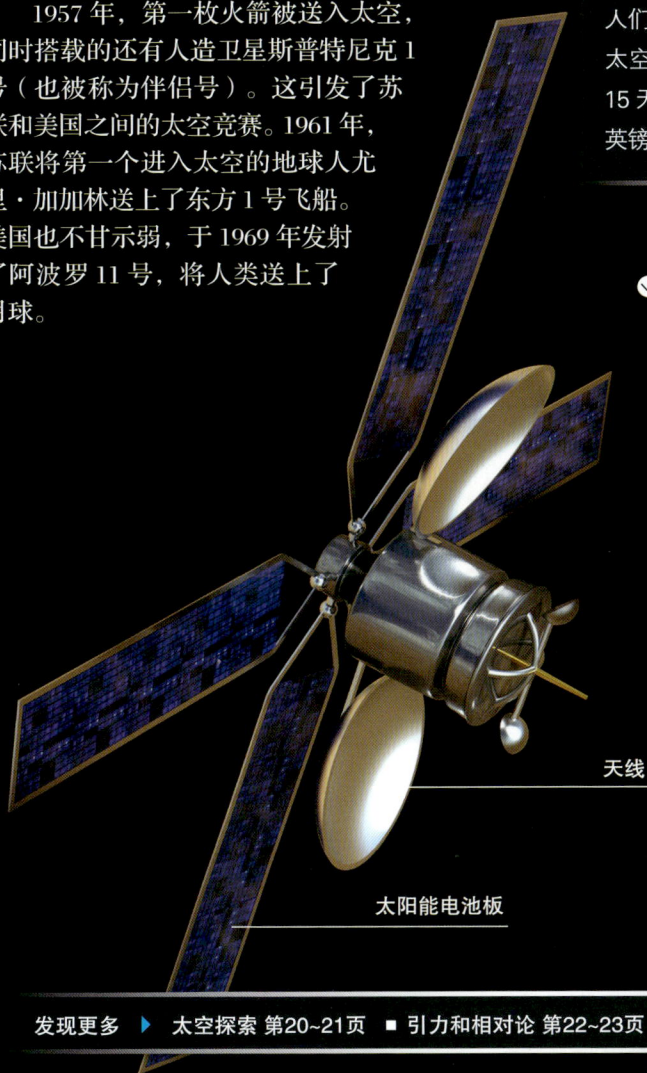

天线

太阳能电池板

发现更多 ▶ 太空探索 第20~21页 ■ 引力和相对论 第22~23页 ■ 导航 第200~201页

测量

测量值是我们描述一件事物的长度、质量、温度或体积的数字。根据测量值，我们可以制作蛋糕、建造树屋。

计重秤

砝码

为了使测量工作正常进行，每个人必须就一些问题达成一致意见，比如法国的 1 米与巴西的 1 米必须是相同的长度。为此，世界各国确立并统一了全球标准的计量单位，这就是基于公制系统的国际单位制。公制系统的长度单位是米，体积单位是立方米，质量单位是千克，时间单位是秒，温度单位是开尔文。

↑ 英制单位是曾经的"大英帝国"使用的度量衡单位系统，包括码、英寸和品脱等。虽然大多数曾被"大英帝国"统治的国家在 20 世纪已经开始使用公制系统，但美国仍在使用英制单位。

测量设备

晷针

人们使用各种设备和数学运算来测量物体。长度用标尺或卷尺测量，裁缝测量顾客的腿长来制作长度合适的裤子；物体的质量用秤来测量，人们通常在浴室秤上测量自己的体重；时间用钟表来测量，人们通过钟表可以知道自己该什么时候回家；温度用温度计来测量，医生可以用温度计测量人们的体温，从而判断他们是否生病。

→ 日晷是一种通过太阳的位置来确认时间的古老方式。当阳光照射在被称为晷针的垂直指针上时，会在表盘上投下一道阴影，该阴影与表盘上的数字相对应，从而可提供正确的时间。

由晷针投下的阴影

有趣的事实

赤道周长：40075 千米

望远镜

目镜

历史

　　自古以来，人们就可以根据测量值来买卖东西、建造建筑物和估计食物的质量等。人们曾使用过多种不同的测量方法。古埃及人用前臂或手指来测量长度，用太阳和月亮来测量时间，用角豆的种子来测量物体的质量。1791 年，法国人发明了公制系统，并在 20 世纪 60 年代被世界其他地区认可，从而成为国际单位制。

→ 经纬仪是测量员用来测量不同地点之间角度的仪器。经纬仪是一架安装好的望远镜，拥有一条垂直轴和一条水平轴，能帮助人们规划未来，比如建造一条新的道路或一座城镇。

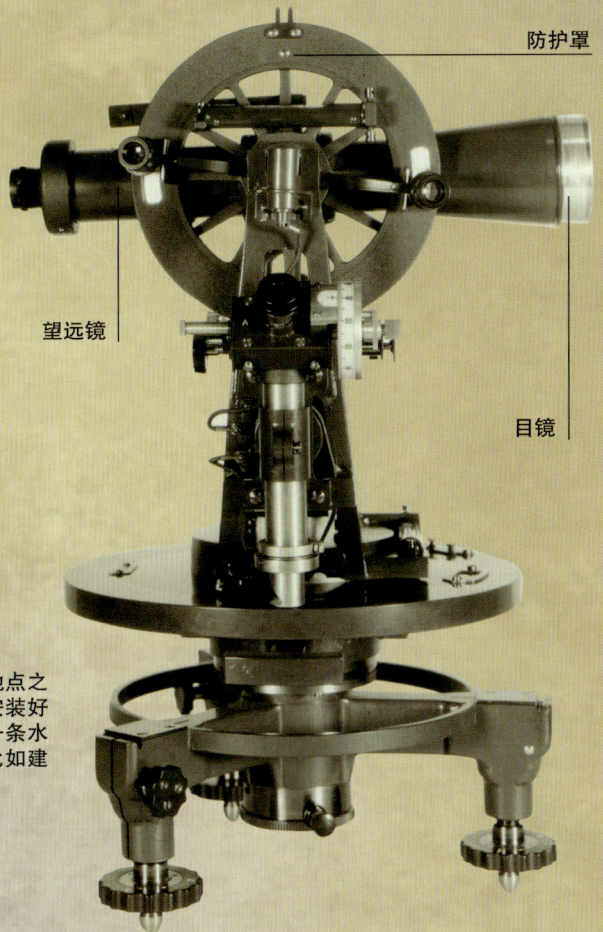

↑ 在古代雅典时期，商人被要求根据官方标准测试他们的测量设备。一位负责度量衡监督的官员会检查商家是否按照正确的质量向市场上的顾客出售商品。

发现更多 ▶ 建筑材料和工艺 第142~143页 ■ 导航 第200~201页

家用科技产品

科技不仅让我们有能力建造摩天大楼，将人类送入太空，而且也让我们的居家生活变得更加便捷。现代家用科技产品增加了我们的休闲时间，并为我们提供了打发时间的各种娱乐方式。

我们今天使用的大部分家用科技产品的历史都没有超过 100 年。1910 年，大多数家庭没有电话、冰箱甚至电；直到 20 世纪 30 年代，洗衣机、冰箱和烤面包机才得到广泛使用；直到 20 世纪 70 年代，洗碗机、微波炉和食品加工机才变得司空见惯。

➡ 发明家爱迪生于 1879 年发明了能长时间发光的灯泡，这意味着任何通电的家庭都再不需要依靠之前的蜡烛和煤油灯等照明方法。

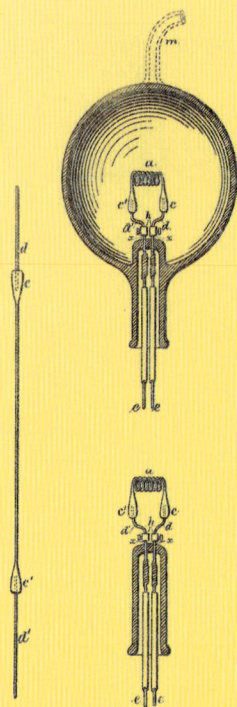

家庭娱乐

20 世纪发展起来的家用科技产品使做家务变得更加容易，因而给人们留出更多休闲时间。更多的发明使人们可以在家享受休闲时光。自 20 世纪 20 年代开始，定期的电台广播将新闻、天气预报和娱乐带入家庭。20 世纪 40 年代，电视开始普及。20 世纪 70 年代，录像带席卷市场，这意味着人们可以租借录像带在家里看电影。20 世纪 70 年代和 80 年代，家用计算机的兴起进一步扩展了家庭娱乐的方式。

⬆ 1910 年，第一台压缩制冷的家用冰箱初次面世，但直到 20 世纪 30 年代它才得到广泛使用。冰箱能够制冷是因为其内部管道泵送的一种被称为制冷剂的液体，这种液体可以使食物和饮料长时间保持新鲜。

➡ 商用真空吸尘器于 20 世纪初首次面世，在 20 世纪 50 年代得到普及。早期的吸尘器通常非常沉重，有时需要使用者推拉风箱才能吸入灰尘。

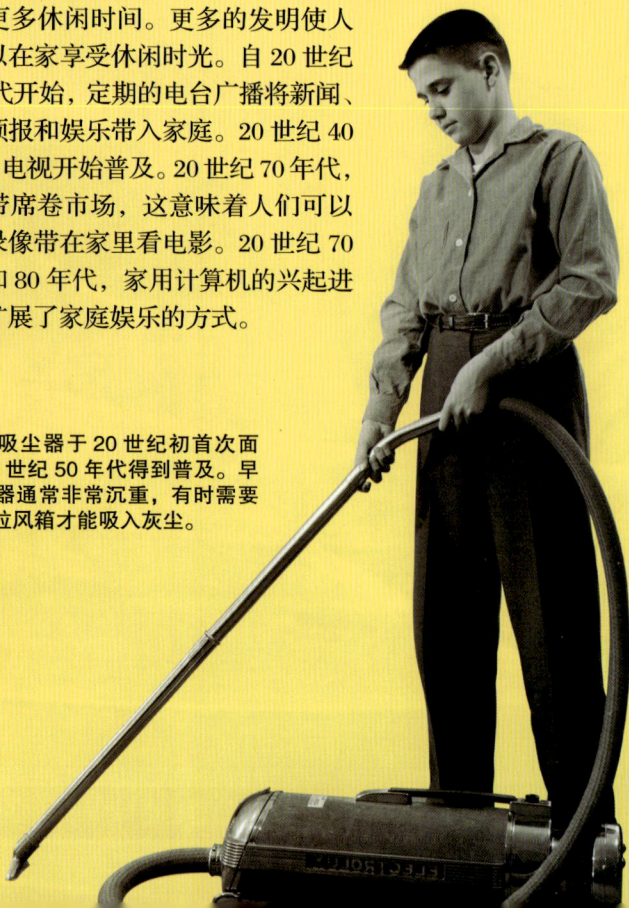

→ 微波炉是一种使用电磁波烹饪食物的电器，它按从内到外的顺序加热食物，与传统烤箱从外到内加热的方式相反。微波炉是烹饪、加热和解冻食物的便捷工具。

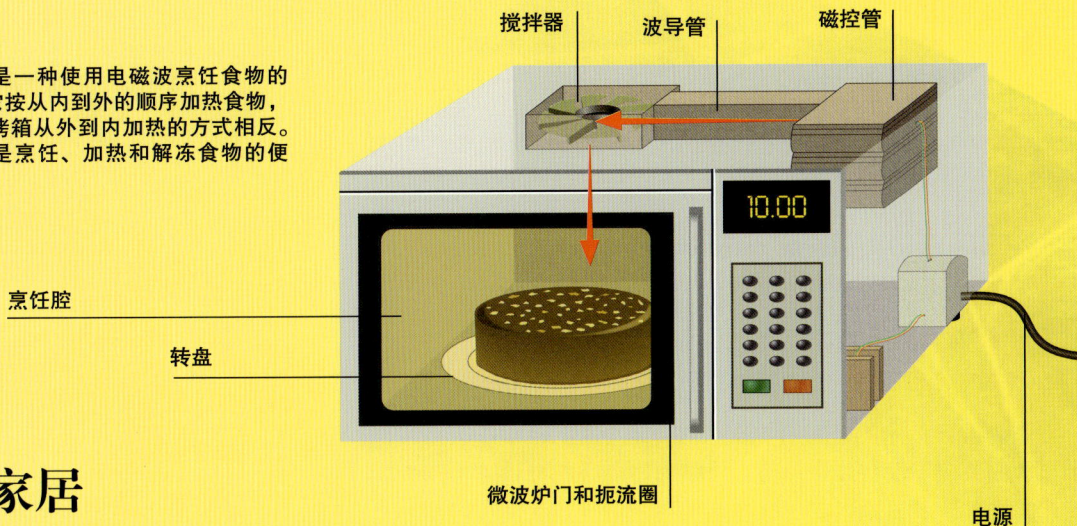

搅拌器

波导管

磁控管

10.00

烹饪腔

转盘

微波炉门和扼流圈

电源

智能家居

　　如果说 20 世纪的家用科技关注的是在家中使用的电器，那 21 世纪初的家用科技则关注的是当人们不在家时如何控制家中的物件。智能家居技术使人们可以通过手机端的浏览器远程控制自己的家，这意味着人们可以在远离家的地方打开电器或通过安全摄像头查看家里的情况。智能家居还可以让人们更有效地用电，比如在电价最低的时段打开洗碗机。

⬇ 为了使烹饪更方便，现代厨房配备有电磁炉、微波炉、冰箱、洗碗机和抽油烟机等电器。

有趣的事实

新的家用科技产品不断地为人们提供让生活变得更便捷的方法。一种被称为 robocleaner 的吸尘机器人可以利用传感器和计算机导航在房间内吸尘而无须人类的帮助。

发现更多 ▶ 电 第26~27页 ■ 塑料 第158~159页 ■ 电子设备 第168~169页

医疗技术

纵观人类的历史，先进的医疗技术有助于预防、治疗和治愈疾病。从简单的温度计到机器人手术，各种发明都为人类健康和拯救生命做出了贡献。

作为现代技术的一部分，医疗技术在过去 50 年里取得了很大的突破。仅在 200 年前，简单的伤口就能导致感染和死亡。而如今，感染可以用抗生素类药物治疗，受伤可以用 X 射线和扫描检查来诊断。生命维持机器可以帮助一个人维持身体的基本运转，而像轮椅这样的简单设备可以帮助人们在康复的过程中得到休息。

➲ 失去肢体（如腿和胳膊）的残疾人可以安装假肢。塑料的发展使假肢更耐用，看起来也更自然。超强碳纤维假肢也可以供残疾人佩戴，比如残奥会运动员奥斯卡·皮斯托瑞斯在腿上安装的"刀片"。

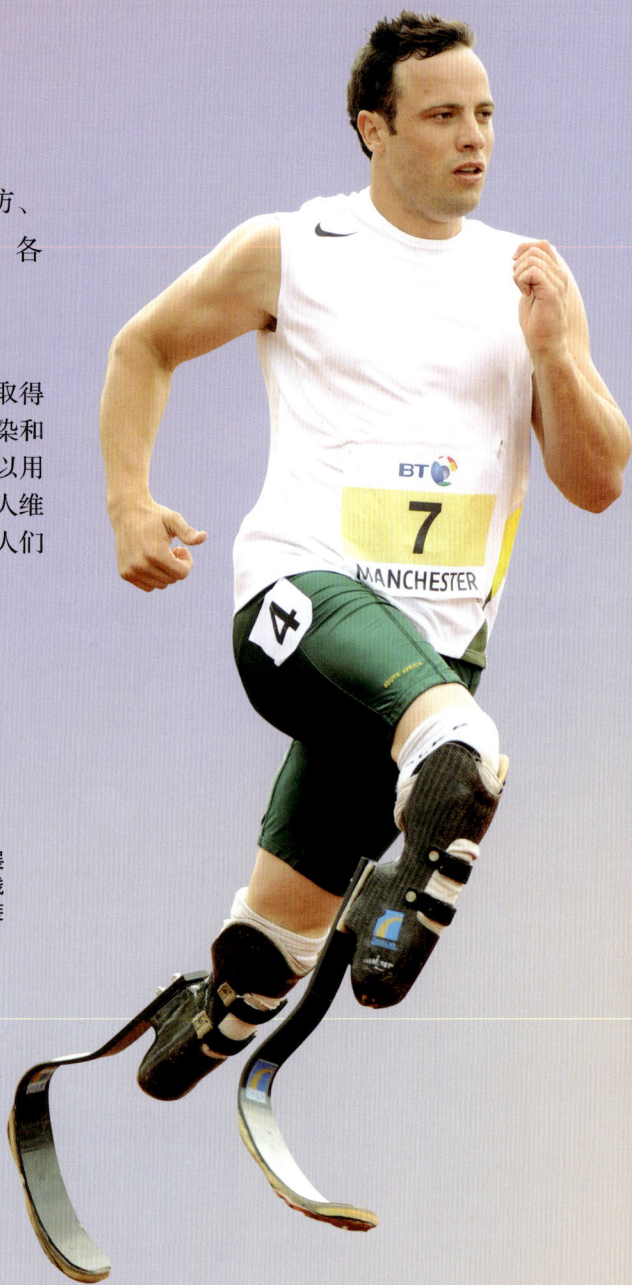

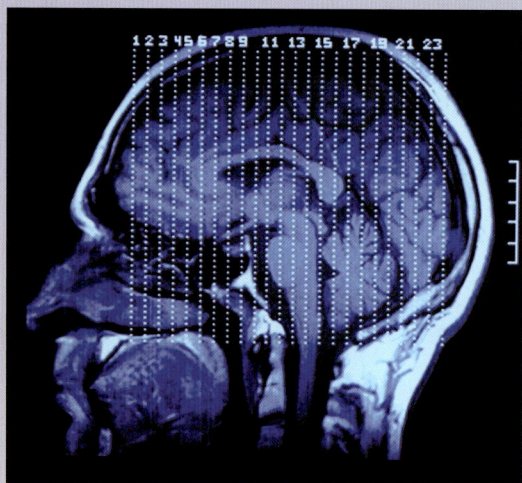

⬆ 核磁共振扫描是一种利用磁场和无线电波无痛拍摄人体器官图像的方法，它通常被用来获取病人大脑的图像。

观察身体内部

1895 年，X 射线的发明是一项重大技术突破，医生不再需要通过切开病人的身体来找出问题所在。X 射线利用电磁波穿过人体来拍摄人体内部器官的照片。它特别适用于观察骨折的情况，而骨折部位通常是电磁波无法通过的。另外，医生也能通过核磁共振扫描和超声波来观察患者的身体内部。上述这两种机器通常被用来拍摄胎儿在母亲子宫内的图像。

手术

在今天，外科技术已经取得了较大进步，从而使手术过程做到了尽可能卫生和无痛。微创手术是通过在病人身体上开一个小孔进行的。内窥镜是一种带有光和照相机的管子，用来把病人的身体内部图像传输到屏幕上。外科医生使用微型手术器械，并利用屏幕作为指导。外科医生有时也使用机器人进行手术，通过踏板和操纵杆控制机器人手术。

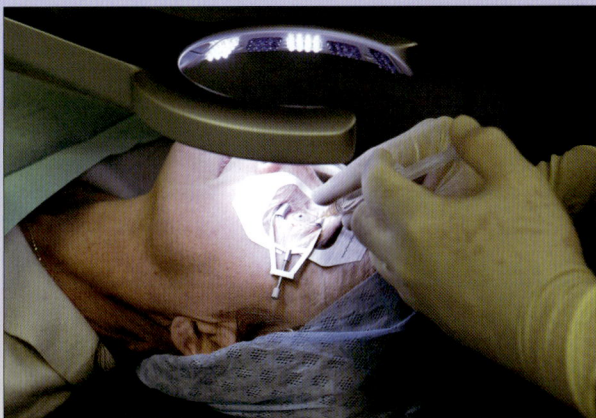

↑ 外科医生经常用激光做精细的手术，尤其是眼科手术和脑部手术。激光也可以用来去掉不健康的组织。

有趣的事实

假肢已经使用了几千年。考古学家曾发现一具古埃及木乃伊有一个人造脚趾，它是用亚麻布、胶水和熟石膏做的。

↓ 达·芬奇手术机器人系统可以让外科医生通过机器人完成手术。机器人的手臂拿着手术工具、照相机和一盏灯。外科医生通过特殊的透镜、踏板和操纵杆来照让机器人移动。

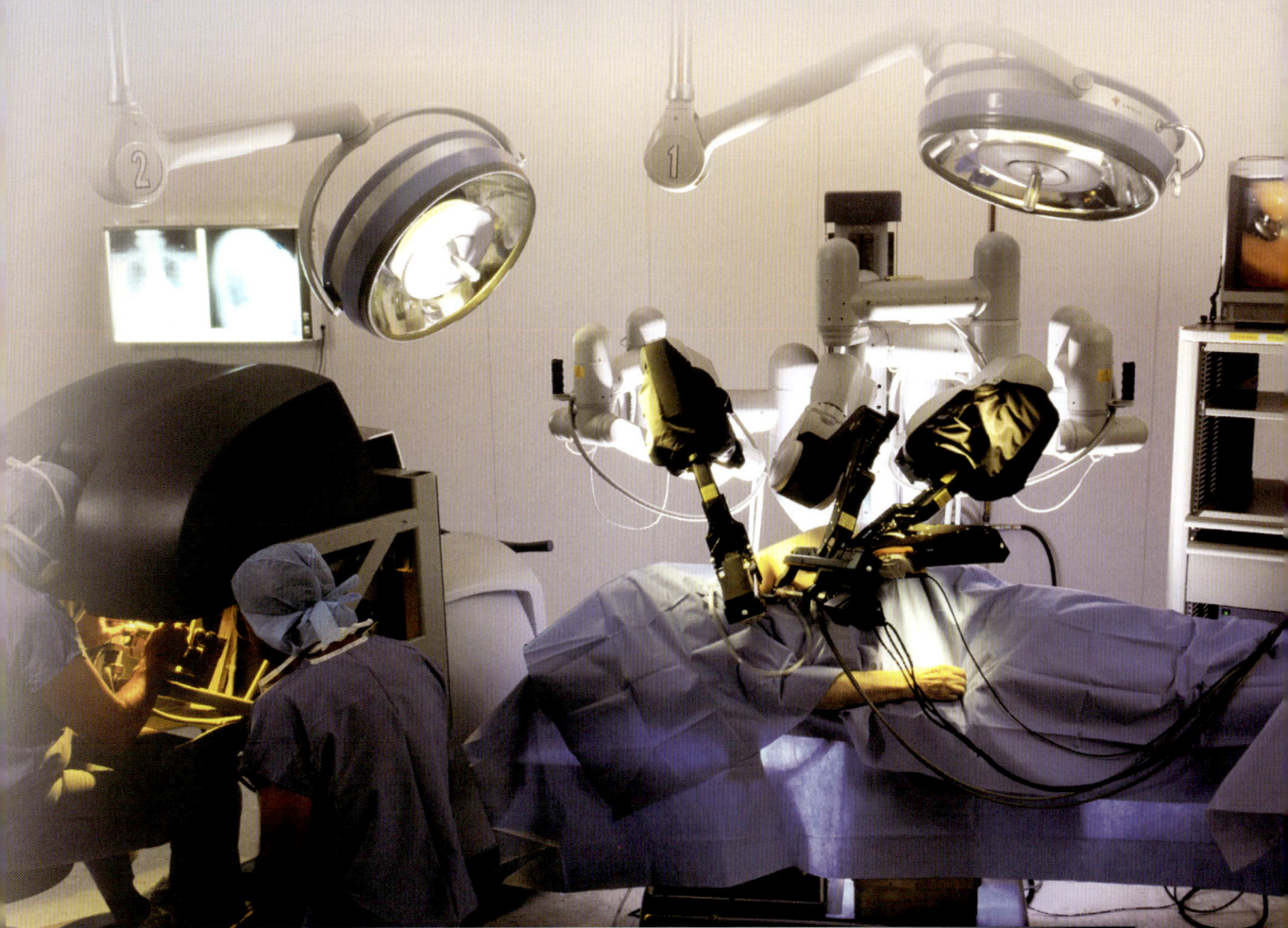

发现更多 ▶ 大脑和神经系统 第132~133页 ■ 疾病和医学 第138~139页

自动取款机

自动取款机（ATM）是 20 世纪下半叶最重要的技术发明之一，它为客户提供了所需要的每周 7 天、每天 24 小时的全天候开放服务的便利。

自动取款机是一种自动化的电子设备，为金融机构／银行的客户提供在公共场所进行金融交易的服务。有了自动取款机，就不再需要人类职员每天 24 小时的全天候服务了。

在大多数现代自动取款机上，客户的身份是通过插入带有磁条的塑料金融卡或带有芯片的塑料智能卡来识别的，芯片包含一个独特的卡号和一些安全信息，如有效期和安全码。账户安全通过客户的个人识别号码（PIN）得以保障。

金融卡

金融卡是一种由经授权的金融机构发行的卡，可以在自动取款机上进行存款、取款、查看账户信息或其他类型的交易，这些操作通常通过银行间的网络进行。金融卡也被称为银行卡、客户卡或现金卡。

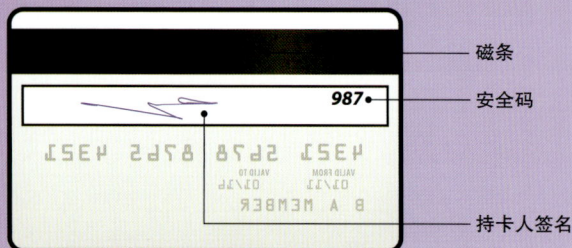

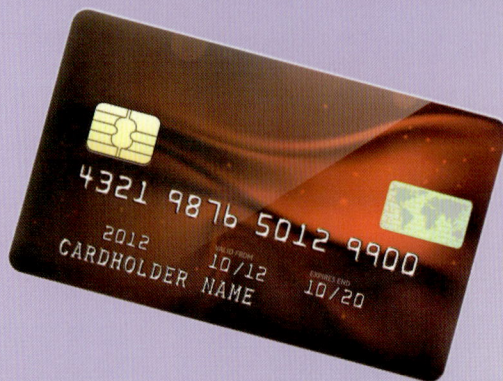

智能芯片

有效期

卡号

4321 5678 8765 4321
VALID FROM 01/11   VALID TO 01/16

B A MEMBER

安全全息图

持卡人姓名

磁条

987

安全码

持卡人签名

4321 9876 5012 9900
2012
CARDHOLDER NAME   10/12   10/20

自动取款机的历史

零售银行的自助服务理念直接促成了自动取款机的发展。许多人自诩为自动取款机的发明者。有些人认为路德·乔治·西姆建是自动取款机的发明者，因为他首先提出了自动取款机这个概念；还有一些人认为自动取款机的发明者是唐·韦策尔，因为他在美国历史博物馆展出了专利证明。关于自动取款机的发明者还有一些说法，如英国女王认为自动取款机的发明者为约翰·谢泼德－巴伦。

有趣的事实

世界上第一台自动取款机由约翰·谢泼德－巴伦设计，并于 1967 年 6 月 27 日被安装在位于伦敦北部的巴克莱银行中。

自动取款机不仅设在银行附近或银行内部，而且还安装在购物中心、商机、机场、杂货店、加油站、餐馆等人流量大的地方。

自动取款机为世界各地的许多持卡人提供了每周 7 天、每天 24 小时的全天候交易便利，他们可以在居住地、工作地和购物场所附近存取自己的现金。自动取款机使银行业务的办理比以往任何时候都更加便利：持卡人只需按几个按钮，就可以进行取款、存款、充值、付账和转账等操作。

你想知道自动取款机是如何工作的吗？

从工程学的角度来看，自动取款机真的没有那么复杂：它的主要部件包括 1 台计算机、1 个控制面板、1 台打印机和 1 个特殊的保险柜。

自动取款机有两个输入设备。

• 读卡器——读卡器读取存储在金融卡、借记卡或信用卡背面磁条上的账户信息。主机处理器使用此信息将交易请求发送到持卡人的银行。

• 小键盘——小键盘可让持卡人录入需要进行的交易类型（如取款、余额查询等），以及交易金额是多少。此外，银行要求对持卡人的个人识别号码进行验证。

自动取款机有 4 个输出设备。

• 扬声器——当按下按钮时，扬声器向持卡人提供听觉反馈。

• 显示屏——显示屏提示持卡人完成交易流程的每一个步骤。

• 收据打印机——收据打印机为持卡人提供交易的纸质收据。

• 现金分发器——自动取款机的核心是安全和现金分发机制。大多数小型自动取款机的底部都是保险箱，因为里面装有现金。

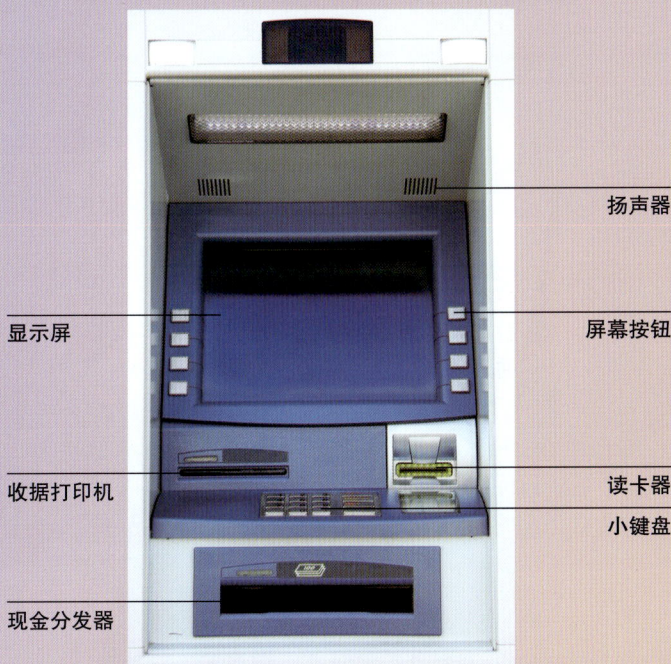

扬声器
显示屏
屏幕按钮
收据打印机
读卡器
小键盘
现金分发器

信用卡

信用卡对于消费者和零售商来说是一种方便灵活的支付工具，它使双方都受益。

信用卡是由银行或商业机构等发行的一种塑料卡片，使用它的消费者可以采用赊账的方式购买商品或者服务。

信用卡允许你从你的开户银行借钱购物，无论你是买一个汉堡还是一张往返机票；只要你在规定的还款期内还钱，就不需要支付额外的费用。如果你无法在这段时间内还款，就必须在银行借款的基础上再支付一定比例的金额作为利息。

信用卡的起源

资料显示，信用卡的使用源于 20 世纪 20 年代的美国，当时石油公司和连锁酒店等个别公司开始向客户发放信用卡。

人们普遍认为，信用卡的发明者是约翰·比金斯，他在 1946 年发明了银行发行的信用卡。比金斯在纽约布鲁克林的弗拉特布什国家银行工作，他将他的发明称为 "Charge-It" 程序。

信用卡的益处

你可以使用信用卡完成一笔大额的采购，然后分批还清。你的信用卡账单使你制作预算更容易，也比随身携带一叠现金要方便得多。你还可以通过信用卡提高你的信用评分，而这些信用评分在日后将会非常有用。

有趣的事实

汉密尔顿信贷公司的负责人弗兰克 X. 麦克纳马拉在一次用餐消费时忘记带钱包，店主基于对老顾客的信任，允许其先赊销、后还款。受此启发，麦克纳马拉于 1950 年创办了大莱俱乐部卡。

信用卡是如何工作的？

使用一张信用卡就像得到一笔贷款，当然它并非免费的。你的每一次支付其实都是借款，直到你在晚些时候将其还清——也许是当月，也许是几个月内。如果你选择逾期还款的话，信用卡公司就会在你的账单上加上利息，你必须连同购物时的费用一起偿还。

信用卡是如何交易的？

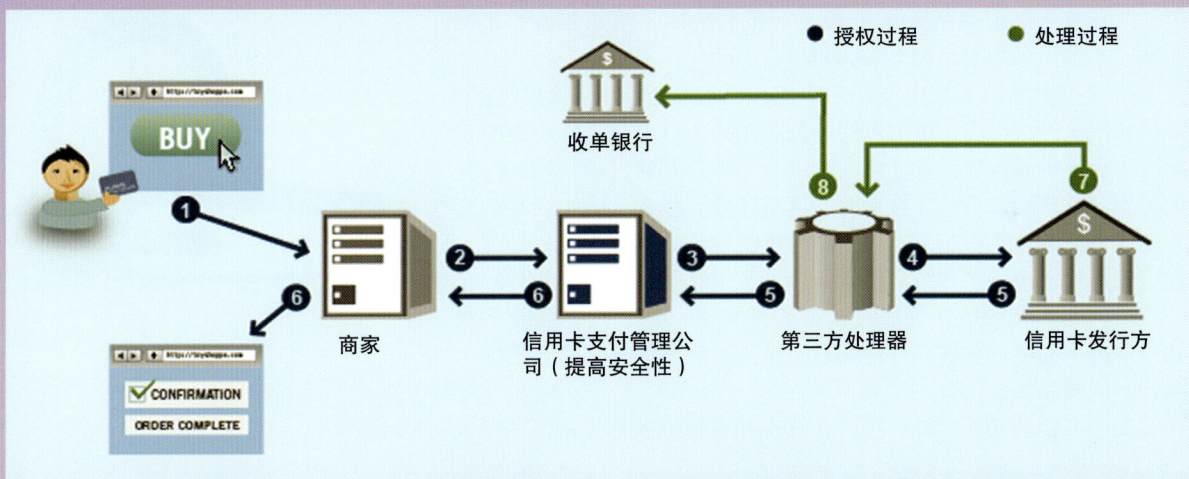

- 授权过程　　● 处理过程

收单银行

商家　　信用卡支付管理公司（提高安全性）　　第三方处理器　　信用卡发行方

信用卡的支付流程

商家银行　顾客　商家
信用卡发行方
信用卡网络
网络
商家银行处理器　网络支付软件

1. 持卡者向商家提出购买要求。

2. 商家将请求提交给收单机构。

3. 收单机构向信用卡发行方发送授权交易的请求。

4. 若信用额度有效，授权代码将被发送给收单机构。

5. 收单机构授权交易。

6. 持卡者收到产品。

使用信用卡的注意事项

该做什么

在购买你需要的东西和你想要的东西之间做出明智的选择，区分这两者是很重要的。记得按时、按期还款，连续拖欠还款会降低你的信用评分。

使用金额保持在信用额度的 70% 以内。

仔细阅读你的信用卡对账单。

不该做什么

尽量不要使用信用卡购买日常用品，如食物、衣服和汽油。当你用信用卡替代支付这些开销时很可能会背上不必要的债务。

不要养成每个月只偿还最低还款额的习惯，每月只付最低还款额会延长你还清债务的时间。

不要使用信用卡购买你无法负担的物品。

不要使用信用卡从自动取款机上取钱，因为你不仅会被收取提款费，而且从提款的那一刻起你就要支付利息。

信用卡卡号符合模10算法（Luhn算法），这是一个针对数字的简单校验方法。

无线技术

蓝牙是由瑞典爱立信公司于 1994 年开始研发的一种无线通信技术，主要用于支持个人消费设备和外围设备的简单无线互通，包括手机、掌上计算机和无线耳机。蓝牙还能支持计算机、移动电话和自动化市场等不同行业之间的协作。

"蓝牙"这个名字来源于 10 世纪的丹麦国王哈拉尔德·布拉兰德——英译名为 Harold Bluetooth。

蓝牙技术使用无线电波在短距离内进行信息传输。蓝牙在个人局域网（PAN）内传输信息的最长距离为 100 米，具体距离的长短取决于设备的设置。蓝牙是一种综合了硬件和软件的技术。当有人提到一款产品含有蓝牙技术时，这意味着它包含一个小的容纳蓝牙无线电波的计算机芯片，但它同时也需要软件实现连接。如今，通过蓝牙技术我们实现了日常设备接入数字化的互联世界的目标。

从汽车、移动电话到医疗设备和计算机，蓝牙技术被应用到数十亿种产品中。它被允许在配对的设备之间无线共享语音数据、照片、视频和其他信息。

如今畅销的智能手机、个人计算机和平板电脑都支持蓝牙技术。

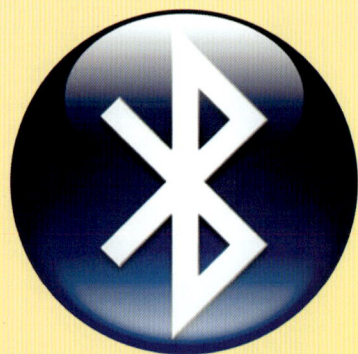

云计算

云计算是基于互联网的计算，共享资源、软件和信息通过云计算提供给计算机和其他需要的设备，比如电网。互联网是云计算的"云端"，因此云计算指的是通过互联网提供的服务。它不需要额外的设备或复杂的基础设施，所需要的只是一台连接到互联网的计算机。

云服务允许个人和企业使用由第三方远程管理的软件和硬件。云服务的例子包括在线文件存储、社交网站、网页邮箱和在线的商业应用程序。云计算模型让来自任何地方的网络的连接有权访问信息和计算机资源成为可能。云计算提供了共享的资源池，包括数据存储空间、网络、计算机处理能力以及专门的企业和用户应用程序等。

云计算的由来

云计算的概念始于 20 世纪 60 年代。约翰·麦卡锡提出："计算机的能力有一天会被组织起来，成为一种公共资源和公共事业。"

云计算的名称来自云形符号的使用，它是一种包含了系统关系图的复杂基础设施的抽象概念。云计算技术可以更轻松、更快捷地集成，具有更大的扩展性、可恢复性和令人惊讶的长时间正常运行的能力。云计算的实现并不需要安装任何硬件或软件。

云计算作为基础设施帮助人们走出了信息技术的困境。云计算技术不需要用户在升级和保存工作之间做出选择，因为这些个性化设置和集成会在升级期间自动保存。

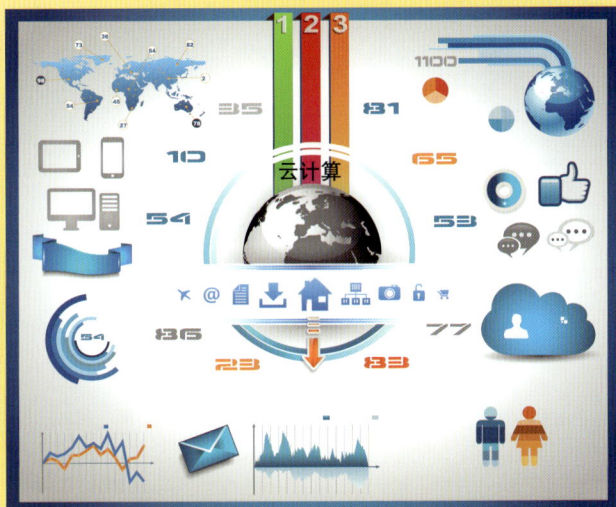

Wi-Fi 技术

Wi-Fi 是一种常见的无线网络技术，它利用无线电波为用户提供高速的无线互联网和网络连接。人们常常误认为 Wi-Fi 是 "wireless fidelity"（无线保真）的缩写，其实并非如此，Wi-Fi 只是 IEEE 802.11 标准的注册商标。

大多数计算机操作系统、游戏机、笔记本电脑、智能手机、打印机和其他外围设备都支持 Wi-Fi。Wi-Fi 最大的优点是它的简便易用，人们可以在家或办公室的任何地方连接网络而不需要任何线缆，并且计算机与 Wi-Fi 接入点的距离最长可达 30 米。

维克·海耶斯被称为 "Wi-Fi 之父"。第一个无线产品是在 1991 年推出的无线局域网 WaveLAN。Wi-Fi 技术让人们在任何有 Wi-Fi 接入点（通常被称为热点）的地方都可以用计算机或其他设备连接到互联网。

Wi-Fi 是如何工作的呢？

Wi-Fi 利用无线电波在网络上传输信息。计算机必须含有一台无线适配器，将数据转化成无线电信号，而路由器是一个无线网络中的关键设备。信号通过天线进行传输，到达一台被称作路由器的解码器，解码后的数据通过以太网连接发送到互联网上。由于无线网络的工作机制是双向模式，从互联网接收的数据也要经过路由器编码成无线电信号，由计算机的无线适配器接收。

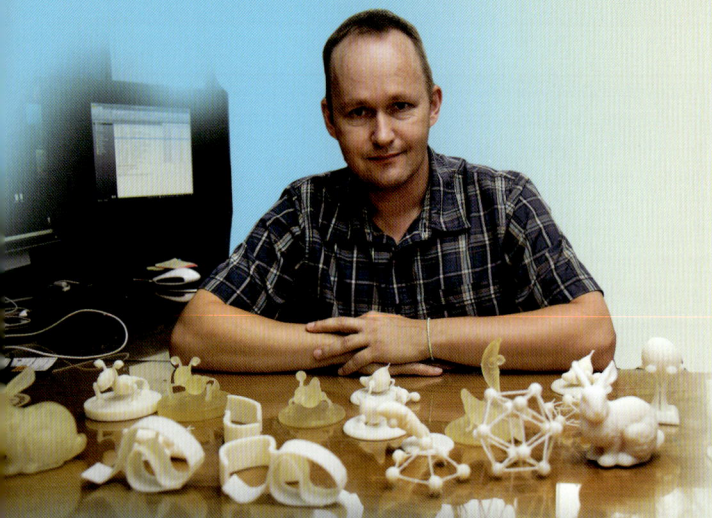

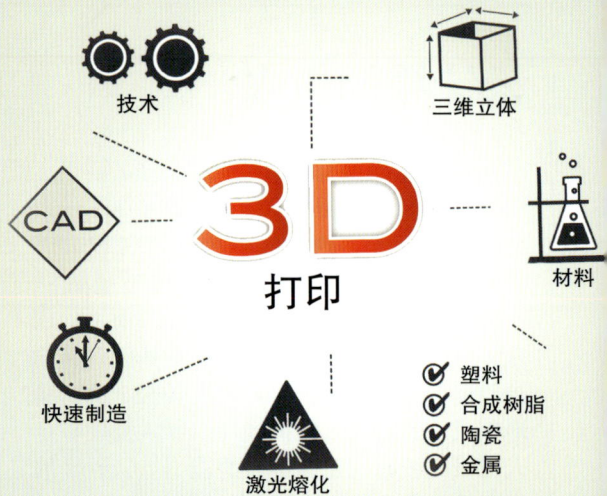

技术

三维立体

CAD

3D
打印

材料

快速制造

激光熔化

☑ 塑料
☑ 合成树脂
☑ 陶瓷
☑ 金属

3D 打印技术

我们生活在见证第三次工业革命的时代。3D 打印是一种增材制造技术，这种原型制作工艺以数字文件构建的任意形状为基础，运用连续逐层沉积成型的方式，使用三维固体材料创造出真实物体。

用数字化的数据打印实体 3D 物体的技术最早由查尔斯·赫尔在 1983 年发明。查尔斯将这项技术命名为立体光刻（SLA），1986 年他获得了这项技术的专利。

在 3D 打印技术中，首先要做的就是创建计算机辅助设计（CAD）草图，随后经 AM 设备（一种模拟仿真软件）读取数据，用打印材料逐层建造一个结构。打印材料可以是塑料、金属、陶瓷或玻璃粉末的小颗粒。

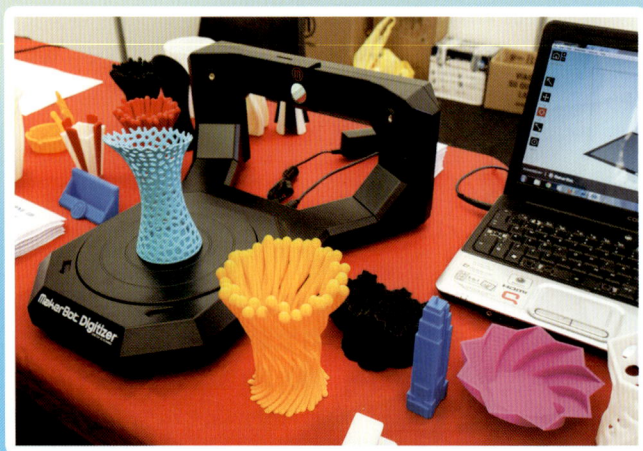

3D 打印的类型

就像纸质打印有激光打印和喷墨打印等多种方式，用 3D 技术打印一个物体也有多种方式。在 3D 打印行业中，最常用的类型是熔融沉积式（FDM）、选择性激光烧结（SLS）和立体光刻。

选择性激光烧结和熔融沉积式使用熔融的材料或者软化的材料逐层打印。

3D 打印的未来

在这个新闻、书籍、音乐、视频甚至社区都是数字化非物质形态的时代，3D 打印技术的开发和应用提醒着我们，不管从生理上还是心理上，人类还是需要立足于现实的。3D 打印有着光明的前景，不仅反映在快速原型制造领域（对这个领域的影响已经非常显著），而且也体现在医疗、艺术和外太空的塑料及金属制品的制造领域。

按需制造的 3D 打印不仅让企业受益，而且也加速了军方革新的步伐和军需物资的供应。

美国国家航空航天局 (NASA) 希望通过 3D 打印技术制造一些配件，甚至是在轨宇宙飞船。NASA 对 3D 打印寄予厚望，他们认为这样可以降低航天器的成本，使其更加自给自足。

⊙ 3D 打印将在各行各业创造许多新的机会。想象一下，在某个世界中你可以通过按下一个按钮去创造出真实的物品，这些物品中有些可以拯救生命，有些可以延长寿命，有些可以让我们的日常生活变得更加轻松。

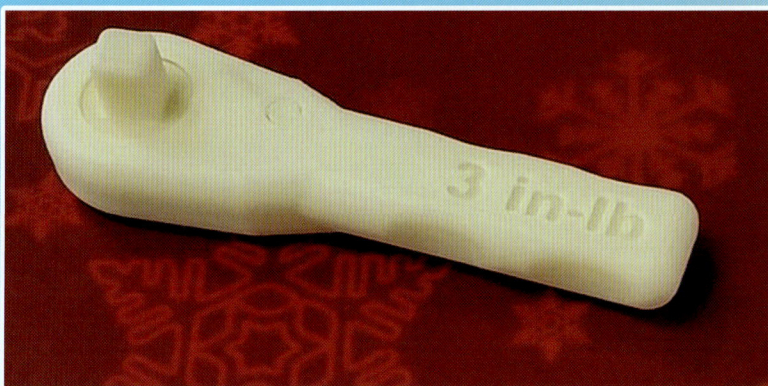

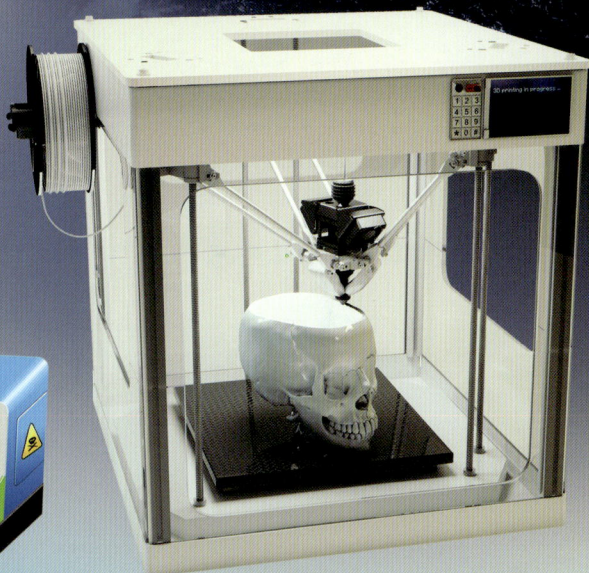

◐ 由国际空间站中的 3D 打印机制作的棘轮扳手地面样品。扳手是由加州"太空制造"公司的工程师诺亚·保罗－金设计的，该公司设计并制造了轨道实验室的 3D 打印机。

各项发明的时间轴

11　1903
莱特兄弟发明了第一架飞机。

1　1814
乔治·史蒂芬森成功设计出第一台蒸汽机车。

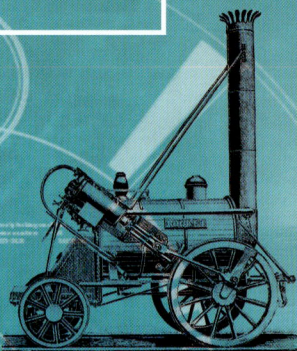

2　1816
勒内·雷奈克发明了听诊器。

12　1906
进行了首次无线电广播。

3　1830
法国人巴泰勒米·蒂莫尼耶发明了第一台功能性缝纫机。

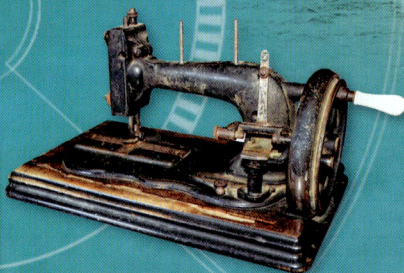

13　1907
便捷式电动真空吸尘器被发明出来。

4　1837
塞缪尔·莫尔斯发明了电报代码。

7　1876
亚历山大·格拉汉姆·贝尔发明了电话机。

14　1911
威利斯·开利得出了空调行业最基本的理论。

15　1920
第一台压缩式制冷家用冰箱被发明出来。

8　1891
杰西·W. 雷诺发明了第一部电动扶梯。

5　1867
克里斯托弗·肖尔斯发明了第一台现代打字机。

9　1895
卢米埃尔兄弟发明了第一部放映给观众的电影。

6　1868
现代交通灯的前身被发明出来，伦敦市安装了这些红绿转换灯来管控行人。

10　1901
第一台电助听器被发明出来。

16
1922
发现了胰岛素和其预防糖尿病的作用。

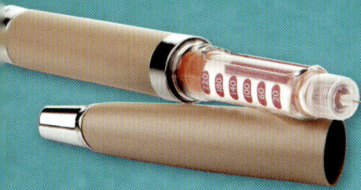

23
1947
第一只晶体管被发明。

30
1972
家庭游戏机和 CD 被发明。

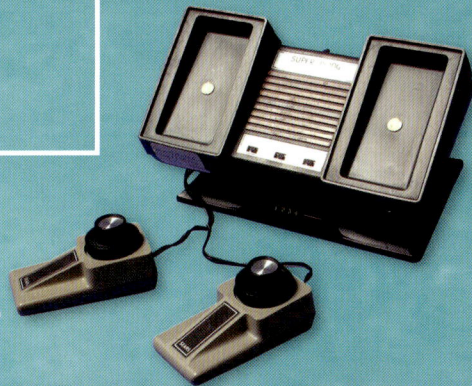

24
1951
第一台视频录像机被发明。

17
1927
全电子式电视机被发明。

18
1928
亚历山大·弗莱明发现了青霉素。

25
1954
专为卫星供电的太阳能电池被发明。

31
1982
罗伯特·贾维克发明了第一颗可以永久植入的人工心脏。

19
1932
迪士尼公司发行了第一部彩色卡通片《花与树》。

26
1958
戈登·古尔德发明了激光器。

32
1985
微软公司发明了 Windows 应用程序。

20
1939
伊戈尔·西科斯基成功发明了第一架直升机。

27
1967
第一台便携计算器被发明。

33
1990
蒂姆·伯纳斯－李发明了万维网、超文本传输协议（HTTP）和超文本标记语言（HTML）。

21
1944
威廉·科尔夫发明了肾脏透析机。

28
1969
互联网出现。

22
1945
原子弹被发明。

29
1971
盒式录像带和软盘被发明。